刘国新·主编

读点国史
辉煌年代国史丛书

激荡岁月
1976年的中国

刘晓 著

四川人民出版社

图书在版编目（CIP）数据

激荡岁月：1976年的中国/刘晓著. —成都：
四川人民出版社，2017.12（2021.3重印）
（读点国史：辉煌年代国史丛书）
ISBN 978-7-220-10477-0

Ⅰ.①激… Ⅱ.①刘… Ⅲ.①中国历史-1976
Ⅳ.①K275

中国版本图书馆CIP数据核字（2017）第278318号

JIDANG SUIYUE：1976NIAN DE ZHONGGUO
激荡岁月：1976年的中国
刘晓 著

策划组稿	谢 雪
责任编辑	谢 雪
封面设计	张 妮
内文设计	戴雨虹
责任校对	申婷婷
责任印制	李 剑
出版发行	四川人民出版社（成都槐树街2号）
网　　址	http://www.scpph.com
E-mail	scrmcbs@sina.com
新浪微博	@四川人民出版社
微信公众号	四川人民出版社
发行部业务电话	（028）86259624　86259453
防盗版举报电话	（028）86259624
照　　排	四川胜翔数码印务设计有限公司
印　　刷	四川五洲彩印有限责任公司
成品尺寸	165mm×240mm
印　　张	19.375
字　　数	205千
版　　次	2018年6月第1版
印　　次	2021年3月第3次印刷
书　　号	ISBN 978-7-220-10477-0
定　　价	49.00元

■版权所有·侵权必究

本书若出现印装质量问题，请与我社发行部联系调换
电话：（028）86259453

总序

◎李 捷

肩负起以史为鉴、资政育人的神圣使命

《读点国史：辉煌年代国史丛书》主编刘国新同志要我为丛书写篇序。要说的很多，想来想去，还是从国史的地位和国史研究的意义说起。

2013年6月25日，习近平总书记在中共中央政治局第七次集体学习时提出："学习党史、国史，是坚持和发展中国特色社会主义、把党和国家各项事业继续推向前进的必修课。"这就把党史、国史的学习、宣传和研究提到很高的地位。

学习、宣传和研究国史，有助于我们认清党和国家发展的历史方位，认清肩负的历史责任和神圣使命，更加坚定自觉地坚持和发展中国特色社会主义。中华人民共和国如今已经走过近七十年的光辉历程。这个光辉历程，是中华民族伟大复兴史的辉煌篇章。新中国的成立，标志着中华民族伟大复兴第一个历史任务的实现，中华民族的历史从此进入一个新纪元。但是，这只是万里长征走完第一步，中国共产党继续承担起为实现国家繁荣富强、

人民共同富裕的中华民族伟大复兴第二大历史任务。为此，我们完成了社会主义革命，进行了社会主义建设，进行了改革开放新的伟大革命，终于找到了中国特色社会主义这一实现中华民族伟大复兴的必由之路。重温这段历史就会发现，中国共产党领导、马克思主义指导、改革开放和中国特色社会主义道路，都是历史和人民的选择。中国革命、建设和改革为什么只能由中国共产党来领导，而不能由其他政党来领导？为什么中华民族伟大复兴只能以马克思主义为指导，而马克思主义又必须同中国实际相结合？为什么中国只能走社会主义道路，其他的道路为什么走不通？这些本需要从理论上用许多笔墨来阐释的道理，只要站在人民的立场上，紧密结合中国革命、建设和改革的历程，就不难得到解答。这本身就说明，科学理论的逻辑根植于历史发展的总趋势和总脉络之中。只要是站在人民大众的立场，而不是站在少数人的立场，秉承实事求是的原则，而不是抱有某些先入为主的偏见，就不难得出历史的结论。因此，国史同党史一样，都是认清历史方位、历史走向、历史结论最为生动的教科书。

　　学习、宣传和研究国史，有助于我们深入理解马克思主义中国化的探索史和发展史。新中国所取得的巨大成就，就在于执政的中国共产党是一个在理论上富于探索和创新精神的马克思主义政党。这种理论创新，根源于马克思主义指导，根源于马克思主义基本原理与实际的结合和运用，更根源于自身的历史和实践，根源于历史经验和实践经验的科学总结。马克思主义中国化，都是科学总结党和国家历史正反两方面经验的结果，都是在此基础上对中国革命基本规律、基本理论、基本路线、基本纲领、基本经验的认识产生新飞跃的结晶。改革开放以来逐步形成的党在社会主义初级阶段的基本理论、基本路线、基本纲领、基本经验、基本要求，也是在一代又一代党和国家领导人的带领下，经过不断艰辛探索，不断概括总结，不断推动理论创新和实践创新的基础上，接力发展得来的。尽管改革开放以前的探索经历过严重的曲折，直到党的十一届三中全会成功实现伟大的历史性转折之后，这一探索才真正走上了中国特色社会主义的康庄大道。但历史是不能割断的。改革开放以前成功的探索所提供的宝贵经验、理论准备、物质基础是宝贵财富，改革开放以前严重失误的探索所提供的历史借鉴同样是使我们党坚定不移地走上中国特色社会主义道路的宝贵财富。为什么说无论搞革命、搞建设、搞改革，道路问题都是最根本的问题？为什么说新中国的一切成就，归结到一点，就是开辟形成确立了中国特色社会主义道路、中国特色社会主义理论体系、中国特色社会主义制度？要正确回答这些问题，必须系统地而不是零散地学习研究共和国的历史，深入地了解党的治国理论是如何从自身的历史和实践中总结出来的，又是如何随着时代和实践的发展变化而不断丰富、完善、创新、发展的。因此，国史是深刻理解马克思主义基本原理和科学社会主义原理在中国的成功运用和创造性发展最为生动的教科书。

学习、宣传和研究国史，有助于我们深入把握历史发展的主题和主线、主流与本质，更加自觉地划清历史唯物主义同历史虚无主义的原则界限，增强辨别真伪、明辨是非的能力。新中国成立后我们也有过"大跃进"和"文化大革命"这种全局性的严重失误。然而，这些曾经给建设事业造成严重损失的失误，都依靠党和国家自身得到了彻底纠正。不仅如此，从这些失误中得到的教训，还转化为实现伟大历史转折、推动党在理论上更加成熟、成功开辟新路的宝贵财富。正所谓"吃一堑长一智"。只要我们把这些作为完整的历史过程联系起来看，既看到党和国家在艰辛探索中犯错误的历史，也看到党和国家自觉纠正错误探寻新路的历史，更看到党和国家在探索中走向成熟、走向辉煌的历史，就不难认清新中国历史的主题和主线、主流和本质。为什么说必须坚持改革开放前后两个历史时期的辩证统一，既不能用改革开放后否定改革开放前的历史，也不能用改革开放前否定改革开放后的历史，其深刻的道理就在这里。自中国共产党成立之日起，党团结带领全国各族人民为实现民族独立、人民解放和国家繁荣富强、人民共同富裕这两大历史任务而不懈奋斗，这就是国史的主题和主线。一部共和国史，就是党领导人民完成新民主主义革命和社会主义革命、进行社会主义建设和改革开放新的伟大革命的历史，就是不断推进马克思主义中国化，最终形成中国特色社会主义道路、理论和制度的历史，就是党在中国革命、建设和改革各个历史时期坚持全心全意为人民服务的宗旨、永葆先进性和纯洁性的历史。这就是国史的主流和本质。在这方面，通过拨乱反正实现伟大历史转折形成的第二个历史决议，为我们用历史唯物主义正确对待历史树立了榜样。历史反复证明，把握国史的主题和主线、主流和本质，不但不会妨碍对自身所犯错误的反思与纠正，而且正是彻底纠正错误、总结经验、吸取教训的科学前提。这正是历史唯物主义同历史虚无主义的根本区别。因此，国史是启迪人们从成功中吸取经验、从失误中吸取教训，不断开辟走向胜利的道路、提高领导水平和执政能力最为生动的教科书。

学习、宣传和研究国史，还有助于我们弘扬中国精神、凝聚中国力量，团结一切可以团结的力量，调动一切可以调动的积极因素，为实现民族复兴"中国梦"而奋斗。新中国在不同历史时期形成了雷锋精神、"铁人"精神、"两弹一星"精神、改革开放时代精神等，形成了理论联系实际、密切联系群众、批评和自我批评的优良传统作风。毛泽东、刘少奇、周恩来、朱德、任弼时、邓小平、陈云等老一辈革命家不仅亲手培育了这些精神和优良传统作风，而且身体力行、率先垂范，为我们党树立了坚持理想信念和党性修养的精神与道德的楷模。无论在发展顺利之时，还是身处逆境之时，中国共产党人始终秉持理想信念的力量，秉持崇高精神的力量，所向披靡，无坚不摧。中国共产党用牺牲了上千万英雄儿女的事实，用自身的先锋模范作用，用革命、建设和改革的辉煌业绩，用全心全意为人民服务的赤诚，感召了全中国各族人民聚集在中国特色社会主义旗帜之下，为实现民族复兴"中国梦"而共同奋斗。因此，国史是继承中华文明5000多年优良传统，坚持近代170多年以来形成的革命传统，在当代弘扬中国精神、凝聚中国力量最为生动的教科书。

研究国史是神圣的事业，一定要投入真感情。也就是说，不仅仅要把研究国史看成是一项工作，有科学严谨的研究方法和研究态度，更要把研究国史看成是一份神圣的事业，一份值得投入精力、倾注感情的事业。有了这份深厚的感情，才能有研究的动力和出发点，也才能取得经得住时间检验的科研成果。《读点国史：辉煌年代国史丛书》由一批国史研究领域的专家担纲撰写，他们有专业背景，曾承担过国家级重大课题，也都有个人的研究著述，形成学风严谨、功力扎实的品格。我相信这套丛书是他们用心写就的。

如今社会上存在着一种质疑国史和党史的倾向，这种质疑恰恰是对历史缺乏深入了解的结果。一方面，极少数人为了某种目的，想要刻意否定这段历史，因此就把历史上共产党人的缺点和错误无限夸大，这是一种歪曲历史的行为；另一方面，有些人以"历史解密""历史内幕曝光"为噱头，在网上抛出许多没有依据的、鲜为人知的历史来吸引人们的好奇心和注意力，这也是对历史的一种误导。这套丛书以正史的姿态普及国史知识。它所选取的12个年份，是有影响和充实着重大事件的12年，构成了共和国历史的基本框架。该丛书采用纪事本末体，分别立传，既不歪曲历史也不误导读者。创作理念上以平实为要，不求新奇，不发空论。古代史学家刘知幾认为"良史以实录直书为贵"，顾炎武也说"古人作史有不待论断而于序事中即见其指者"，都讲的是论从史出的道理。该丛书秉承了中国史学的这一传统。在行文上力求鲜活、生动、明快。内容铺陈上又能做到严谨而不失于呆板，摆脱了偏重政治史的范式，特别注意对社会风尚、时代精神、民间习俗以及大众意识的描述，每一本书相对来说都有一个知识增量。

站在今天去理解历史、感知历史，可以更好地把握未来。我们在感知共和国脉搏律动的同时，也在书写共和国不同凡响的篇章。一位老同志曾经说过，共和国千秋万代，国史研究也千秋万代。让我们在千秋万代的事业中贡献自己的一点一滴。

总前言

◎ 刘国新

在中华人民共和国成立近七十周年之际,将自己多年的研究成果和心得付梓,是从事国史研究的专业人士理应做到的分内之事。

2013年6月25日,习近平总书记在中共中央政治局第七次集体学习时提出:"学习党史、国史,是坚持和发展中国特色社会主义、把党和国家各项事业继续推向前进的必修课。"把党史、国史的学习提到各项事业前进的必修课的高度,这还是第一次。《读点国史:辉煌年代国史丛书》正是落实习近平这个号召的具体行动。它以正史的姿态普及国史知识,用它的品位在"读点国史"中尽一份社会责任。

这套《读点国史:辉煌年代国史丛书》选择在共和国历史上产生过重大影响或者引起社会加速发展并充实着重大事件的12个年份为时间节点,一年一本,各自成卷,构成了共和国历史的基本框架。

如果从完整的纪年看,1950年无疑是新中国的第一年。中国20世纪最伟大的女性、被人们称为"国之瑰宝"的宋庆龄,当年是中央人民政府副主席,她将1950年称作"第一年的新中国"。

这一年，我们的共和国到处洋溢着欣欣向荣的新气象。新社会、新政府、新生活、新天地……大到国家关系，小到百姓的日常起居，人们都实实在在地感受到新旧社会两重天，感受到中国的历史巨变。当然，这仅仅是开始，更为波澜壮阔的变迁还在后面。在共和国历史中，1950年之所以具有里程碑意义，就在于它是"一元初始，万象更新"。

1954年之所以是"大业宏图"，皆因这一年召开了第一届全国人民代表大会，毛泽东主持制定了共和国第一部宪法。中国第一次以大国身份出席重要的国际会议，提出划时代的和平共处五项原则，为建立国际关系新秩序奠定了坚实的理论基础和令人信服的实践基础。这一年又是过渡时期总路线公布后的第一年，公私合营和农业合作化运动，迈出了决定性的一步。

1956年，社会主义改造全面完成。接下来召开的中共八大清醒地认识到我国无产阶级和资产阶级之间的矛盾已经基本解决，国内主要矛盾是人民对于建立先进的工业国的要求同落后的农业国的现实之间的矛盾，是人民对于经济文化迅速发展的需要同当前经济文化不能满足人民需要的状况之间的矛盾。为此，党和国家的工作重点就是把我国尽快地从落后的农业国建设成为先进的工业国。这一年，"双百"方针的提出，"向科学进军"的号召，使整个科学文化事业呈现出勃勃生机。1956年的的确确是"意气风发"的一年。

从1956年至1966年的十年是共和国开始全面建设社会主义的十年。这其中既充满艰辛的探索，也不可避免地在探索中曲折发展。这十年间，有代表性的是1962年。年初召开的七千人大会，初步总结了"大跃进"以来的经验教训，对推动国民经济全面调整起到了积极作用。9月召开的党的八届十中全会未使"左"倾错误在经济工作的指导思想上得到彻底纠正，而在政治和思想文化方面还有发展。国内形势困难曲折，国际局势错综复杂。印度不断在中印边界制造事端，中国军队被迫自卫反击。中苏两党分歧加剧，国际共运的争论和分歧达到新阶段。用"关山飞渡"来概括这一年，较为贴切。

1976年可谓大悲大喜。"文化大革命"这一全局性的错误至此已进入第十个年头，三位伟人相继离世，"四人帮"倒行逆施，唐山大地震损失惨重，国民经济濒临崩溃边缘。中国人民在关乎国家与民族命运的大搏斗中终于再次赢得胜利。噩梦醒来，艳阳高照。所谓"激荡岁月"，暗含这一年各种矛盾胶着、较量，经历着动荡和激变，代表着正义的力量终于取得了胜利的那样一种状态。

1978年是共和国历史上经历伟大转折的一年。粉碎"四人帮"后，我党为肃清"左"的影响，为发展国民经济进行了大量的卓有成效的工作，但也遇到阻力。关于真理标准问题的大讨论，在全党再次确立了实事求是的思想路线。党的十一届三中全会的召开，在政治、思想、组织等领域全面开始了拨乱反正，揭开了改革开放的序幕，标志着一个新时代的开始，"伟大转折"成为新的起点。

1984年，农村改革使粮食产量第一次突破4亿吨，基层政权建设完成了政社分离，建立了乡政府和村民委员会，人民公社体制不复存在。党的十二届三中全会的决定突破了把计划经济同商品经济对立起来的传统观念,为经济体制改革提供了新的理论指导,改革的重点从农村转向城市。对外开放迈出新的步伐,开放14个沿海港口城市。根据"一国两制"的构想,中英两国政府签订了联合声明,香港问题圆满解决。这一年,可谓"春潮涌动"。

1992年,邓小平视察南方并发表重要谈话,从理论上深刻回答了长期困扰和束缚人们思想的许多重大问题。同年召开的党的十四大作出三项具有深远意义的决策:确立邓小平中国特色社会主义理论在全党的领导地位;明确我国经济体制改革的目标是建立社会主义市场经济体制;强调抓住机遇,加快我国经济社会的发展,推进改革开放跃上新台阶,中国改革开放的大船"迎风破浪",驶上新的航程。

1997年,江泽民在党的十五大报告中,进一步阐述邓小平理论的历史地位和指导意义,进一步阐述党在社会主义初级阶段的基本路线和基本纲领,并就建设中国特色社会主义的政治、经济、文化作出全面部署,确定了跨世纪发展的宏伟蓝图,明确回答了国际国内普遍关注的邓小平逝世后中国怎样"继往开来"的重大问题。

2003年,是中国发展进程中重要而非同寻常的一年,也是改革开放和社会主义现代化建设取得显著成就的一年。以胡锦涛为总书记的新一届中央领导集体从改革开放25年的实践中、从抗击"非典"疫情的斗争中获得重要启示:坚持以人为本,树立全面、协调、可持续的科学发展观,促进经济社会和人的全面发展。从单纯追求经济增长,到促进经济、社会和人的全面发展,这是中国发展观的重大进步,适应了全面建设小康社会的迫切要求。

2008年，是深入贯彻落实党的十七大精神、推进"十一五"规划顺利实施的关键一年，也是我们应对国际经济形势复杂变化、保持经济平稳较快发展的重要一年。中国人民同心同德、顽强拼搏，成功抗击南方部分地区严重低温雨雪冰冻灾害和四川汶川特大地震灾害，成功举办北京奥运会，完成"神舟"七号载人航天飞行任务，举办第七届亚欧首脑会议，中国的经济实力和综合国力进一步增强，人民生活水平继续提高。中国人民同世界各国人民加强友好交流和务实合作，共同应对国际金融危机等严峻挑战，为维护世界和平、促进共同发展做出了新的贡献。这一年恰逢改革开放30周年，中国人民隆重纪念这一重要历史时刻，在总结经验的基础上对继续推进改革开放作出了部署。

2013年在新中国历史上值得书写，不仅因为这一年是新一届政府产生之年，而且因为执政的中国共产党的作风和纪律切实需要加以整顿，党内腐败蔓延正在侵蚀党的肌体，引起人民的强烈不满；改革开放到了深水区和攻坚期，如何让多年的改革开放成果惠及全体人民，而不仅仅是一句漂亮的口号；粗放的经济发展模式，付出了太多的资源和环境成本的代价，必须下大决心转变。这一年，以习近平为首的中共中央在治党治国治军、改革发展稳定的征程上都迈出了坚定的步伐。中华民族伟大复兴的"中国梦"是人民永续辉煌的不竭动力。

尽管有人把国史看作是中国历史"自然的延伸"，但我觉得国史与历代中国断代史还是有所区别的。中国是历史积淀异常深厚的国度，不仅历史悠久，而且史官文化高度发达，史籍经典延绵不绝，史志资料浩如烟海。按照中国史学的一般传统，是后人记前人事，盖因后人看前人更客观，档案文献的查找也更便利。但也不尽然。被鲁迅称为"史家之绝唱，无韵之离骚"的《史记》，其作者司马迁就生活在汉武帝时代，书中就曾记录了不少当时的人和事，无怪乎有人干脆称《史记》为"实录"（《汉书·司马迁》）。今天人讲今天事，当代人修当代史继承的就是中国史学的这一特殊传统，尽管在秉笔直书、正视历史真相方面多多少少还是有距离和难度的。但本套丛书还是做到了"存史"的目的。把过去发生的事情娓娓道来，写清楚它们的来龙去脉，应了孔子所说的"物有本末，事有始终，知所先后，则近道矣"和刘知幾强调的"良史以实录直书为贵"的要求。

这套国史丛书由一批国史研究领域的专家担纲撰写，他们有严谨的治学态度和深厚的学术功力，不会轻易受干扰和动摇。笔者相信这些著作会给读者以不同的感受。

目 录

引 言 / 001

第一章 周恩来逝世

一、周恩来逝世和"四人帮"批周的表面化 …………… 006
  ◎1月8日的噩耗
  ◎十里长街送总理
  ◎邓小平致悼词
  ◎周恩来骨灰撒在祖国的江河大地

二、周恩来晚年的政治境遇 …………… 009
  ◎周恩来要求肃清极左思潮
  ◎姚文元：当前要警惕的是右倾思潮抬头
  ◎张春桥质问：当前的主要问题是否仍然是极左思潮？
  ◎毛泽东评判：是极左？是极右。搞修正主义，叛党叛国
  ◎批孔挖老根：解决政治方针的法宝
  ◎毛泽东批评周恩来主管的外交部
  ◎毛泽东：我赞成秦始皇，不赞成孔夫子
  ◎政治局开会批评周恩来
  ◎以儒法斗争重新解释中国思想史

◎江青政治上的活跃

◎批"现代的儒""宰相儒"

◎"理论队伍"的建立

三、周恩来逝世后"四人帮"的继续攻击…………………039

◎"四人帮"发泄仇恨

◎江青：周恩来死了，我也要和他斗争到底

◎姚文元压制报道

◎宣传机器强奸民意

第二章 四五运动与天安门事件

一、酝酿变革的社会思潮与"南京事件"…………………044

◎各地此伏彼起的抗议声浪

◎南京大学生首先走上街头

◎"把野心家、阴谋家、两面派张春桥揪出来示众"

◎中共中央电话通知

◎张春桥：特别要盯住彭冲

◎姚文元：有一个地下资产阶级司令部在活动

◎《捉妖战歌》

二、四五运动………………………………………………052

◎北京天安门的第一个花圈

◎北京市公安局的紧急措施

◎丙辰清明的天安门

◎愤怒出诗人

◎天安门成为政治舆论的中心场

◎"请总理指示，是拆还是烧？"

◎诗歌如潮，花圈如海

◎怨恨与不满的大喷发

三、天安门事件 ·············· 058
　◎姚文元：为什么不枪毙一批反革命分子呢？专政毕竟不是绣花
　◎"四人帮"集团制造"情况"
　◎政治局会议决定"清理"花圈
　◎王洪文视察广场
　◎广场冲突的加剧
　◎"欲悲闻鬼叫，我哭豺狼笑"
　◎"清场"和血腥的镇压
　◎毛泽东提议：华国锋任国务院总理、中央第一副主席
　◎邓小平问题性质变了

第三章　"批邓、反击右倾翻案风"

一、邓小平的复出 ·············· 070
　◎毛泽东："请了一个军师，叫邓小平"
　◎"风庆轮事件"，邓小平与"四人帮"公开激烈冲突
　◎王洪文长沙告状："我是冒着危险来的"
　◎周恩来抱病赴长沙
　◎毛泽东警告"四人帮"，称邓小平"人才难得"
　◎以周恩来、邓小平为主导的政府阵容
　◎毛泽东提出学习"无产阶级专政理论"
　◎江青：主要危险是经验主义
　◎毛泽东再批"四人帮"
　◎邓小平主持政治局会议批评江青

二、邓小平主持全面整顿 ·············· 083
　◎邓小平主持中央工作
　◎关键是抓整顿

◎"三项指示为纲"

◎反"派性"打击帮派势力

◎万里铁路整顿首战告捷

◎邓小平：农业也要整顿

◎300多名高干重见天日

◎"老九不能走"

◎毛泽东也认为文艺政策应当调整

◎周荣鑫质疑"教育革命"

◎邓小平、叶剑英联手整顿军队

三、《论十大关系》的被冷冻和三个指导性文件的准备 … 091

◎邓小平的智囊班子：国务院政治研究室

◎邓小平建议公开发表《论十大关系》指导全局

◎《论全党全国各项工作的总纲》阐述全面整顿的指导思想

◎工业领域恢复正确政策的《关于加快工业发展的若干问题》

◎《科学院工作汇报提纲》提出："科学是生产力"

◎邓小平：陈景润究竟算红专还是白专？中国有1000人就了不得

四、"批邓、反击右倾翻案风" ……………………… 103

◎毛泽东谈《水浒》，担心的是"投降派"

◎江青说：有人要架空毛主席

◎毛泽东政治天平的倾斜

◎毛远新的汇报引发毛泽东对全面整顿的不满

◎清华大学成为触发点

◎毛泽东对刘冰等的上书反应强烈：矛头是对准我的

◎风云突变，政治局会议传达毛泽东批示

◎邓小平：我是桃花源中人，不知有汉，无论魏晋

◎打招呼会议"反击右倾翻案风"

◎"走资派还在走"

◎江青擅自召集12省负责人会议，制造接班舆论

◎新的政治理论公式："老干部等于民主派，民主派等于走资派"

◎张铁生："要一个个收拾他们，采取铁的手腕"

◎天安门事件后的运动升级

◎"四人帮"帮派分子大肆活动

◎到处出现新的动荡和混乱

第四章 毛泽东逝世

一、毛泽东逝世 ········ 134

◎毛泽东的最后一个春节："放点爆竹吧！"

◎毛泽东与政治局委员诀别

◎毛泽东："和平交不成就动荡中交"

◎伟人长逝

◎空前规模的悼念活动

二、毛泽东晚年的探索与失误 ········ 140

◎一致性的理想社会模式和矛盾冲突的社会进步动力

◎平等理想与理性化专业化的冲突

◎多专多能消灭差别和公共价值的绝对优先

◎毛泽东对"资产阶级法权"的误读

◎姚文元的"社会基础"和张春桥的"全面专政"

◎"铲除滋生资本主义的土壤"

◎"哈尔套经验"和广西的"总体战"

◎"群众迷信"的出现

◎"大民主"无法解决政治体制问题

◎从"大民主"到国家机器的空前强化

◎"教育革命"

第五章　国民经济与社会的危机

一、国民经济的严峻形势 …………………………… 186
◎年度计划无法完成
◎财源枯竭，国库空虚
◎国民经济重大比例失调
◎经济效益全面下降
◎各种商品票证越来越多
◎国民经济到了崩溃的边缘

二、唐山地震 ………………………………………… 190
◎世界地震史上最悲惨的一页
◎中共中央的慰问
◎十万大军进入唐山
◎各地动员支援灾区
◎"抗震救灾要以反击右倾翻案风为纲"
◎"依靠自己战胜天灾"

三、社会危机与观念危机的加深 …………………… 194
◎毛泽东再次对知识青年问题批示
◎意识形态掩盖社会就业问题
◎小学教师李庆霖"告御状"
◎"知青"已成社会问题的新焦点
◎知识青年成为多余的人
◎梁漱溟与顾准
◎反主流意识形态的"地下文化"的出现
◎无聊、消极、苦闷与思考的群体
◎郭路生："我比疯狗有更多的辛酸"
◎舒婷的画梦

◎凡有知青处，就有《知青之歌》

◎"手抄本"的流传

第六章　十月惊雷

一、"文化大革命"后期的政治格局 …………………… 226

◎身份特殊的"旗手"江青

◎"理论家"包装的政客张春桥

◎"金棍子"姚文元

◎"造反司令"王洪文

◎"文化大革命"中崛起的帮派势力

◎"阴谋文艺"成为篡党夺权工具

◎老一代革命家和老干部

◎政治秩序的重建和老干部的重新掌握权力

◎时局的重心：叶剑英

◎军队控制权的争夺

◎"四人帮"难以控制军队

◎整顿进一步加强军队的团结统一

◎"放火烧荒"难以奏效

◎"四人帮"集团建立第二武装

二、最高权力的政治继承问题 …………………… 245

◎毛泽东晚年的权威急剧膨胀

◎民主集中制原则遭破坏

◎毛泽东选择华国锋，张春桥怨恨至极

◎毛泽东的"三句话"

◎张铁生："这个老大是不是可靠？"

◎江青也要接班

三、"四人帮"反党集团的夺权活动 ………………… 251

◎档案事件

◎毛泽东遗体保存事件

◎热线电话事件

◎"临终嘱咐"事件

◎梁效的文章：《永远按毛主席的既定方针办》

四、十月惊雷 …………………………………………… 259

◎政治斗争只有特殊方式一条路

◎叶剑英的胆识谋略

◎华国锋：只要老同志撑腰，有军队撑腰，就好办

◎汪东兴：我听华总理和叶副主席的

◎陈云：只好如此，下不为例。快下决心，以稳妥为上策

◎李先念转达华国锋的决心

◎叶剑英、华国锋决定"以快打慢"

◎张春桥对上海的"三点指示"

◎张春桥传话上海：准备紧急应变

◎政治局会议，华国锋与江青直接冲突

◎叶剑英：上兵伐谋

◎惊心动魄的时刻

◎玉泉山政治局紧急会议彻夜进行

◎叶剑英提议：华国锋任中央主席、中央军委主席

◎调虎离山，制止上海的武装叛乱

后　记 / 288

补　记 / 290

引 言

1976年，"文化大革命"已进入第十个年头，"文化大革命"的实践带来的社会长期动荡，各种社会问题和社会矛盾不断积聚、日益尖锐，各种力量在动荡和冲突中长期僵持。到了这个时候，中国社会政治的急剧变化就是不可避免的了。进入70年代以后，中国社会的所有重大问题都集中于一个焦点，这就是"文化大革命"的理论和实践。各种政治力量和社会力量实际上都是在围绕这个焦点进行角逐和争斗的，或明或暗，或反抗或压制，或攻击或抵抗，反反复复，此消彼长。1976年，共和国的第一代政治巨人们相继逝世，最高权力机构出现真空，政治局势扑朔迷离……终于引发1976年10月6日的晴天霹雳，人民的力量在同"四人帮"集团所代表的反人民、反革命的势力的斗争中取得决定性的胜利。党和人民在"左"的错误和"文化大革命"的长期禁锢中终于冲开了第一道政治缺口，严重激化的社会矛盾有了解决的机会，中国历史有了根本转变的机会。

让我们永远记住那个年代。

让我们再一次经历那个忧愁、痛苦、悲伤、失望、愤怒、迷茫、惊喜和欢欣的心路历程，再一次重温结束那场令许多家庭妻离子散、令整个民族危如累卵的十年浩劫所带来的惊喜和狂欢。

　　让我们再一次欢呼人民力量的不可战胜！

第一章
周恩来逝世

激荡岁月——1976年的中国

1976年是共和国历史上一个极其不平静、极其不平凡的年份。"文化大革命"已经进入第十个年头。在运动初起时激励和迷惑人心的虚幻的光环早已消失,对"史无前例的政治大革命"的怀疑和不满日益加深,对"文化大革命"中兴起的以"四人帮"为代表的政治势力日益厌恶。"文化大革命"的灾难性后果已经使中国人民深受其害。由于毛泽东继续坚持"文化大革命"的理论和实践,"四人帮"更是兴风作浪,企图重新打倒许多老干部,篡党夺权。因此,整个中国陷入严重的政治和社会危机之中。

1月1日,新年伊始,城乡各地的高音喇叭庄严地播发了毛泽东1965年写的词二首:《水调歌头·重上井冈山》和《念奴娇·鸟儿问答》。

《水调歌头·重上井冈山》抒发的是毛泽东这位政治家和诗人的豪迈胸襟:

久有凌云志,重上井冈山。千里来寻故地,旧貌变新颜。到处莺歌燕舞,更有潺潺流水,高路入云端。过了黄洋界,险处不须看。

风雷动,旌旗奋,是人寰。三十八年过去,弹指一挥间。可上九天揽月,可下五洋捉鳖,谈笑凯歌还。世上无难事,只要肯登攀。

《念奴娇·鸟儿问答》则表现出诗人俯视世界政治格局的高度乐观态度：

> 鲲鹏展翅，九万里，翻动扶摇羊角。背负青天朝下看，都是人间城郭。炮火连天，弹痕遍地，吓倒蓬间雀。怎么得了，哎呀我要飞跃。
>
> 借问君去何方？雀儿答道：有仙山琼阁。不见前年秋月朗，订了三家条约。还有吃的，土豆烧熟了，再加牛肉。不须放屁，试看天地翻覆。

同时播发的还有国家的主要宣传机器、被称为"两报一刊"的《人民日报》《解放军报》和《红旗》杂志联合发表的元旦社论：《世上无难事，只要肯登攀》。社论对毛泽东的这两首词作了这样的评价和阐释：

> 这两篇光辉的作品，以高度的革命现实主义和革命浪漫主义相结合的艺术形式，描绘了国内外"天地翻覆""旧貌变新颜"的大好形势，歌颂了革命人民"可上九天揽月，可下五洋捉鳖"的英雄气概，揭示了马列主义必胜，修正主义必败的历史规律……经过无产阶级文化大革命和批林批孔运动，经过无产阶级专政理论学习运动和评论《水浒》，我们的党朝气蓬勃，我们的人民意气风发，我们的国家欣欣向荣，无产阶级专政空前巩固。

元旦社论中提到的"批林批孔"运动、无产阶级专政理论学习运动和评论《水浒》，以及即将开展的"批邓、反击右倾翻案风"，都是围绕着坚持和维护"文化大革命"的理论和实践而展开的，这是"文化大革命"后期的核心问题，构成了"文化大革命"后期的主要内容。元旦社论说：

> 怎样看待无产阶级文化大革命，是当前两个阶级、两条道路、两条路线斗争的集中反映。党的九大、十大都对无产阶级文化大革命作了总结。肯定还是否定这场大革命，实质上是继续革命还是复辟倒退的斗争。

一、周恩来逝世和"四人帮"批周的表面化

◎1月8日的噩耗

◎十里长街送总理

◎邓小平致悼词

◎周恩来骨灰撒在祖国的江河大地

当人们按要求学习毛泽东的两首词，认真体会其伟大和深远意义的时候，突然传出惊人噩耗。

1976年1月8日，中共中央副主席、国务院总理周恩来逝世。次日凌晨，伴随凛冽的寒风，中央人民广播电台广播了这个令广大中国人民悲痛欲绝的消息。

周恩来是伟大的马克思主义者、杰出的无产阶级革命家，

对中国人民革命和社会主义建设事业做出了巨大的贡献，对党和人民鞠躬尽瘁，赢得了人民群众的衷心爱戴，在党内党外享有崇高的声誉。在"文化大革命"中，周恩来处境非常困难。为了党和国家的大局，为了人民的利益，他不得不说一些违心的话，做一些违心的事。但是，他继续以高度的革命责任心和忘我的精神勤奋工作，机智灵活地处理各方面的关系，与林彪、"四人帮"周旋和斗争，为减少"文化大革命"造成的损失、保护大批党内党外干部作出了不懈的努力。周恩来还在可能的范围内，力图对毛泽东晚年的错误有所纠正。因此，在"文化大革命"后期，周恩来已经成为改变和纠正"文化大革命"错误的希望和象征。

周恩来的逝世，引起全国人民的极大震惊和巨大悲痛。人们自动地戴上黑纱，许多单位自发地举行追悼仪式。北京的群众自己制作花圈，敬献到天安门人民英雄纪念碑前，表示对周恩来的哀悼。人们在周围的松树上缀上白色纸花，寄托对周恩来的哀思。天安门广场上汇集着悼念周恩来的浩瀚人流。在停放周恩来遗体的北京医院外面，从东单到东交民巷，日夜聚集着盼望与周恩来遗体告别的群众。

1月10日和11日，党和国家领导人、各界人士、群众代表向周恩来遗体告别。11日下午4时45分，周恩来的遗体从北京医院送往八宝山火化。闻讯而来的上百万人民群众冒着寒风，自动聚集在长安街两旁，向周恩来作最后的送别。

大规模自发的悼念活动，反映了广大人民群众对周恩来的深厚感情和对党内"左"的错误的极端不满，这是党心之所向、民心之所向。

1月15日,首都北京举行了周恩来追悼大会。中共中央副主席邓小平代表党中央致悼词,高度赞扬了周恩来的伟大历史功绩。邓小平说:

> 周恩来同志的一生,是为共产主义事业光辉战斗的一生,是坚持继续革命的一生。他是我们全党全军全国人民学习的榜样。①

按照周恩来的遗愿,他的骨灰撒在了祖国的江河大地。

周恩来带着对国家、民族和党的眷念和忧虑离开了人世,离开了他终身为之奋斗的事业。但是,他的政敌却不肯善罢甘休。《光明日报》于2月13日发表《孔丘之忧》的文章,其中有这样一段:

> 以后的孔孟之徒,不少人就在"忧"字上大作文章。他们一方面袭用"忧国忧民"的老谱,装成人民的代言人和救世主,似乎比谁都关心国计民生和道德文化,实际却同孔丘一样,他们的"忧国忧民",完全是为了"兴灭国、继绝世、举逸民",是地地道道的"祸国殃民"!另一方面,他们散布"一代不如一代"的悲观论调和"杞国无事忧天倾"一类的无穷忧虑,妄图使人们对新生事物发生怀

---

① 新华社1976年1月15日讯,见《人民日报》1976年1月16日。

疑，对革命大好形势和光明前途丧失信心。这种瓦解士气的"忧杀"往往比血淋淋的刀杀更为阴险毒辣……让旧制度的"哭丧妇"抱着孔丘的骷髅去忧心如焚，呼天号地吧。我们伟大的祖国"到处莺歌燕舞"，无产阶级教育革命正在胜利前进！①

二、周恩来晚年的政治境遇

◎周恩来要求肃清极左思潮

◎姚文元：当前要警惕的是右倾思潮抬头

◎张春桥质问：当前的主要问题是否仍然是极左思潮？

◎毛泽东评判：是极左？是极右。搞修正主义，叛党叛国

◎批孔挖老根：解决政治方针的法宝

◎毛泽东批评周恩来主管的外交部

◎毛泽东：我赞成秦始皇，不赞成孔夫子

◎政治局开会批评周恩来

◎以儒法斗争重新解释中国思想史

◎江青政治上的活跃

◎批"现代的儒""宰相儒"

◎"理论队伍"的建立

举世景仰的人民的好总理周恩来的晚年，政治处境是非常困难的。

---

① 高路：《孔丘之忧》，见《光明日报》1976年2月13日。

在"文化大革命"的政治风潮中,周恩来保存了下来。他仍然担任政府总理的职务,但是在党内的地位一直很微妙。九大的政治明星是林彪,他是中国共产党唯一的副主席。政治局常委除主席毛泽东和副主席林彪外,还有周恩来、陈伯达和康生。

1971年9月13日,林彪仓皇出逃,飞机坠毁于蒙古的温都尔汗,机上人员无一生还。林彪事件的发生,是"文化大革命"中最令人震惊的事件。林彪是对毛泽东的个人崇拜的制造者和推动者,是毛泽东晚年错误理论与实践的有力支持者。在"文化大革命"中林彪风云一时,成为地位仅次于毛泽东的"副统帅",并且作为毛泽东"最亲密的战友",被确定为毛泽东的接班人,这在中国共产党的历史上是史无前例的。

林彪事件的发生,打破了"文化大革命"的政治神话,引发了社会思潮的变化。在批判林彪集团的"批林整风"运动中,开始触及"文化大革命"的"左"的思想,如批判林彪、陈伯达"称天才",大搞个人迷信的问题,批判他们形"左"实右,急于向共产主义过渡、煽动极左思潮的问题,实际上对"文化大革命"的"左"倾错误开始进行批判。

在中央领导层内,试图利用林彪事件的机会纠正"文化大革命"的极左错误的第一人是周恩来。周恩来在许多场合提出林彪的问题是极左,提出要批判极左思潮。1971年年底到1972年年初,周恩来主持全国计划工作会议,会议纪要明确提出要反对"空头政治",反对无政府主义。1971年12月,周恩来在听取有关航空工业汇报时,再次强调要恢复合理的规章制度，批判无政府主义和极左思潮。1972年8月1日、2日两天，周恩来在人民大会堂向回国述职的大使和外事、宣传单位负责人作了长篇报告，报告内容贯穿了"要批透极左思潮"的主题。周恩来说：

> 极左思潮是有世界性的。中国也有极左思潮，在我们鼻子下面也有嘛，外交部也有，驻外使领馆也有……实际上各单位的极左思潮都是林彪放纵起来的……就是空洞，极端，形式主义，空喊无产阶级政治挂帅，很抽象，这是违反毛泽东思想的。①

周恩来在各个领域采取了一些措施，力图纠正"左"的错误。

为解决指导思想的问题，周恩来还在理论领域布置批判极左思潮。1972年9月，周恩来再次批评《人民日报》等没有把极左思潮批透，要求进一步批透。周恩来说，极左思潮不批透，你们就没有勇气贯彻毛主席的革命路线。根据周恩来的指示精神，《人民日报》在10月14日组织发表了署名龙岩的《无政府主义是假马克思主义骗子的反革命工具》等一组理论文章，构成批判极左思潮的无政府主义的一个整版，这是非同寻常的。《无政府主义是假马克思主义骗子的反革命工具》一文，借批判无政府主义的"绝对自由""反对任何权

---

① 1972年8月1日、2日周恩来接见回国述职大使和外事单位负责同志谈话纪要，见金冲及主编：《周恩来传》，中央文献出版社1998年版，第2020页。

威""推崇自发性"等基本特征，批判"文化大革命"中的极左思潮。

周恩来的批极左，是对"文化大革命"的理论和实践的尖锐批判。"四人帮"集团对此表现出高度的敏感。上海市委常委朱永嘉打电话表示，上海工人对这篇文章反应强烈。姚文元先是不表态，随后要求讨论。张春桥、姚文元授意《文汇报》内部刊物《文汇情况》连续登载批驳文章，反对否定群众运动。① 11月14日，姚文元明确表示："当前要警惕的是右倾思潮抬头"，"不能说什么都是无政府主义，不要批到群众头上，不要混淆两类矛盾。"② 11月28日，中联部和外交部提出报告，请示召开外事工作会议。报告指出：鉴于林彪反党集团煽动的极左思潮在外事工作部门还没有得到彻底的批判和肃清，准备召开一次全国外事工作会议，彻底批判极左思潮和无政府主义，以便更好地贯彻执行毛主席的革命外交路线。周恩来对这个报告批示同意，张春桥则在"送总理再阅"的批语中质问："当前的主要问题是否仍然是极左思潮？我正在考虑。"江青批道：当前应批林彪卖国贼的极右，"同时也应着重讲一下无产阶级文化大革命的胜利"③。

毛泽东最后的干预决定了论争的结局。

关于批林的方针的争论，是关系到"文化大革命"的理论和实践的重大问题。12月6日，毛泽东约见江青，要江青将王

---

① 金冲及主编：《周恩来传》，中央文献出版社1998年版，第2024~2025页。
② 金冲及主编：《周恩来传》，中央文献出版社1998年版，第2025页。
③ 金冲及主编：《周恩来传》，中央文献出版社1998年版，第2025页。

若水的信转给周恩来、张春桥和姚文元等,由他们找王若水谈话。12月15日和16日,周恩来主持政治局会议,讨论王若水的信和对批"左"的认识。12月17日,毛泽东在与周恩来、张春桥和姚文元的谈话中明确表示:"批极左,还是批右?有人写信给我……极左思潮少批一点吧……那封信我看不对。是极左?是极右。修正主义,分裂,阴谋诡计,叛党叛国。"① 由此可见,毛泽东对批极左也是极为敏感的,这和他对于是否坚持"文化大革命"的路线和政策的忧虑密切相关。毛泽东的态度表明,他绝不允许出现对"文化大革命"的任何怀疑和批评。

12月19日晚,周恩来同江青、张春桥、姚文元与《人民日报》负责人开会,传达毛泽东的批示,这次会议的目的实际上是要解决在批林乃至整个意识形态上的基本方针问题。

周恩来首先讲话:某同志听到8月1日我讲极左思潮要批透,那是指外交政策,还有工作上的一些问题,不是指林彪的整个路线。林彪叛党叛国,那是极右了。中央报刊上曾经指出过极左思潮,《红旗》11期也提过,但我们没有把林彪定性为"左",至于表现形式,也有形"左"实右。说林彪是"左",在原则上是错误的。这是中央务虚不够,不能完全责备报社同志。当然群众中有极左思潮,他来利用,到后期就右得很。

党报和党刊应该一致,合则故人就利用,把党报和党刊——《人民日报》和《红旗》对立起来。只要我们有一点不

---

① 王午一.《大动乱的年代》,河南人民出版社1988年版,第451页。

同，他们马上抓住……把林彪说成无政府主义的代表也不对，林彪也有他自己的政府嘛！一个时候，群众中有极左思潮，无政府主义也是个别的。有些地方说批林就是批极左思潮，这就批错了，批到群众头上了。不能把群众中一些自由主义说成是无政府主义和极左思潮。现在批林是批林彪的反革命，揭露他，这是批判的主要矛头。

细心的人会注意到，周恩来这一次没有表现出他一贯的风格，即通常所具有的逻辑力量和说服力。

在报社的人作了汇报和当事人申辩后，江青等人讲话。

江青说：你组织的这篇文章的矛头是对着群众。《人民日报》这篇文章，鬼标题可长了。我也勉强看完了。这不是对着林彪，是对着群众！我对《人民日报》的事情不大清楚。我有一个感觉，这封信不管动机如何，客观上对中央起着挑拨的作用，我看了以后很不高兴。拿着总理在某一场合某一问题上讲的话来加以利用。

张春桥说：一方面说，无政府主义是反对无产阶级专政的，一方面怎么能说群众搞无政府主义？我说非要反面教员教育不成。叫敌人抓住了！怎么能说千千万万的工农群众是无政府主义？这是极右的思想……如同你在总理和文元同志之间找空子是不行的一样，在中央文件中找也是不行的。你这个人真有意思，从中央文件找根据，从总理找根据。①

有毛泽东的支持，江青、张春桥和姚文元的讲话一方面是

---

① 参见《从批"左"到批右的转折——回忆1972年在批林方针上的分歧》，载《百年潮》1998年第5期。

贯彻和发挥毛泽东的批示精神，强调反右的路线；另一方面实际上就是批判周恩来。

从批"左"到批右的转折，是林彪事件后一个重要的事件。毛泽东由此开始改变对周恩来的信任，而"四人帮"集团也就排除了周恩来对《人民日报》的领导，并且在意识形态方面占据了上风。① 从此，批判极左思潮就被批判"右倾回潮"和毛泽东所规定的林彪集团的极右性质所取代。极左集团更是借此开展一浪接一浪的维护"文化大革命"的路线和政策的意识形态运动和政治运动。

这些政治运动首先是"批林批孔"。"批林批孔"运动的直接批判对象是林彪反革命集团，但是，周恩来是这个运动暗指的对象。

林彪集团虽然已被粉碎，但是对其在政治上和思想上进行批判和清理更加重要。要清除其政治影响，就必然要触及"文化大革命"的理论与实践，就必然要导致对"文化大革命"的怀疑及批评。而对于毛泽东来说，"文化大革命"是他晚年的重要事业。毛泽东曾说，他一生只做两件事，一件是把蒋介石赶到一群小岛上去了，一件便是发动了"文化大革命"。显然，他无论如何也不能允许对"文化大革命"有所怀疑和否定。他一直在捍卫"文化大革命"的理论和实践，并要求在这个基础上统一全党全国人民的认识。而不能不进行的对林彪集团的批判不可避免地会触及"文化大革命"的意识形态，从而动摇对

---

① 金冲及王编：《周恩来传》，中央文献出版社1998年版，第2027页。

"文化大革命"的评价。面对着这样一个无法解决的两难局面，必须找到新的支撑点，使批判运动在原有意识形态的框架内顺利开展而又不触及"文化大革命"，按照毛泽东确定的批极右的方向进行。这个新的支撑点，就是批判林彪、陈伯达等人的"思想根源"，具体地说，就是批判"孔孟之道"，把批林与批孔联系起来。

自激烈地反传统的五四新文化运动以后，儒家与孔子便作为中国保守势力的代表和象征符号，受到不断的批判。进步的文化人、思想家一般均以反儒、反孔为旗帜，尊孔尊儒与反孔反儒隐约成了保守与进步、反动与革新的分水岭。从这个角度来看，便不难理解将"批林"与"批孔"两个不相干的问题超越时空地联系起来的批判方式。同时，将"批林"与"批孔"联系起来，批判林彪集团的"思想根源"，又可以避开"文化大革命"的理论和实践，达到在批判林彪的同时又在维护"文化大革命"的"左"的错误的基础上统一全党全国人民的认识。林彪事件后，在对林彪住所的检查中，查到林彪、陈伯达等人书写的孔子、孟子言论的一些条幅和笔记。这些材料的发现，成为林彪、陈伯达等人的思想与被视为反动与保守的象征的孔子思想及儒家思想相联系的有力证据。

毛泽东对此多次发表谈话。1973年春，毛泽东批评郭沫若尊孔，说："郭老从柳退，不及柳宗元。名曰共产党，崇拜孔二先。"5月的中央工作会议上，又传达了毛泽东要批孔的意见。1973年7月4日，毛泽东与王洪文、张春桥谈话，说：

郭老在《十批判》里头称人本主义。即人民本位主义，孔夫子也是人本主义，跟他一样。郭老不仅是尊孔，而且是反法。尊孔反法，国民党也是一样啊！林彪也是啊！我赞成郭老的历史分期，奴隶制以春秋战国之间为界。但是不能大骂秦始皇。

毛泽东还直接批评了周恩来主管的外交部：

近来外交部有若干问题不大令人满意……经常吹什么大动荡、大分化、大改组。忽然来一个什么大欺骗，大主宰。总而言之，在思想方法上是只看表面，不看实质……结论是四句话，大事不讨论，小事天天送。此调不改正，势必出修正。①

毛泽东的谈话，明确肯定了以儒、法两家为进步与反动的分野，同时又表现出对主持中央工作的周恩来的不满。这里是有政治暗示的成分的。8月5日，毛泽东再次与江青谈话，讲了中国历史上儒法斗争的问题。毛泽东说，历代政治家有成就的，在封建社会前期有成就的，都是法家。这些人都主张法治，犯了法就杀头，主张厚今薄古。儒家满口仁义道德，一肚子男盗女娼，都是主张厚古薄今的。毛泽东还给江青念了他的诗《读〈封建论〉——呈郭老》，并让江青记录。诗中写道：

---

① 王年一：《大动乱的年代》，河南人民出版社1988年版，第469页。

> 劝君少骂秦始皇,焚坑事业要商量。
> 祖龙虽死魂犹在,孔学名高实秕糠。
> 百代都行秦政法,十批不是好文章。
> 熟读唐人封建论,莫从子厚返文王。①

8月7日,毛泽东批准在《人民日报》上发表中山大学历史系教授杨荣国的批孔文章:《孔子——顽固地维护奴隶制的思想家》。9月23日,毛泽东又在会见埃及副总统沙菲时说:"秦始皇是中国封建社会第一个有名的皇帝,我也是秦始皇。林彪骂我是秦始皇。中国历来分两派,一派讲秦始皇好,一派讲秦始皇坏,我赞成秦始皇,不赞成孔夫子。"

毛泽东通过上述一系列谈话发动起来的"批林批孔"运动,目的是在"批林"运动中坚持"文化大革命"的基本路线,同时在政治上对周恩来的批判极左思潮的思想和措施进行清理。

根据毛泽东的意见,1973年11月,中央政治局开会批评周恩来,江青乘机提出这是"第十一次路线斗争",攻击周恩来。12月,毛泽东又批评"政治局不议政,军委不议军、不议政",重新提出"如果中国出了修正主义,大家要注意啊!"批评了主持中央日常工作的周恩来和主持军委日常工作的叶剑英。

在毛泽东的倡导下,"批林批孔"运动很快展开。这场运

---

① 王年一:《大动乱的年代》,河南人民出版社1988年版,第470页。

动按照江青等人的设想,应当类似于"文化大革命"前期红卫兵运动的形式,是一场自下而上的群众运动,但由于种种因素,这种设想未能实现,实际上形成的是自上而下的"理论"批判的形式。

1973年8月以后,报刊上批孔的大块文章不断出现。9月4日,北京大学、清华大学大批判组在《北京日报》上发表了《儒家和儒家的反动思想》;9月15日,上海市委写作组以"石仑"的笔名,在《学习与批判》创刊号上发表了《论尊儒反法》,这篇文章为《红旗》杂志第10期所转载;9月27日,中央党校写作班子以"唐晓文"的笔名,在《人民日报》上发表了《孔子是"全民教育家"吗?》;10月16日,上海市委写作组以"康立"的笔名,在《学习与批判》第2期上发表了《读〈封建论〉》,等等。

连篇累牍的批判文章为"批林批孔"运动造起了声势。这些文章为了突出儒家是保守复辟势力代表和法家是进步革新势力代表这一政治性论题,将战国到西汉末近500年的历史写成奴隶制和封建制决胜负的时期,把奴隶残余势力与新兴的地主阶级势力的矛盾作为这一时期的主要矛盾,制造"儒法斗争"这一论题。

"批林批孔"运动是对中国历史和中国思想史重新解释的运动,在这场运动中,整个中国的历史和思想文化史均被归纳为"儒法斗争",并以自己的政治好恶与政治需要将历史人物任意地封为"儒家"与"法家",人为地制造儒法斗争的对立面。例如将秦始皇视为法家,于是历史上凡肯定秦始皇者均为法家，否定秦始皇者均为儒家；尊孔的自然是儒家，非孔的也必然是法家；桑弘羊被封为法家，霍光就必是儒家；朱熹是儒家，而虽是朋友却又有论辩的陈亮就是法家。儒家者必定保守、反动、妥协、投降，法家者必定进步、革新、主战，故而历史上朱熹虽主战，但被说成投降主和。诸如此类，无不以政治的需要和"儒法斗争"的概念及框架，去制造、"改铸"历史事实。

毛泽东发动"批林批孔"运动，目的在于维护和发展"文化大革命"的理论和实践。江青及其反革命集团的主要成员张春桥、姚文元、王洪文以及迟群、谢静宜等则利用毛泽东在理论和实践上的错误，玩弄阴谋，企图借"批林批孔"运动打倒他们篡夺党和国家最高权力的障碍——以周恩来为代表的老干部，实现他们的政治野心。江青提出"第十一次路线斗争"，火药味是很浓的。王洪文宣称，"批林批孔"运动是"第二次'文化大革命'"，"第十一次路线斗争开始了"。毛远新则说，毛主席发动这场"批林批孔"斗争，一个是解决九次路线回潮的问题，一个是解决十次路线没有解决完的问题，能不能归结到十一次路线斗争，可不可以得出这样一个结论，现在还很难说。

江青、王洪文的提法，表现了他们希望"批林批孔"运动所达到的政治目标，毛远新的说法，反映了这个运动的现实，即维护"文化大革命"及其"新生事物"，而在政治上打倒周恩来的目的能否获得支持还没有把握。

"批林批孔"运动对于"文化大革命"中后期没有满足其

政治预期的造反派骨干和帮派分子而言，却是一次难得的机会，许多地方的帮派分子活跃起来，出现了新的骚动。在武汉，一群工人把大卡车堵在铁路上，从而使京广铁路和该市的一条公路的交会处堵塞了三小时零七分，这个事件使全国的经济大动脉被紊乱了好几天。如果听任这种情况发展下去，将会带来新的严重社会政治问题。

毛泽东虽然需要通过"批林批孔"运动来维护"文化大革命"的理论和实践，但是似乎并没有要发动一场大规模的群众运动的想法，这也许是因为他不希望发生全面的政治社会大动荡。他对于周恩来等老干部，虽然不满意，但并未下决心打倒。从这个意义上说，"批林批孔"运动主要是政治上的警告。因此，毛泽东在1974年12月同周恩来、王洪文的谈话中，否定了对周恩来的批判是"第十一次路线斗争"的提法。他说，对江青"当然要一分为二，她在批刘批林问题上是对的，说总理的错误是第十一次路线错误就不对了"。他还否定了江青说周恩来"迫不及待地要代替毛主席"的提法，对江青的政治野心亦提出批评。对于"批林批孔"，毛泽东否定了"第二次文化大革命"的提法，"说批林批孔是第二次文化大革命是不对的"①。

周恩来对"批林批孔"运动也进行了有限度的干预，他坚持军队首脑机关和作战单位"不搞四大"，"党政机关、生产部门也要有政策界限规定"，各地区、各部门的运动，原则上由同级党委"自行处理"，而"不致影响中央、国务院、军委日

---

① 王年一：《大动乱的年代》，河南人民出版社1988年版，第511页。

常工作的进行"（1974年2月1日就中央政治局讨论"批林批孔"运动情况给毛泽东的报告）。① 这显然是对"批林批孔"运动的基本形式进行某种制约。

"批林批孔"运动中的批"走后门"问题是江青等人打击老干部的又一项重要措施。周恩来就此向毛泽东提出意见，得到毛泽东的支持。毛泽东于2月15日在周恩来的信中批示：

> 现在形而上学猖獗，片面性。批林批孔，又夹着批"走后门"，有可能冲淡"批林批孔"。

显然，毛泽东认为"批林批孔"首先是要在理论上和政治上解决维护"文化大革命"的问题，不希望批"走后门"、打击老干部，冲淡了这个主题，不想破坏政治的平衡和稳定。毛泽东还针对迟群等1月25日在京中央直属机关和国家机关"批林批孔"动员大会上的讲话提出："有缺点，不宜下发。"周恩来明白无误地告诉迟群、谢静宜，毛泽东讲的"形而上学猖獗"，就是批评江青。②

4月10日，中共中央发出通知，明确规定了"批林批孔"运动的方式："批林批孔"运动在党委统一领导下进行，不要成立战斗队一类群众组织，也不要搞跨地区一类的串联。③ 这实际上否定了在"批林批孔"中搞大规模群众运动的形式。

---

① 金冲及主编：《周恩来传》，中央文献出版社1998年版，第2090页。
② 金冲及主编：《周恩来传》，中央文献出版社1998年版，第2090页。
③ 《中共中央关于批林批孔运动几个问题的通知》，1974年4月10日。

由于这样一些因素，"批林批孔"运动便没有完全按照江青等人设想的方式展开，各地帮派势力造成的骚乱受到压制，运动主要采取自上而下的"理论"批判的形式。江青、张春桥、姚文元、康生等控制的北京大学和清华大学两校大批判组、上海市委写作组、中央党校写作组、《人民日报》《红旗》杂志写作班子发表大量的批判文章，大造批判的声势。这场批判运动，假借批判林彪、孔孟和历史上所谓的"儒家"，大批"周公""宰相""宰相儒"，以暗喻、影射的方式攻击和批判周恩来。他们批"克己复礼"，批"举逸民"，指责周恩来对"文化大革命"一些做法的纠正和恢复老干部的工作；他们批"折衷主义""中庸之道"，指责周恩来政治上和意识形态上的宽容和不走极端。

江青等人多次对其写作班子暗示，要批现代的儒，批"党内的大儒"。但是公开批周恩来，既不得人心，在政治上时机也不成熟，因此，对于周恩来，既不能公开点名，又不能让人不明所以。实现这一目标，就成了"影射史学"的主要任务。为此，在批判孔子等儒家人物时，他们利用姓氏、职务等办法进行影射，如周恩来姓周，便大批"周公"，指周公为旧奴隶制的政治代表，孔子之"吾从周"，便是要复辟奴隶主专政的统治秩序。又如周恩来为国务院总理，"影射史学"便大批"宰相儒"。罗思鼎撰《秦王朝建立过程中复辟与反复辟的斗争》一文，着力批秦丞相吕不韦，说"吕不韦并不是地主阶级的代表，而是奴隶主贵族的代表"，"他依靠政治投机而当上了秦庄襄王的丞相"。对于这篇文章，江青很是欣赏："这篇文章的好处,是批吕不韦,吕是宰相。"

"影射史学"还以人物描绘等手法,对周恩来进行影射。北京大学、清华大学的《孔丘其人》,是由江青授意点题,并经江青本人和姚文元审定的重头文章。它通篇不批林彪,而以批孔为名,影射攻击周恩来。文章说"孔丘出身的没落奴隶主贵族家庭,在这个社会大变革中急剧地衰落下来",影射周恩来的家庭出身;写孔子代理宰相,影射周恩来的职务;说孔子"七十一岁,重病在床,还拼命挣扎着爬起来摇摇晃晃地去朝见鲁君",影射周恩来的年龄及带病坚持工作。文章最后批判孔子"述而不作""虚伪狡猾""凶狠残暴",是一个"开历史倒车的复辟狂"①。江青等对此文大为赞赏,认为"写得较生动""通俗",安排在《红旗》杂志和《人民日报》上发表②。

发表在《北京日报》上的署名柏青的文章《从〈乡党〉篇看孔老二》,描写孔子"此人极端虚伪狡诈,是一个可恶的政治骗子";说他"端起胳膊","一听到国君召唤,急得不等驾好车,起身就走","在国君面前则小心翼翼,局促不安,举止恭顺"。当时的梁效写作班子成员周一良后来解释说,"端起胳膊"是另一成员魏建功对《论语·乡党》中孔子上朝姿态"趋进,翼如也"的白话翻译,并无攻击周恩来之意。③

不仅如此,江青等人还提出批"现代的儒"口号,试图将

---

① 北京大学、清华大学大批判组:《孔丘其人》,载《红旗》1974年第4期。
② 1974年3月26、27、28日江青、张春桥、姚文元对《孔丘其人》送审稿的批语。见金冲及主编:《周恩来传》,中央文献出版社1998年版,第2089~2090页。
③ 详见周一良:《毕竟是书生》,十月文艺出版社1998年版。

"批林批孔"引向大规模的公开批周。6月14日,江青在人民大会堂召开的"战士批林批孔汇报会"上大讲批"现代的儒",她说,"现在文章很少提到现代的儒,难道现在没有儒了吗?没有,为什么反孔老二?现在有没有儒?有很大的儒。蒋介石是总代表"。第二天,江青在她所控制的写作班子上讲话时再次说,"现在的文章很少提到现代的儒,除了林彪、陈伯达以外……难道现在没有儒了吗?没有,为什么反孔老二?""现在有没有儒?有很大的儒"。其亲信便点破道:"注意这个大儒不是指刘少奇,也不是林彪、陈伯达",矛头直接指向周恩来。

对周恩来的批判,主要集中在批"折衷主义",批周恩来纠正"文化大革命"中一些做法是"复辟倒退""开历史倒车"。这些批判通过"影射史学"表现出来,就是批孔子的"克己复礼""兴灭国、继绝世、举逸民",批孔子的"中庸之道"和吕不韦的"折衷主义"。罗思鼎的《评〈吕氏春秋〉》说,吕不韦"用杂家的面目掩盖极右的儒家本质","历史的现象常常会有相似之处。《吕氏春秋》这种以折衷主义形式出现的反动思潮在今天还可以看到","当机会主义处于不利地位的时候,他们常常摆出一副平正、公允的面孔,用似是而非、模棱两可的态度来掩盖自己的极右本质,表面上不偏不袒,实质上千方百计保护反动派,对革命派则是力图置之死地而后快"。

在"批林批孔"运动中,"批林"已成虚设,主要内容成了评法与批儒。批儒以周恩来等为影射对象,"评法"则成为对江青集团的自我政治宣传。江青等大肆宣扬"法家",他们将中国几千年的历史描绘成"儒法两条路线斗争史",儒家复辟倒退，法家变革进步；儒家逆流而动，法家顺应历史潮流。江青在6月12日的谈话中说，"有一个批判继承的问题。复辟和反复辟，前进和倒退的斗争，从奴隶社会到封建社会，一直到社会主义社会，都贯穿这个。现在还有人要复辟，不能说没有。要复辟必然要抬出儒家。我们要革命，对历史上的法家就要批判继承"，俨然以法家自居。

1974年6月19日，江青在天津儒法斗争报告会上又大讲"儒法斗争史"，她说：历史上凡是法家都是受压迫的，他们是基层起来的，要斗争……凡是有作为的封建人物，封建帝王也好，不管是打天下的还是治天下的，一般都是法家或接近法家……历史上法家都是爱国主义的，从头到尾都有这一点（1974年6月19日江青在天津儒法斗争报告会上的讲话）。

极左集团自命为法家的继承人，江青等人控制的写作班子秉承江青旨意，大写历史上"法家"人物的作用。如罗思鼎《读韩非〈五蠹〉篇》说，韩非"系统地从理论上总结了历史经验，提出了一条完整的路线，一套完整的理论和政策"，"对各种阻碍新兴地主阶级前进的反动思想进行了革命大批判，提出了地主阶级对奴隶主阶级实行全面专政的理论纲领"[①]。梁效的《论商鞅》一文写道："商鞅是我国历史上法家的杰出代表"，商鞅在同儒家的尖锐斗争中，"继承和发展了法家前辈的学说，制定和实践了一条比较完整的法家路线，适应了时代提出的任务，促进了社会的进步。"[②] 不难看出，对"法家"的宣

---

① 罗思鼎：《读韩非〈五蠹〉篇》，载《学习与批判》1974年第5期。
② 梁效：《论商鞅》，载《红旗》1974年第6期。

传,从内容到语言风格,都是为现实的政治利益服务的,都是很"现代"的,与其说是写历史,不如说是写时评。

"四人帮"及其写作班子尤其注重写历史上干权的皇后、女皇。1974年《北京大学学报》第3期发表的《法家代表人物介绍》一文中,这样描写吕后:"刘邦死后,惠帝懦弱,吕后为防止发生动乱,决定亲自掌权。在尖锐的斗争中,她积极推行刘邦制定的路线,是中国历史上著名的女政治家。"梁效的《有作为的女政治家武则天》一文说,武则天"终究是一个顺应历史潮流的杰出人物,称之为法家女皇武则天,应该说这是符合历史实际的"。显然,写古人是虚,指今人江青是实。

批儒时对传统采取否定态度,而评法时对传统则采取肯定和利用的取向,在"批林批孔"和评法批儒中,在激烈的反传统、反儒家的批判声中,却出现了封建传统的大泛滥,这是中国思想史上一个很值得注意的现象。

"批林批孔"运动在文化方面也有十分强烈的反映,这就是批判晋剧《三上桃峰》和湘剧《园丁之歌》。前者被指责是为刘少奇鸣冤叫屈,后者则被指责为"修正主义教育路线的旧调重弹",是对"文化大革命"和"教育革命"的"反攻倒算"。

山西省的晋剧《三上桃峰》,是歌颂共产主义风格的一出地方戏,该戏的故事情节是杏岭大队的饲养员将一匹病马当作好马卖给桃峰大队,致使桃峰大队蒙受损失。杏岭大队党支部书记得知此事,对饲养员进行了批评教育,并三次到桃峰大队道歉退款,而桃峰大队则执意不收退款。杏岭大队后来将一匹大红马送给桃峰大队。两个大队因此建立了团结友好的合作关系。

1974年1月,《三上桃峰》一戏在北京参加调演排练。文化部调演领导小组成员认为该剧情节与"四清"时宣传的河北抚宁曾经发生过的事情相似,而当时王光美正在河北抚宁的桃园大队蹲点,由此认定《三上桃峰》是为刘少奇、王光美"涂脂抹粉"。2月8日,文化部部长于会泳组织《三上桃峰》批判会,指责山西省委书记谢振华"一贯反对革命样板戏",声称要"揪出"其"后台"。2月28日,《人民日报》在头版显著位置发表初澜的文章《评晋剧〈三上桃峰〉》,指责《三上桃峰》"就是一株否定无产阶级文化大革命,为叛徒刘少奇反革命的修正主义路线翻案的大毒草!"

初澜的批判文章发表后,全国28个省市的32种报刊相继转载。在不到两个月的时间内,各地连续发表500多篇批判文章,一时造成很大的声势。而相似题材的作品如《卖马记》《追马》《桃山新苗》等30余篇小说和一些戏剧均被说成是《三上桃峰》的翻版而遭批判,许多作者被追查。①

山西省委书记谢振华后来说,"四人帮"集团制造《三上桃峰》事件,政治目的是为了直接打击主持批极左思潮的周恩来。在1974年3月王洪文主持的山西省委赴京汇报会上,王洪文手指谢振华说:"你谢振华不批林,不批孔,却批什么极左思潮,你支持的《三上桃峰》是为刘少奇翻案的。是谁指使

---

① 欧阳青:《谢振华与〈三上桃峰〉冤案》,《纵横》1998年第7期。

你干的？谁是你的后台？"江青说："我为什么'炮轰'你，就因为你们的《三上桃峰》是为刘少奇翻案的。而你谢振华也未必有这个胆量敢翻案，背后是有人支持你这样干的。你如果把后台交代出来，就算你立了功，我保证对你宽大处理。"

"四人帮"集团对谢振华的批判和逼供、诱供，实际上是将矛头指向周恩来。在后来山西省对谢振华的批判中，很重要的一个问题就是"为什么批极左思潮？谁指使？后台是谁？"① 周恩来也出席了王洪文主持的山西省委赴京汇报会。谢振华回忆说：看到会场上不正常的气氛，周总理不安地在旁边走来走去。江青一伙只当没看见周总理，既不请他坐下，也不请他讲话。过了一会儿，周总理在旁边一个椅子坐下了。②

由此可见，周恩来当时处境相当尴尬。

湘剧《园丁之歌》写的是一个教师改变后进学生、教育学生为革命学好文化的故事。这出戏强调了教师对学生的教育和引导，强调了干革命必须学好文化。这与极左集团的"教育革命"的宗旨发生矛盾。江青等人认为，将教师称为"园丁"本身就不合适，说什么"园丁"只能是党，不能是教师，《园丁之歌》鼓吹"园丁"是教师，就是让资产阶级知识分子重新统治学校。《园丁之歌》中有一句唱词："没文化怎能把革命重担来承担"，江青更是恼怒无比，说这"简直是反攻倒算！"他们以中央的名义发文件，指斥《园丁之歌》有三大问题：一是"否定无产阶级文化大革命"；二是"为反革命修正主义路线招

---

① 欧阳青：《谢振华与〈三上桃峰〉冤案》，《纵横》1998年第7期。
② 欧阳青：《谢振华与〈二上桃峰〉冤案》，《纵横》1998年第7期。

魂"；三是"向无产阶级反攻倒算"。根据江青、张春桥和姚文元的意见，文化部写作班子"初澜"炮制了《为哪条教育路线唱赞歌——评湘剧〈园丁之歌〉》一文，在1974年8月4日的《人民日报》的重要版面发表。

借古喻今，对于要发动一场大规模的批判运动的江青等人说来，是不能满足的。江青等人在"批林批孔"运动发动之初，就提出"走后门"的问题，企图利用现实性很强的党风问题大做文章，批林、批孔、批"走后门"。

批"走后门"被毛泽东否定，无法进行。江青等便大力制造"反复辟回潮"和"反潮流"的典型，作为现实斗争的武器。1973年10月到1974年1月，江青的亲信迟群、谢静宜在清华大学发动"反右倾回潮运动"，400人受到审查和批判。

江青集团制造了一批"反潮流"的典型。福建省莆田县城郊公社下林小学教师李庆霖写信向毛泽东反映子女上山下乡的困难情况，得到毛泽东的复信，江青等人便将李庆霖树立为反对"走后门"潮流的典型。

张铁生是辽宁省兴城县的知识青年，1973年被推荐上大学。这一年大学招收工农兵学员要求进行文化考查，张铁生参加考试，语文得了38分，数学考试61分，物理化学考试更感困难，卷面只完成6道小题，得6分。张铁生上大学心切，考试又没有把握，于是在考卷后面写了一封信，请求领导考虑对他进行照顾。张铁生引起极左集团在辽宁省的代表人物毛远新的兴趣，他立即令人打电话，让把张铁生的材料送来，将张铁生的信作了修改，作为反对右倾回潮的材料使用。1973年7月

19日，经过修改的张铁生的信以《一封发人深省的答卷》为题，在《辽宁日报》的头版头条的位置发表，同时发表了"编者按"，对招生中的文化考查问题进行攻击，认为张铁生虽然交了"白卷"，但是对"教育革命"的问题提出了一份"发人深省的答卷"。接着，《人民日报》等重要报纸均以显著位置转载，《人民日报》的"编者按"提出张铁生的信"提出了教育战线上两条路线、两种思想斗争中的重要问题"。

这样，江青集团利用一个知识青年恳求上学的信，制造了一个"反潮流"的"白卷英雄"张铁生，其目的毛远新说得很清楚，张铁生"是块有棱有角的石头，我要拿这个石头来打人了"。他们所要打的，就是试图改变"教育革命"的荒唐做法、将教育引入正轨的周恩来。

可以利用的还有一位小学生。黄帅是北京中关村第一小学的五年级学生，因与老师发生矛盾，由家长催促向《北京日报》写信，被江青集团"发现"，成为反对所谓"师道尊严"的典型和"敢于向修正主义教育路线开火"的"反潮流"小英雄。

江青等人鼓吹的"反潮流""斗争哲学"，是"文化大革命"中意识形态的直接延伸。在"批林批孔"运动中，江青等人大肆宣传"不斗则修，不斗则垮"，就是一种将"斗争"绝对化的典型说法。在江青等人的煽动下，"反潮流"之风到处刮起，正在恢复的教学秩序又被打乱，社会上频频出现向领导干部造反的现象，一些人提出了"不为错误路线生产""不为修正主义、走资派生产"的口号，造成了新的社会动荡，导致国民经济的重新下降，经周恩来等努力刚刚趋向稳定的政治形势和社会局面又遭到破坏。

中共中央强调，"批林批孔是上层建筑领域里马克思主义战胜修正主义、无产阶级战胜资产阶级的政治斗争和思想斗争"①，并且提出在"批林批孔"运动中"加强马克思主义的理论队伍"的任务：

把林彪反革命修正主义路线批深批透，把孔孟之道批深批透，用马克思主义占领哲学、历史、教育、文学、艺术、法律等在内的整个上层建筑领域，还需要我们全党作极大的努力。在"批林批孔"运动中，涌现出了一批搞革命大批判的积极分子，应当逐步培养，并且团结一切愿意"批林批孔"的知识分子，推动他们同广大工农兵群众结合起来，逐步造成一支宏大的理论队伍，使全党全军能文能武。各级党委都要把这个问题当作坚持马克思主义、反对修正主义的百年大计认真抓起来。②

在中央的直接指导下，各级党委积极进行建立和加强理论队伍建设的工作。福建、山东、广东等省还专门发出在"批林批孔"运动中加强理论队伍建设的决定和通知。

在"批林批孔"运动的加强马克思主义理论队伍的建设中，全国建立了完整的自上而下的理论机器。这个理论机器由江青集团直接掌握的国家宣传机构和写作班子、各级权力机构的写作班子、专业理论工作者队伍和以群众为象征性主体的理论学习小组这样一整套的机构组成。在各种写作班子、理论班

---

① 《中共中央关于批林批孔运动几个问题的通知》，1974年4月10日。
② 《中共中央关于批林批孔运动几个政策问题的通知》，1974年5月18日。

子中,最重要的是江青等直接抓的北京大学、清华大学两校大批判组,文化部写作班子,由张春桥、姚文元操纵的上海市委写作组,中央党校写作班子等。这些写作班子以梁效、高路、罗思鼎、康立、石仑、万山红、柏青、史尚辉、史军、闻军、哲军、史锋、唐晓文、金戈等笔名,在重要报刊上发表重头文章,造舆论,定调子。

各级写作班子都是"四人帮"政治权力机器的一个部分,为政治权力机构直接掌握,这与"文化大革命"初期"自己起来革命,自己解放自己,自己教育自己",鼓励群众的自发倾向有很大的不同。

建立以群众为象征性主体的理论队伍是"批林批孔"运动中的一大特色,这是群众运动在"批林批孔"运动中的特殊形式。1974年6月28日,《人民日报》发表社论《在斗争中培养理论队伍》,推动各级权力机构在群众中的理论队伍的建立。如湖北鄂城钢铁厂建立了110多个理论小组,成员共有1400多人,全厂1100多个班组基本上都有理论辅导员。[1] 福建福鼎县沙埕公社水生渔业大队建立的海上不脱产的渔民理论队伍有92人,每个生产队都有理论小组。[2] 天津塘沽区在全区工厂、农村、街道、机关学校、商店、街道建立理论学习小组300多个,人数达2700多人。

建立群众的理论队伍,是为了体现在"批林批孔"运动中工农兵群众的"主导地位",便于在最大限度上对全社会进行

---

[1] 见《湖北日报》1974年7月26日。
[2] 见《福建日报》1974年7月28日。

极左意识形态的传播。

工农兵是"批林批孔"运动的阶级力量象征,在运动中有着特殊的地位。1974年6月25日,中共天津市委举办儒法斗争史报告大会,由天津站"六号门"老工人和青年女工就春秋战国、秦、两汉、隋、唐、宋、明、清的儒法斗争简史作报告。《天津日报》对此大唱赞歌,认为由工人宣讲儒法斗争史,打破古代史这个"禁区",向反动的"大圣人"开战,"这是文化大革命以来,特别是批林批孔以来的又一新生事物,是把历史学从历史学家的课堂解放出来的创举"。[①]

然而,"批林批孔"运动是对中国历史文化的重新解释,这就需要一定的历史的和思想史的知识,仅仅靠工农兵群众是不行的。理论队伍一般采取"工农兵、革命干部、革命知识分子"三结合的形式,以"工农兵"为基本的阶级基础,"革命知识分子"为实际的专业骨干,"革命领导干部"为权力机器的代表,领导和控制理论班子。理论工作者在"批林批孔"运动中发挥着特殊作用。他们撰写"批林批孔"文章,举办各种讲座和宣讲。《人民日报》报道说:

> 批林批孔运动开展以来,北京大学、北京师范大学、北京师院的文学、历史、哲学、政治、经济法律等系,在学校党委的统一领导下,就派出一批师生到工厂、农村、部队、街道和其他一些基层单位,宣讲毛主席、党中央关

---

① 见《天津日报》1974年6月26日。

于批林批孔的一系列重要指示，听讲的工农兵和基层干部达数十万人……仅听过北京大学文科一些系举办的儒法斗争史讲座的，就有10万多人。①

除了"走出去"，还有"请进来"，即高等院校为基层群众理论骨干进行培训。如北京大学举办了9期短训班，有800多个基层单位的5700人参加了短训。北京师院举办了4期短训班，参加单位有140多个。南开大学除了举办近900次讲座外，"在校内还举办了10期工农兵批林批孔学习班，有2400多名不脱产的工农兵理论骨干和学习积极分子参加"。②"大专院校各科师生和工农兵结合起来学习马克思主义理论，批判林彪、孔孟之道，促进了工农兵理论队伍迅速成长。"③

实际上，各写作班子的骨干是一些理论工作者和学术工作者，一些学者也投身其中。最著名的当数北京大学哲学教授冯友兰。在"批林批孔"运动初期，冯友兰就发表了批孔文章，并因其特殊身份，得到江青、迟群和谢静宜的重视。他被邀参加江青1974年6月的天津之行，并参加了法家著作注释工作，一时成为风云人物。

冯友兰式的行为反映出"四人帮"对意识形态的高度重视、强力控制，反映出这种意识形态有着极强的"改造人"的功能。除了冯友兰，另有一些有成就的学者对"批林批孔"运

---

① 见《人民日报》1974年7月4日。
② 见《天津日报》1974年7月12日。
③ 见《人民日报》1974年7月4日。

动也"与有力焉"。

冯友兰后来回顾自己在"文革"中走上批孔道路时这么说：

> 我们说话、写文章都要表达自己真实的见解，这叫"立其诚"……如果附和一时流行的意见，以求得到吹捧，这就是伪，就是哗众取宠。1973年我写的文章，主要是出于对毛主席的信任，总觉得毛主席党中央一定比我对。实际上自解放以来，我的绝大部分工作就是否定自己，批判自己。每批判一次，总以为是前进一步。这就是立其诚。现在看来也有并不可取之处，就是没有把所有观点放在平等地位来考察，而在被改造的同时得到吹捧，也确有欣幸之心，于是更加努力"进步"。这一部分思想就不是立其诚，而是哗众取宠了。①

在专业理论队伍与工农兵理论队伍的结合中，"批林批孔"运动也出了不少"成果"。除了发表了一大批"批林批孔"的理论文章，还进行了"法家"著作的注释，出版了一批经过批注的"法家"著作和"研究"法家的著作。如北京汽车制造厂工人理论组与中华书局的编辑编写的《读〈封建论〉》，上钢五厂二车间工人理论学习小组编写的《〈论语〉选批》，上海第五印染厂青年工人与工人业余学校教师编写的《法家思想的主要

---

① 冯友兰：《三松堂自序》，人民出版社1998年版，第176～177页。

奠基者——商鞅论述浅注》等。

在"批林批孔"运动中，不仅批判了儒家思想这个中国传统社会的"大传统"，同时也批判中国传统社会的民间社会教育的"小传统"，如开展对《千字文》《三字经》《女儿经》《增广贤文》《朱子治家格言》等传统蒙学教本，《孟姜女哭长城》《三娘教子》等民间传统戏和民间"反动谚语、格言"的深入而广泛的批判。在此基础上，组织创作了一批《新三字经》《儒法斗争史三字文》《妇女赞》《工农兵豪言壮语集》等"新诗文"。试举西安无线电厂工人理论学习小组编写的《新三字歌》：

> 是啥藤，结啥瓜；
> 是啥树，开啥花；
> 啥阶级，说啥话。
> 三字经，尊孔孟，
> 流毒广，害人重。
> 铲毒草，拔黑藤。
> 主力军，工农兵。
> 编新歌，唱新调。
> 肃流毒，立新风。①

---

① 见《西安日报》1974年7月20日。

"批林批孔"运动是"文化大革命"后期重要的意识形态批判和建设运动,这次运动以极左的理论为指导,对中国的历史和思想传统进行实用主义的重新解释和改铸,并且以思想文化的批判来配合政治的和权力的斗争,这种做法是极其有害的。

美国社会学家罗伯特·金·默顿在论述社会功能时提出,社会行动的结构可以提供显性的功能,也可以提供隐性的功能,显性的功能体现行动者的意愿,隐性的功能则是不体现行动者意愿而自动发生的功能。"批林批孔"运动同样也可以用显性的和隐性的两个方面的功能来解释。我们在论述"批林批孔"运动时主要讨论的是其显性的功能的一面,即体现意识形态机器意愿的一面,而在"批林批孔"运动中的隐性功能的一面也是值得注意的。在这个运动中,批林实际上是对于林彪集团的一些不利于"文化大革命"意识形态的观点进行了传播,批孔则使许多人大量且反复地接触了中国的历史和文化资料,并且出版了一系列名为"法家"的传统思想家的文献和供批判用的儒家思想经典、蒙学教本等,这在客观上传播了中国传统的思想和文化。"批林批孔"运动正是因为有着其隐性的功能,在这个时期出版的传统思想资料才成为在"文化大革命"初期的"横扫一切牛鬼蛇神"之后的社会文化的一个难得的资源。许多人从这里找到了一些精神的食粮,而一些有理论兴趣和才能的人们从这里开始了他们的学术之路,这也是很有意思的现象。

当然,这是"四人帮"始料不及的,不愿看到的。

三、周恩来逝世后"四人帮"的继续攻击

◎"四人帮"发泄仇恨
◎江青：周恩来死了，我也要和他斗争到底
◎姚文元压制报道
◎宣传机器强奸民意

周恩来逝世后，江青集团仍然继续不断地对周恩来进行攻击。1月9日，迟群、谢静宜在清华大学说："你们不要悲痛嘛，新陈代谢是宇宙间不可抗拒的规律，要庆祝辩证法的胜利。"王洪文给上海打电话，说要"化悲痛为力量，首先要批邓"。江青则喜形于色："周恩来死了，我也要和他斗争到底。""四人帮"明白，人民群众对周恩来的悼念，实际上也表现着对于"文化大革命"和这些想借"文革"之机实现其政治图谋的野心家的不满。他们极力压制群众的悼念活动，极力防止人民群众对"文化大革命"的不满情绪在悼念活动中可能出现的进一步发展。

周恩来逝世后，中央立即实行"丧仪改革"，"四人帮"极力限制对周恩来的悼念活动。"四人帮"控制的文化部通知所属各单位不准戴黑纱、设灵堂和送花圈，下令各文艺团体照常演出。"四人帮"控制的宣传部门更是在宣传上大做文章。姚文元在1月9日答复新华社提出如何报道人民群众的悼念活动和是否组织悼念文章时说："悼词尚未发表，现在不组织。悼

词发表后是不是组织反应,仍应再请示。"实际上禁止报道人民群众的悼念活动,极力淡化周恩来逝世的影响。

1月13日,姚文元指示在人民日报社的亲信:"总理不要突出,标题要小","广场群众吊唁场面不要登"。他在这一天三次向新华社下达指示:其一是"不要因为刊登悼念总理的活动把日常抓革命促生产的报道挤掉了";其二是"这几天报纸登(外国的)唁电数量多,太集中,并且刊登在第一版上",要求把"唁电版面往后放,从三版四版开始",要"缩小标题字号","有些唁电可以综合,一个国家三四个领导人的唁电可以并作一条";其三是"采写吊唁消息时,要有工农兵学商几方面化悲痛为力量的内容,如学生化悲痛为力量反击右倾翻案风在消息中要反映出来"。

姚文元对新华社的"指示",反映了"四人帮"对待全国人民悼念周恩来的态度,这就是极力压制和淡化,企图消除周恩来在全党全国人民中的巨大影响,同时扩大"反击右倾翻案风"的宣传,继续影射、攻击和批判周恩来、邓小平等老一辈革命家。

在"四人帮"的控制下,《人民日报》等新闻传媒仅仅发表了党和国家领导人以及首都各界群众代表向周恩来遗体告别和举行吊唁的两条信息,其他悼念周恩来的活动根本不予报道。1月14日,也就是周恩来追悼会的前一天,《人民日报》还根据"四人帮"的指令发表关于清华大学"教育革命大辩论"的文章《大辩论带来大变化》。文章开头就说:"近来,全国人民都在关心着清华大学教育革命的大辩论",如此明目张胆地强奸民意，引起了广大读者的愤慨，许多人将报纸撕碎后寄给报社，报社一天就接到300多个抗议电话。"四人帮"自恃大权在握，对人民群众的抗议并不理会。1月16日，姚文元下令全部结束治丧报道。1月28日，"四人帮"扣压纪录影片《敬爱的周恩来总理永垂不朽》。

"四人帮"还借"反击右倾翻案风"运动，放肆地攻击、诋毁周恩来。2月6日，新华社内部刊物《参考资料》刊登了一篇国民党特务就"四一二"事变诬陷周恩来的材料。2月17日，《光明日报》发表《孔丘之忧》一文，污蔑攻击人民群众对周恩来的悼念是"哭丧妇"。"四人帮"在上海的"理论"刊物《学习与批判》同时刊登了《梯也尔小传》和《由赵七爷的辫子想到阿Q小D的小辫子兼论党内不肯改悔的走资派的大辫子》两文。在批邓的同时，攻击支持邓小平的周恩来，说梯也尔搞复辟是因为有俾斯麦的"授意"，赵七爷的反攻倒算是因为有张勋的支持。他们掌握的大批判组的批孔文章，不断出现这样的话语："装进棺材、埋入坟墓"，"扫进历史的垃圾堆"①，"早已完蛋了""拼死反攻倒算"②，对周恩来的逝世进行影射与诅咒。

1976年3月5日，上海《文汇报》在发表新华社播发的沈阳部队指战员向雷锋同志学习的报道时，删去原报道中周恩来的题词；3月25日，《文汇报》发表报道《走资派还在走，我们就要同他斗》，报道上海市仪表电讯工业局党委中心学习小

---

① 李成：《要继续批孔》，见《人民日报》1976年2月13日。
② 北京大学、清华大学大批判组：《孔丘其人》，见《人民日报》1076年2月24日。

组关于批判尚未点名而被称为"党内那个不肯改悔的走资派"的邓小平的情况时,提出了"党内那个走资派"的说法。报道称:"孔老二鼓吹'仁政',党内那个走资派反对以阶级斗争为纲,鼓吹阶级斗争熄灭论;孔老二要'兴灭国、继绝世、举逸民',党内那个走资派要把被打倒的至今不肯改悔的走资派扶上台。"① 人们已经知道,正在批判的"不肯改悔的走资派"所指何人,而扶他"上台"的"党内那个走资派"之所指,也是非常明显了。

周恩来在国内国际都拥有崇高的声望,在普通民众中更是享有清誉和美誉,周恩来晚年的政治生涯之曲折,也为人们所感知。人们曾经把中国的希望寄托在他的身上,他的辞世使人们揪心撕肺,肝胆欲裂。在这个时候,任何对周恩来的不敬,都会引起极大的反感。"四人帮"一伙权势熏心,又为一时的得势所迷惑,完全置民心于不顾,悍然攻击周恩来,只能引起激烈的抵抗,而他们的最后垮台,也就离此不远了。

---

① 《走资派还在走,我们就要同他斗》,见《文汇报》1976年3月25日。

第二章
四五运动与天安门事件

激荡岁月——1976年的中国

一、酝酿变革的社会思潮与"南京事件"

◎各地此伏彼起的抗议声浪

◎南京大学生首先走上街头

◎"把野心家、阴谋家、两面派张春桥揪出来示众"

◎中共中央电话通知

◎张春桥:特别要盯住彭冲

◎姚文元:有一个地下资产阶级司令部在活动

◎《捉妖战歌》

"四人帮"对人民群众悼念周恩来活动的压制和对周恩来的攻击,激起了人民的更大义愤,引起了"文化大革命"以后人民群众空前的抗议运动。

以四五运动为标志的人民群众广泛的抗议运动,是在长期的专制重压之下的一次总爆发。周恩来逝世以后,人们通过传单、小字报等形式,表达对周恩来的哀思和对"四人帮"的憎恶,表达对"文化大革命"的怀疑和不满的情绪。1976年2月中旬,中央广播事业局干部窦守芳在北京天安门前、王府井、西单、西四等处张贴小字报,指出"张、江、姚是林彪的大小舰队,是陈伯达式的政治骗子",号召对他们进行斗争。2月23日,福建省机械局齐宗利在福州贴出大字报《"阿斗"的呼声》,历数"四人帮"及其党羽的六大罪状。2月26日,福州大学教师厉海清在福州东街口贴出《天仙子·葬志》词一首,表达了对周恩来的悼念和对林彪、"四人帮"的痛恨。2月28日，重庆钢铁公司技术员白智清在重庆交电大楼墙上贴出大字报《我爱我的祖国》；3月4日白智清又在成都盐市口贴出大字报《试问，到底是哪家主义——评张春桥〈破除资产阶级法权思想〉》，批判"四人帮"。3月7日，杭州贴出《马天水想干什么》，由批马天水而批"四人帮"。3月10日，贵阳制药厂李洪刚等7人在贵阳紫林庵贴出大字报《对目前形势和新的历史任务的几点看法》，支持和宣传现代化建设。3月31日，福建省三明市农机公司赵大中贴出大字报《扩大共产主义思想宣传——批判党内走资本主义道路当权派张春桥》，等等。这些分散而此伏彼起的抗议活动，反映了人民群众对周恩来的悼念之情和越来越强烈的不满情绪，成为四五运动的先声。

3月5日出版的《文汇报》删去周恩来的题词，该报3月25日对周恩来明目张胆地进行攻击，激起了人民群众的更大义愤，南京的学生首先开始大规模的抗议行动。3月21日，南京大学政治系、中文系和历史系部分学生联名致信文汇报社，责问删去周恩来题词居心何在。3月24日，江苏新医学院学生在雨花台为周恩来献了花圈，挽带上写着："敬爱的周总理和革命先烈永垂不朽！"第二天，医学院的师生又到南京新街口贴出了"誓死捍卫敬爱的周总理"等大标语。26日、27日两天内，南京闹市区鼓楼广场和新街口广场等主要街道两旁，层层叠叠贴满了批判"四人帮"的大小字报和颂扬周恩来的诗词，公共汽车上刷出了各种标语。

1976年3月底南京街头出现的这次影响很大的示威行动，

遭到"四人帮"的压制。"南京事件"一发生,王洪文就立即对他们在《人民日报》的心腹鲁瑛说:"南京事件的性质是对着中央的。"姚文元在3月27日的日记中写道:"南京冒出一批针对上海的大字报,还有'揪出赫鲁晓夫式的野心家'、'反对抢班夺权'一类标语,据说弄了一批学生(大多是高干子弟)上街。这是阶级斗争尖锐化的表现。每次运动发展到一定时候,反动势力都要跳出来'示威'一番。也好,让革命群众多看看。只是中央政治局太迟钝了……清明节将要到,发现南京、北京、太原都有借此搞悼念总理的活动而闹事的苗头。"

"四人帮"还以中央的名义向江苏省发出指令,禁止举行悼念活动,不准张贴大字报和标语。然而,"四人帮"的禁令并没有能够阻止群众的抗议活动。28日,南京大学数学系400余人抬着周恩来遗像和花圈,到梅园悼念周恩来。系团总支书记李西宁在出发前对大家说:"我们今天怀着庄严肃穆的心情,前去悼念周总理。我们要造成强大的声势,让那些反对周总理的人看看,人民群众是不好惹的!"

从南京大学到梅园并不远,但队伍特意绕道繁华市区新街口,所经之处,成千上万群众肃立在人行道两旁,眼中噙着泪水,向周总理的遗像表示敬意。许多工人、青年学生乃至一些老大娘默默随行。到十字路口时,交通警察对四个方向亮起了红灯,止住一切车辆,让游行队伍通行。到了梅园新村,事先得到省委通知的工作人员热情地接待了他们。

29日,南京大学等高校的学生继续在市内广泛张贴标语,抗议"四人帮"对周恩来的影射攻击,南京城到处出现标语、传单和演讲,形成大规模的抗议声浪,并且迅速造成广泛的社会影响。他们还在经过南京的列车车厢上刷写"谁反对周总理就打倒谁!""揪出《文汇报》的黑后台!""《文汇报》把矛头指向周总理罪该万死!""《文汇报》向何处去?""警惕赫鲁晓夫式的人物篡夺党和国家的最高领导权!"等大字标语。这天中午,由南京工学院2000多名师生率先,成千上万人抬着花圈随后,沿鼓楼大街、中山东路到梅园,举行了声势浩大的游行。一些手持半导体扩音器的青年站在路旁高处发表激昂的演讲。一位青年对听众高声讲道:

  总理逝世,人民痛哭,可那伙祸国殃民的上海帮,一面往总理脸上抹黑,一面要把小平同志打下去。请问,小平同志究竟犯了什么错?!

  想小平同志,出生入死,历尽艰险,为推翻三座大山立下了汗马功劳。去年,他主持中央工作,国民经济有所好转,生产上去了,大家都有目共睹。可是,这些怎么就成了小平同志的"罪状"了呢?请问,这是哪个阶级的逻辑?他们想把小平同志打倒,居心何在?

30日,南京街头遍布声讨"四人帮"、《文汇报》的大小字报、标语和诗词。南京警备区某营战士徐同新贴出了《谁反对周总理就不得人心》的传单。传单公开提出:"把野心家、阴谋家、两面派张春桥揪出来示众。"署名孙元亮的《满江红·悼念周总理》的词写道:

> 星陨东方，天地咽，山河减色。忍为民，赴汤蹈火，心血沥绝。开天辟地奠国基，踪迹环球创伟业。问六十春秋昼与夜，可曾歇？
>
> 瞻遗容，泪不绝；哭总理，肝肠裂。化举国之哀，坚持马列。岂忍江山付东流，那堪神州再溶血。将遗愿早日化宏图，此心切。

3月31日下午，鼓楼食品商业大楼二楼阳台上，摆放着南京电信局三分局共产党员秦世祚和他的朋友们一起制作的直径2米的大花圈，寄托着人们对周恩来的无限哀思。花圈上飘着两条黑色绸带，上书两句挽词：

心血操尽革命伟业如巍巍泰山立寰宇
骨灰撒遍祖国山河似点点春雨润人间

随着抗议运动的开展，南京街头的大字报和标语越来越激烈，矛头直指"四人帮"，如"揪出中央的赫鲁晓夫式野心家！""谁反对周总理全党共讨之！全国共诛之！""敬爱的杨开慧同志我们永远怀念您！""《文汇报》必须向全国人民公开认罪！""打倒大野心家、大阴谋家张春桥！""用鲜血和生命保卫我们敬爱的周总理！""打倒《文汇报》黑后台张春桥！"等等。

几天里，南京城内群众集会、演讲、游行，不断出现。工厂、学校，特别是军工厂的群众，纷纷抬着花圈，列队游行去雨花台，其中最大的花圈直径有5米。为了到梅园新村悼念周恩来，南京人民不分昼夜地伫立街头列队等候。每天到雨花台悼念的人数达5万人左右，通往雨花台的交通要道被挤得水泄不通。

南京的抗议活动迅速波及江苏的无锡、常州、淮阴等地，在这些地方都出现了悼念周恩来、反对"四人帮"的标语，并进行了游行活动。在上海、杭州、武汉等地，也出现了悼念和抗议活动。

4月1日，政治局在中南海勤政殿召开紧急会议。会议由华国锋主持，毛泽东的联络员毛远新列席会议。会议就南京局势进行了讨论，会议认为这是"分裂以毛主席为首的党中央、扭转批邓大方向的政治事件"，提出要"警惕别有用心的人"，追查"幕后策划人""谣言制造者"。会议起草了"中共中央电话通知"，并经毛泽东批准，发到了江苏及其他省、市。"通知"称："最近几天，南京出现了矛头指向中央领导同志的大字报、大标语，这是分裂以毛主席为首的党中央，转移批邓大方向的政治事件。你们必须立即采取有效措施，全部覆盖这些大字报、大标语。对有关群众要做好思想工作。要警惕别有用心的人借机扩大事态，进行捣乱、破坏。""对这次政治事件的幕后策划人，要彻底追查。""所谓总理遗言，完全是反革命谣言，必须辟谣，并追查谣言制造者。"张春桥还叮嘱姚文元："电话通知发下去了，不等于完事大吉，告诉你们记者，要提高警惕，要盯住江苏省委，特别要盯住彭冲和许家屯。"

姚文元在日记中写道：

南京"大字报"已点了张春桥的名,是"打倒""揪出""野心家""阴谋家"……还是林彪在庐山会议上那一套。

昨晚政治局开六人"紧急会议",我坚持起草一严肃的通知。今日主席即批准此通知,发江苏并发全国,估计这几条下去,会对这股猖狂反扑的妖风起当头一棒的作用,而使人民更加认识邓小平的反动性。但斗争不会就此止歇。

有一个地下资产阶级司令部在活动,这一点更清楚了。

中央"电话通知"传达到江苏省和南京市后,南京街头的大字报、大标语就被冲刷干净。但是,第二天上午又出现了抬花圈的游行队伍。3日,南京邮电学院学生上街,又贴出了"同打着白旗反周总理的人血战到底!""反周总理的一系列反革命事件要彻底追查!"等大标语。在南京大学校园内又出现了一首署名"万万千作词,千千万抄写"的《捉妖战歌》,这是人民群众反对"四人帮"集团的战斗檄文:

妖风起处,定有妖精;
妖为鬼蜮,必显灾情。
乱党乱军,祸国殃民;
尾巴高翘,始露原形。
原名狸精(李进),化名将亲(江青);

年方六十，实在年轻。

奇装异服，迎接外宾；

娇态百出，不得人心。

攻击总理，手段卑鄙；

蒋帮敌特，配合密切。

欺骗主席，罪大恶极；

狐假虎威，借助钟馗。

鬼喊打鬼，贼喊捉贼；

当年武斗，它是罪魁。

有个同伙，妖法更多；

名叫蠢翘（春桥），最会奸笑。

两妖合作，收集喽罗；

篡权计划，有纲有目。

先夺舆论，伪装老左；

谈古论今，蛊惑人心。

侈谈什么，儒法斗争；

儒家法家，根本一家。

代表利益，剥削阶级；

事过千年，远离现实。

为其翻案，是何用意？

无非想当，封建皇帝。

自己复辟，不须放屁；

打击正直，排斥异己。

滥用法权，施出诡计；

既想遮天，又想盖地。

激怒群众，四方奋起；

千军万马，口诛笔伐。

妖怪惊慌，却能变色；

七变八变，本质不变。

觉悟群众，岂能愚弄？

揪住尾巴，决不放松。

众志成城，妖有何能？

即取其道，还治其身。

学习总理，革命到底！

奋不顾身，捍卫总理。

总理遗志，定能实现；

人心所向，共产主义。

二、四五运动

◎北京天安门的第一个花圈

◎北京市公安局的紧急措施

◎丙辰清明的天安门

◎愤怒出诗人

◎天安门成为政治舆论的中心场

◎"请总理指示，是拆还是烧？"

◎诗歌如潮，花圈如海

◎怨恨与不满的大喷发

"南京事件"是以北京天安门事件为中心的广大人民群众大规模抗议运动的先声。

"四人帮"集团的政治高压，并没有把人民群众的抗议活动压倒。随着清明节的到来，群众性的悼念周恩来、抗议"四人帮"的活动在中国的政治中心北京很快展开。

清明节是中华民族祭扫先人陵墓、缅怀逝者的传统节日。3月19日，北京朝阳区牛坊小学向天安门广场人民英雄纪念碑敬献了清明前悼念周恩来的第一个花圈。3月23日，安徽省濉溪县张学林又在纪念碑前为周恩来献了花圈。这两个花圈很快就被北京市公安局清除了。

3月25日清晨，北京市第58中学的学生又在纪念碑安放了献给周恩来的花圈。不久，一个写着"敬爱的周总理，我们日夜想念您"的横幅被几十名工人放到了这个花圈旁边。随着清明节的临近，到天安门的人数越来越多，纪念碑前的花圈越来越多，在强大的政治压力下，人们悼念周恩来，并且通过这种方式，曲折地表达对"四人帮"的愤恨和对"文化大革命"后中国现实的不满、对于"反击右倾翻案风"运动的抵制。悼念周恩来既是人们活动的主要内容，又是表达怨恨情绪的一种掩护。随着花圈的增加，天安门前聚集了越来越多的群众，人们的情绪互相感染，不断增长。

3月30日，北京市总工会工人理论组曹志杰等29人为人民英雄纪念碑送来贴有悼词的花圈。这个题为《悼念敬爱的周总理，誓与资产阶级血战到底》的悼词，是广场上出现的第一张悼念周恩来、声讨"四人帮"的悼词，包含着明确的政治内容。从这一悼词开始，大量有浓厚政治色彩的悼词、挽联、小字报、诗词纷纷出现，人们朗读传抄，热烈议论。"南京事件"的消息传到北京，更是对群众悼念和抗议活动的有力鼓舞。

天安门的悼念和抗议活动引起了"四人帮"的恐慌。北京市公安局召开紧急会议商讨对策，提出清明节是"旧传统、旧习惯"，禁止送花圈；决定坚决清除纪念碑前"反动的东西"；对写诗词的人要"进行跟踪，查明下落"，"在适当地点处理"，并"彻底追查幕后操纵者"。中央关于"南京事件"的电话通知发布后，北京市公安局连续召开三次紧急会议传达贯彻，并决定成立首都工人民兵、卫戍区、市公安局联合指挥部，设于天安门广场东南角小灰楼；抽调公安干警、民兵各3000人与卫戍区部队组成机动力量，随时出动应付局面。北京市公安局还拟定了"对天安门广场出现各种问题的处理意见"共8条，其中包括对"散布政治谣言，散发反革命标语传单的"，要"以群众的面目出现，当场抓获或跟出现场扭送"；对"影射攻击的"，要"监视跟踪，查明下落"；对"蓄意捣乱，制造事端的"，要"揭露扭送"等。

北京市还将中央关于"南京事件"的电话通知和北京市委的电话通知传达到各个机关、团体、街道、旅店，制止群众去天安门进行悼念活动。

然而，"四人帮"的压制并没有效果。

4月2日，中国科学院一〇九厂的职工以四辆汽车开道，抬着献给周恩来、陈毅、杨开慧的大花圈和巨型诗碑，穿过王府井大街等繁华地段，走进天安门广场，巨型诗碑上写着：

红心已结胜利果,碧血再开革命花。

倘若魔怪喷毒火,自有擒妖打鬼人。

这是第一支大规模的有组织的游行队伍。天安门广场再次成为北京热点,广场上聚集的人越来越多,4月3日就达到100万人次。4月4日清明节,正值星期日,天安门广场的群众行动达到高潮,整个广场到处是花圈和张贴的诗词,到广场的群众达到200万人次,形成空前壮观的场面。天安门广场的气氛肃穆悲壮,震颤人心。

在天安门,出现了大量的大小字报、标语、传单、诗歌、悼词,一些人发表了公开的政治演讲。这些是人民群众在"四人帮"的压制下创造和使用的舆论工具,通过这些舆论工具,人民群众表达了他们的意志、愿望和呼声。在悲哀、痛苦、愤恨的情绪下,人们都成了无畏的战斗诗人。短短几天之内,人们写出大量优秀的诗文,表达了对周恩来的怀念和对极左政治势力的痛恨之情。

在"四人帮"从政治上不断攻击周恩来、压制人民群众对周恩来的悼念活动的情况下,人们对周恩来的悼念活动,本身就是一种反抗。北京铁路分局工人王海力展示的血书"敬爱的周总理,我们将用鲜血和生命誓死捍卫您"喊出了无数人的心声。

随着天安门广场群众政治情绪的不断高涨,人们越来越明确地表达着对"四人帮"的痛恨和批判。例如:

黄浦江上有座桥，
江桥腐朽已动摇。
江桥摇，
眼看要垮掉。
请总理指示，
是拆还是烧？

北京市第二房修公司青年工人韩志雄的《悲情悼总理，怒吼斩妖魔》的诗文写道：

历史，在太空中逝去，也在太空中永存。
历史有纪念碑，历史有斩妖台，历史是裁判员。
谁是历史的主人？我们——无产阶级劳动人民。
历史将把人民的忠臣，敬在纪念碑上——永远怀念。
历史也将把人民的奸臣押上斩妖台——怒斩！
……

这些诗文，发泄了人民群众积聚多时的怨恨与不满，人们争相传诵传抄，情绪愈加慷慨激昂。4月4日晚，纪念碑西南角出现《第十一次路线斗争大事记》的传单，公开点名批判江青，表达了广大人民群众对"反击右倾翻案风运动"的不满和对邓小平的支持：

江青扭转"批林批孔"的大方向,企图把斗争矛头对准我们敬爱的周总理。

在周总理养病期间,由邓小平同志主持中央工作,斗争取得了决定性胜利。邓小平同志重新主持中央工作,全国人民大快人心。

最近所谓反右倾斗争,是一小撮野心家的垂死的翻案活动。他们已经成了不得中国大多数人心的过街老鼠。

许多诗文还表现了中国人民争取实现四个现代化的迫切愿望和信念。如"四个现代化日,我们一定设酒重祭"。

天安门的诗文中,还有一部分激烈地申明了人民的政治权力的内容:

谁是历史的主人?我们——无产阶级劳动人民。

中国已不是过去的中国,人民也不是愚不可及,秦皇的封建社会已一去不复返了。

如果有人想重新充当"天才""天马",爬到人民头上欺压人民,想当"秦始皇""武则天",重建"蒋家林氏王朝",他一定被人民唾弃、摔得粉碎。

历史的总趋势是不可改变的。人民是创造历史的真正主人。

在世界文化史上,像四五运动这样自发的群众性文化运动是不多见的。几十万甚至上百万人在作诗、抄诗、朗诵诗,用诗来抒发情感，交流感情，表达意志，人们积聚已久的怨恨与不满通过这个特定的场合发泄出来。只有在"文化大革命"的控制下挣扎和酝酿着突破的一代人，才能造就出这种奇观。四五运动被镇压下去之后，天安门诗文被严厉禁止和查抄，但是人们用各种途径和各种方法，把它们中的相当部分保留下来。这也昭示着：新时代就要来临了！

三、天安门事件

◎姚文元：为什么不枪毙一批反革命分子呢？专政毕竟不是绣花

◎"四人帮"集团制造"情况"

◎政治局会议决定"清理"花圈

◎王洪文视察广场

◎广场冲突的加剧

◎"欲悲闻鬼叫，我哭豺狼笑"

◎"清场"和血腥的镇压

◎毛泽东提议：华国锋任国务院总理、中央第一副主席

◎邓小平问题性质变了

以天安门事件为代表的全国性群众抗议运动，是以自发形式出现的自觉拥护党的正确路线和政治纲领的群众运动，反映了人民群众在"文化大革命"的狂热、迷惘、怀疑之后的觉醒，这对于顽固地坚持"文化大革命"的错误并且企图利用这个错误达到其篡党夺权目的的"四人帮"是一个致命的威胁。

4月2日，姚文元在给广播事业局的电话中说："现在天安门纪念碑前送花圈悼念总理，是针对中央的，是破坏批邓的。"他给人民日报社的鲁瑛打电话说："要分析一下这股反革命逆流，看来有个司令部。这股反革命逆流这样猖狂，是没落阶级的表现，是不得人心的，因为有个资产阶级，他们是要跳的。"

4月3日，姚文元在日记中写道：中国这个国家，激烈的斗争不断，但解决矛盾（某一个方面、部分）却总是不彻底。为什么不能枪毙一批反革命分子呢？专政毕竟不是绣花。

姚文元的日记，显示了"四人帮"准备镇压的决心。

随着广场上人民抗争声浪的日益高涨，"四人帮"掌握的专政机器和舆论工具的运转也加速了。仅4月3日、4日两天，就有26人被捕，搜获所谓"实物罪证"200多件，清除所谓"反革命案"500多起。

为了给镇压天安门广场的群众抗议活动制造舆论，"四人帮"一伙伪造情况，歪曲事实。

"四人帮"控制的《人民日报》每天派记者到广场收集情况，按照"四人帮"的定性进行采写与编发。姚文元又亲自进行修改、审定，突击编成所谓《情况汇编》。这些材料颠倒黑白，混淆是非，制造假情况，并且乱加批语。如《满江红·敬周试作》有："志同者，团结紧，捍卫咱，周总理。拿起火与铁，准备决战。"姚文元将"捍卫咱，周总理"删掉，然后批道："这类反革命言论表明，幕后策划者是在言论之后，还想搞行动的。"又如署名"青年工人丁亮"的《倡议书》有"说共产主义空话是不能满足人民希望的"一语，姚文元将其他原文删去，给作者扣上"公然提出'反对共产主义空话'的反革命口号"的帽子。姚文元还诬指"红心已结胜利果，碧血再开革命花。倘若魔怪喷毒火，自有擒妖打鬼人"中的"再开革命花"，"就是要推翻社会主义革命和反击右倾翻案风的斗争"。"四人帮"编造假情况，目的就是准备对天安门前的群众活动进行镇压。

4月4日，中央政治局在人民大会堂北京厅召开会议，讨论天安门事件。在"四人帮"的左右下，天安门广场群众悼念与抗议活动的性质被确定为反革命事件。国务院代总理华国锋主持会议。他先作开场白，明确了会议内容："今天研究一下天安门的情况。"他说，天安门的情况很严重。一批坏人跳出来了，写的东西有的直接攻击主席，很多人攻击中央，煽动群众。

北京市委书记吴德汇报了基本情况。他首先对连日来天安门广场上的基本情况用数据作了介绍：在纪念碑前有2073个花圈，以单位名义送的1400多个。其中，4月3日，507个单位送了800多个。4日，420个单位送了450个。一部分是送给人民烈士，一部分是悼念总理；人数方面，3日有20万人，4日有七八万人。最多的是七机部、科学院，其次是四机部、铁道部、外贸部，北京市有广播器材厂、曙光电机厂、青云仪器厂。重型电机厂送了钢焊的花圈，花圈送得多的单位，也是问题比较多的单位。在内容方面，4月2日就开始有恶毒的攻击文章，有的煽动、讲演，有18件是恶毒攻击主席和中央的。

接着吴德介绍了采取的措施：投入了5000民兵，3000公安人员，都着便衣，以民兵身份出现。在广场上当场取证、拍照。看准了是反动的，派人盯着，离开人群后便抓。对外地进京火车，有各种标语的，都在丰台站刷掉。

最后，吴德说，看来这是一次有计划的行动。邓小平从1974年到1975年作了大量舆论准备，什么"批林批孔"是批周公，什么反经验主义是揪总理，并造了大量舆论说某某人要夺总理的权，今年出现这件事是邓小平搞了很长时间准备才形成的。明显是拿死人压活人，是党内走资派把矛头直接指向主席的。性质是清楚的，就是反革命搞的事件。

吴德讲完后，进行了讨论。江青等人主张采取果断措施，清除广场上的花圈、诗文。而李先念提出，处理这件事要慎重、稳妥，这个时候和群众冲突，只能激化矛盾，扩大事态。李先念的意见，虽有几位委员赞同，但是没有被会议采纳。

会议最后作出决定，为制止一小撮阶级敌人在天安门广场制造事端，维护首都的正常生活秩序，政治局决定：

（一）立即清除放置在天安门广场的花圈、挽幛及一切张贴物。

（二）凡在天安门广场张贴反动诗词进行演讲的反革命分子，必须立即向公安机关自首，争取宽大处理。对继续进行反革命煽动和畏罪潜逃者，一经查获，严加惩处。

（三）今后不许任何人以任何借口私自往天安门广场送花圈、挽幛和张贴大小字报。对违反者必依法严惩。

在讨论调动什么力量时，吴德说集中全市公安干警，江青主张从卫戍区调军队、坦克。王洪文、张春桥反对这样做，认为有公安干警、民兵力量就够了，以免政治上被动。

根据政治局的决定，4月5日凌晨出动了大批武装人员和200辆卡车"清理"天安门广场，广场上的花圈被强行运走，在场群众遭到关押审查，其中7人被捕。

5日凌晨，王洪文在刘传新的陪同下来到了天安门广场视察，向刘传新、马小六等人询问了清场的情况。王洪文说，天安门事件是反革命性质，要坚决顶住。工人民兵的主要任务是对内反复辟，同国内走资派做斗争。并吩咐：他们明天很可能要反扑，你们要有应付突发事件的准备。

5日，当悼念周恩来的群众来到天安门广场时，他们发现花山诗海的广场已经空空荡荡。花圈、花篮、花匾、横幅不见了，松墙上那如雪的白花消失了，诗词、悼文被撕掉，地上是一摊摊积水。一队警察由北而南排列着，把广场分割成东西两半，松墙外是一大批身穿蓝大衣的工人民兵，纪念碑四周站着武装军人，布置了警戒线。

尽管如此，群众仍然越聚越多，几十万人在人民大会堂东门外广场高呼："还我花圈，还我战友！"的口号，并与军队、警察和工人民兵发生严重冲突。群众冲击了人民大会堂，接着涌向天安门广场东南角小灰楼首都工人民兵、卫戍区、市公安局联合指挥部，并派四名代表与联合指挥部谈判。但是，联合指挥部拒绝与群众代表谈判，愤怒的群众放火烧着了联合指挥部的上海牌轿车、面包车各一辆和两辆吉普车，并且点燃了联合指挥部小灰楼。

北京的青年工人王立山的诗又贴到了纪念碑上：

欲悲闻鬼叫，我哭豺狼笑。

洒泪祭雄杰，扬眉剑出鞘。

纪念碑上还贴出了北京电视机厂工人景晓东的长诗《告别》。

这天，"四人帮"集团成员在人民大会堂亲眼看到了天安门的局势。然而，他们坚持与人民为敌。4月5日下午6时25分，天安门广场开始反复广播北京市委第一书记吴德的广播讲话：

> 同志们：近几天来，正当我们学习伟大领袖毛主席的重要指示，反击右倾翻案风，抓革命、促生产之际，极少数别有用心的坏人利用清明节，蓄意制造反革命事件，把矛头直接指向毛主席，指向党中央，妄图扭转批判不肯改悔的走资派邓小平的修正主义路线，反击右倾翻案风的大方向。我们要认清这一政治事件的反动性，戳穿他们的阴谋诡计，提高革命警惕，不要上当。
>
> 全市广大革命群众和革命干部，要以阶级斗争为纲，立即行动起来，以实际行动保卫毛主席，保卫党中央，保卫毛主席的革命路线，保卫我们社会主义祖国的伟大首都，坚决打击反革命破坏活动，进一步加强和巩固无产阶级专政，发展大好形势。让我们团结在以毛主席为首的党中央周围，争取更大的胜利。
>
> 今天，在天安门广场有坏人进行破坏捣乱，进行反革

命破坏活动，革命群众应立即离开广场，不要受他们的蒙蔽。

当晚，10000名民兵、3000名警察和5个营的卫戍部队在天安门广场周围集结。晚上9时半，天安门广场突然灯火通明，民兵、警察和卫戍部队带着木棍封锁了天安门广场，对滞留在广场上的群众进行殴打和逮捕。一场群众性的自发抗议活动被血腥地镇压下去。

这就是震惊全国的天安门事件。

4月6日凌晨，部分在京政治局委员听取北京市委关于天安门事件的汇报，认为群众的行动是"反革命暴乱性质"，并作了相应的决定。接着，毛远新来到了毛泽东的住处，汇报政治局会议情况。这段时间毛泽东病重，基本上整天躺在床上。关于天安门广场上的情况，都由毛远新带着经过筛选的材料、照片向他汇报。他身边所有的工作人员这段时间都已不准回家，毛泽东不能从别的渠道了解外界的情况。毛远新带来了天安门广场"暴乱"被镇压的情况和政治局的决定。毛泽东表示同意。

4月7日清晨，毛泽东召见毛远新，当面听取汇报，并宣布了他的两项重大"提议"：一是开除邓小平的一切职务，保留党籍，以观后效；二是任命华国锋为国务院总理。

毛泽东的提议获得政治局委员们的一致通过。不久，毛远新又送来了提议华国锋任党的第一副主席的指示，也得到委员们的拥护。会议决定由姚文元负责新闻舆论方面的准备，迅速拿出文稿。

姚文元紧急召来人民日报社总编辑鲁瑛、新华社负责人解力夫、广播局负责人邓岗和《人民日报》的几位记者。王洪文、江青、张春桥接见这个由姚文元亲自主持的写作集体，给予鼓励。报道稿完成后，政治局开会讨论文稿，张春桥多次发表意见。他说："事件的性质就像匈牙利事件差不多，是一场反革命事件。背后有人支持，邓小平就是总后台，他是像纳吉一样的人物。""在开头的地方，应该写上是在具有革命历史意义的天安门广场上，是在五星红旗升起的地方，是在毛主席检阅群众的地方，发生了这样的反革命事件。"当姚文元读到烧房子一段时，张春桥又插言："应该改为这伙坏蛋点火烧人民解放军的军营，叫我们的解放军也看看他们是何等猖狂。"

王洪文也提出："这次事件中，首都民兵起了很大作用，应该写上。"

政治局讨论通过后，连同两个决议、吴德讲话稿，一起呈送给毛泽东。下午6点40分，毛泽东批示后的文件退回政治局。

当晚8点，中央人民广播电台广播了中共中央两个决议：

中共中央关于华国锋同志任中国共产党中央委员会第一副主席，中华人民共和国国务院总理的决议：

> 根据伟大领袖毛主席提议，中共中央政治局一致通过，华国锋同志任中国共产党中央委员会第一副主席，中华人民共和国国务院总理。

中共中央关于撤销邓小平党内外一切职务的决议：

中共中央政治局讨论了发生在天安门广场的反革命事件和邓小平最近的表现，认为邓小平问题的性质已经变为对抗性的矛盾。根据伟大领袖毛主席提议，中共中央政治局一致通过，撤销邓小平党内外一切职务，保留党籍，以观后效。①

在撤销邓小平一切职务的决议中，天安门事件被正式公开定性为反革命事件。

1976年4月8日的《人民日报》公布了这两条决议，并发表吴德4月5日对天安门广场群众的讲话和以《人民日报》工农兵通讯员、《人民日报》记者名义发表的《天安门广场的反革命政治事件》的文章。这篇文章把几百万人自发参加的群众行动，诬蔑为受一小撮人唆使的反革命事件，诬陷邓小平为天安门事件的总指挥、黑后台，说天安门事件是"一小撮阶级敌人打着清明节悼念周总理的幌子，有预谋、有计划、有组织地制造的反革命政治事件"，是要"搞修正主义，复辟资本主义"。

新的政治迫害开始了。北京市公安局局长刘传新说："首长都有指示，我的理解是放开干。"一定要专门追查"天安门广场制造反革命政治事件的幕后筹划者、指挥者"和"反革命政治谣言、诗词、传单的制造者"。"双追"办公室成立了，重

---

① 见《人民日报》1976年4月8日。

点清查参加天安门事件的漏网分子、天安门打砸抢分子。一场追查"反革命"的运动在北京街道、机关、工矿企业、学校和各个单位展开。凡到过天安门的人都要登记、交代；凡抄过诗词的，也要登记交出；自己看见什么人到了广场，干了些什么，都必须揭发。许多被盯梢、被揭发检举的无辜者被逮捕。在北京一地，天安门事件后先后立案侦查1984件，先后拘捕388人。首都笼罩在一片白色恐怖之中。

白色恐怖不仅笼罩着北京，"四人帮"集团的镇压和追查波及全国各地。

天安门事件被镇压下去后，"四人帮"开动宣传机器，大肆造谣，歪曲事实，欺骗舆论。4月8日至10日，各省市自治区、解放军各部队奉命集会游行，表态支持两个决议，支持对天安门事件的处理，制造全党、全国人民"热烈拥护"的假象，强奸民意，愚弄人民。

然则，党心、民心之所向是不可逆转的。

四五运动是人民意志与情感的表现，其实质是拥护以周恩来、邓小平为代表的党的正确领导。这次运动为后来粉碎"四人帮"反党集团、结束"文化大革命"奠定了坚实的群众基础。

第三章
"批邓、反击右倾翻案风"

激荡岁月——1976年的中国

1976年的元旦社论公开提出了一个重大的政治问题，这就是要开展对"右倾翻案风"的批判。1月7日，一篇关于北京大学的报道更加明确地提出，"去年7、8、9三个月，资产阶级刮起一股右倾翻案风"，斗争矛头进一步明确。2月17日，《人民日报》发表《要害是复辟资本主义——北京大学师生员工批判"三项指示为纲"》，文章说："'三项指示为纲'是党内不肯改悔的走资派全面对抗毛主席革命路线的修正主义纲领"，"'三项指示为纲'的要害就是搞修正主义，复辟资本主义。"[①]2月25日，中共中央召集各省、市、自治区和各大军区负责人参加的"打招呼"会议，正式发动了"批邓、反击右倾翻案风"运动。这次运动要打倒的对象，就是不久前复出并且以非凡的魄力领导全面整顿的邓小平。

一、邓小平的复出

◎毛泽东："请了一个军师，叫邓小平"

◎"风庆轮事件"，邓小平与"四人帮"公开激烈冲突

◎王洪文长沙告状："我是冒着危险来的"

◎周恩来抱病赴长沙

---

① 《要害是复辟资本主义——北京大学师生员工批判"三项指示为纲"》，见《人民日报》1976年2月17日。

◎毛泽东警告"四人帮",称邓小平"人才难得"
◎以周恩来、邓小平为主导的政府阵容
◎毛泽东提出学习"无产阶级专政理论"
◎江青:主要危险是经验主义
◎毛泽东再批"四人帮"
◎邓小平主持政治局会议批评江青

邓小平的复出和在短时间内政治地位的提高,以及同样在短时间内被重新打倒和政治地位的丧失,是70年代中期的重要事件。这个过程是与政治上的激烈斗争密切相关的。

邓小平在"文化大革命"中作为第二号"党内走资本主义道路的当权派"被打倒。但同被"永远开除党籍"的刘少奇相比,境遇要好一些,毛泽东保留了他的党籍。

林彪事件以后,毛泽东对"文化大革命"的政策进行了有限度的修正。1972年1月,毛泽东参加了陈毅的追悼会,肯定了陈毅的历史贡献,毛泽东说:"要是林彪的阴谋搞成了,是要把我们这些老人都搞掉的。"肯定了自己与老干部们的政治联系。

毛泽东还提到了邓小平。8月,毛泽东在邓小平的信上写了批语:邓小平同志所犯错误是严重的。但应与刘少奇加以区别。(一)他在中央苏区是挨整的,即邓、毛、谢、古四个罪人之一,是所谓毛派的头子。整他的材料见《两条路线》《六大以来》两书。出面整他的人是张闻天。(二)他没有历史问题。即没有投降过敌人。(三)他协助刘伯承同志打仗是得力的，有战功。除此之外，进城以后，也不是一件好事都没有做的。例如率领代表团到莫斯科谈判，他没有屈服于苏联。这些事我过去讲过多次，现在再说一遍。

1973年3月10日，根据毛泽东的意见，中共中央作出《关于恢复邓小平同志党的组织生活和国务院副总理的职务的决定》。这个决定发到县团级。

林彪事件以后，毛泽东在党和政府的日常事务上更多地依靠周恩来。但是，对于周恩来的温和与务实的政治倾向，毛泽东并不那么放心，而周恩来在批林中的批极左思潮的政治态度和措施，更是毛泽东非常不满意的。因此，毛泽东急切需要一位可以信赖的、并且在老干部包括军队干部中具有影响力的政治人物发挥作用。这样的政治机遇落到了邓小平的头上。

邓小平在1973年8月的中共十大上被选为中共中央委员。几个月后，邓小平的地位有了突出的变化。

"批林批孔"运动实际上是与周恩来有关的。1973年5月，毛泽东批评周恩来主管的外交部，11月，毛泽东批评周恩来，接着政治局开会批评周恩来。12月，毛泽东又批评了周恩来和叶剑英，说"政治局不议政，军委不议军、不议政"。这样高密度地批评主持中央工作的周恩来，实在是不寻常的。

在这个背景下，毛泽东提出了邓小平的新的职务问题。12月12日，毛泽东在中央政治局会议上说："我和剑英同志请邓小平同志参加军委，当委员。是不是当政治局委员，以后开二中全会报告追认。"

14日，毛泽东在同政治局有关成员的谈话中说：现在，请了一个军师，叫邓小平。发个通知，当政治局委员，军委委员。政治局是管全部的，党政军民学，东西南北中。我想政治局添一个秘书长吧，你不要这个名义，那就当个参谋长吧！

25日，毛泽东在同政治局有关成员和北京、沈阳、济南、武汉军区负责人谈话时，向他们介绍邓小平说：我们现在请了一位总参谋长。他呢，有人怕他，但是办事比较果断。他一生大概是三七开。你们的老上司，我请回来了，政治局请回来了，不是我一个人请回来的。

毛泽东又对邓小平说：你呢，人家有点怕你，我送你两句话，柔中寓刚，绵里藏针。外面和气一点，内部是钢铁公司。过去的缺点，慢慢地改一改吧！

在这样短的时间内对邓小平作出这样高密度的评论，这也是不寻常的。

12月22日，中共中央发出通知：遵照毛主席的提议，中央决定：邓小平为中央政治局委员，参加中央领导工作，待十届二中全会开会时追认；邓小平为中央军委委员，参加军委领导工作。

1974年后，周恩来的病情日渐严重，"批林批孔"运动日益升级。同时，毛泽东对"四人帮"集团也经常持批评的态度。10月4日，毛泽东提议邓小平任国务院第一副总理。10月17日，邓小平与"四人帮"集团因"风庆轮事件"在中央政治局会议上公开发生激烈争论。当夜，"四人帮"紧急商议对策，决定次日由王洪文到长沙向毛泽东汇报，争取毛泽东的支持。王洪文向毛泽东汇报说：

北京大有庐山会议的味道。我这次来湖南没有告诉总理和政治局其他同志，是我们四个人春桥、江青、文元和我开了一夜会商定让我向主席汇报。我是冒着危险来的……总理现在虽然有病，住在医院，还忙着找人谈话到深夜。几乎每天都有人去。经常去总理那里的有小平、剑英、先念等同志……他们这些人在这时来往得这样频繁和四届人大的人事安排有关。①

然而，出乎江青等人的预料，毛泽东并没有表示支持，反而要王洪文多找周恩来、叶剑英谈，不要跟江青搞在一起。

江青并不甘心，要外交部的王海容、唐闻生在毛泽东会见外宾时向毛泽东诬告邓小平。而王、唐向周恩来汇报后，向毛泽东作了报告。毛泽东表示，总理还是总理，四届人大的筹备工作要总理和王洪文一起管。毛泽东同时建议邓小平担任中共中央副主席、第一副总理、军委副主席兼总参谋长。

12月23日，周恩来抱病和王洪文到长沙，就四届人大的人事安排向毛泽东汇报。毛泽东在谈话中说到"四人帮"，说他们"在批林批孔中立了功，但不要搞宗派，搞宗派要摔跤的"，"不要搞'四人帮'，团结起来，四个人搞在一起不好"。毛泽东批评江青说：江青有野心，你们看有没有？我看是有的……对江青当然要一分为二，她在批刘批林问题上是对的，说总理的错误是第十一次路线错误就不对了……"批林批孔"，

---

① 见张玉凤1980年7月18日的证词，引自纪希晨等：《长沙诬告前后》，《历史在这里沉思》第二卷，华夏出版社1986年版，第199~200页。

批"走后门"，成了第三个主题，就搞乱了。搞乱了，也不告诉我……说"批林批孔"是第二次"文化大革命"是不对的。

毛泽东再次提出邓小平的任用问题，说邓小平"人才难得"，"政治思想强"，"我看邓小平做个军委副主席、第一副总理兼总参谋长"。毛泽东同时也表示，张春桥有才干，并提名陈锡联为国务院副总理。

这是中共党内代表正确倾向的政治力量同"四人帮"集团的一次重大的政治较量，这个较量的仲裁者是毛泽东，而毛泽东在这个时期考虑较多的是国家和社会的团结稳定问题，他多次说："无产阶级文化大革命"，已经八年。现在，以安定团结为好。全党全军要团结……还是安定团结为好。

毛泽东将团结和稳定的希望主要寄托在老干部身上，这也许就是毛泽东对周恩来、邓小平表示某种宽容和支持的原因。这一点是江青集团事先没有充分预料到的。

1974年12月末和1975年年初，周恩来在中央政治局会议上传达了毛泽东的谈话要点。江青组阁失败，非常恼怒，大骂政治局的许多委员。毛泽东则在批示中表示：她看得起的没有几个，只有一个，就是她自己……我死了以后，她会闹事……将来她要跟所有的人闹翻，现在人家是敷衍她。

1975年1月5日，中共中央发出一号文件，任命邓小平为中央军委副主席兼中国人民解放军总参谋长，同时任命张春桥为中国人民解放军总政治部主任。

张春桥的任命有着某种政治平衡的味道，江青集团是明显的输家。他们的不满是当然的。

1月8日至10日,周恩来主持了中共十届二中全会,通过了四届人大的准备工作,会议还选举邓小平为中共中央副主席、中央政治局常委。

紧接着,1月13日召开了四届人大一次会议。朱德主持大会。周恩来代表国务院作《政府工作报告》,报告重新提出了"在本世纪内,全面实现农业、工业、国防和科学技术的现代化,使我国的国民经济走在世界的前列"的宏伟目标。代表中共中央作《关于修改宪法的报告》的是张春桥。四届人大选举朱德继续担任全国人民代表大会常务委员会委员长,董必武、宋庆龄、康生、刘伯承、吴德、韦国清、赛福鼎、郭沫若、徐向前、聂荣臻、陈云、谭震林、李井泉、张鼎丞、蔡畅、乌兰夫、阿沛·阿旺晋美、周建人、许德珩、胡厥文、李素文、姚连蔚为常务委员会副委员长,任命周恩来为国务院总理,邓小平、张春桥、李先念、陈锡联、纪登奎、华国锋、陈永贵、吴桂贤、王震、余秋里、谷牧、孙健为国务院副总理。

"四人帮"集团组阁失败,又加紧了政治理论上的进攻。他们利用"学习无产阶级专政理论"的运动,企图达到自己的政治目的。

1974年12月26日,毛泽东在湖南听取了专程前去汇报的周恩来所作的四届人大筹备工作汇报后,对周恩来谈了关于理论的问题[①],发动了学习无产阶级专政理论的运动。

毛泽东发动这场运动的目的,仍然是解决如何更好地维护

---

① 金冲及主编:《周恩来传》,中央文献出版社1998年版,第2112页。

"文化大革命"的理论和实践的问题。但是,毛泽东并不希望看到出现新的社会动荡,而倾向于理论上的、意识形态上的根本解决,一方面借重周恩来、邓小平等维持稳定的局面,另一方面由江青、张春桥、姚文元等加强理论和意识形态的控制。

"文化大革命"后期的一个突出特点是意识形态与政治权力争夺的交错。学习无产阶级专政理论运动也是这样,除了意识形态运动的意义外,同样还兼有政治斗争的意义。这次政治斗争的背景,就是江青等人试图利用学理论运动,提出反对"经验主义"的口号,来打击以周恩来、邓小平为代表的老干部,为其夺取最高权力扫除障碍。在学习理论运动中,江青等人超出毛泽东指定的范围,鼓吹"经验主义是当前的主要危险",提出批判经验主义的任务。

1975年3月1日,张春桥在解放军各大单位政治部主任座谈会上讲话,在介绍毛泽东关于学习问题的指示时,着重介绍了毛泽东在1959年庐山会议上印发的《经验主义还是马克思列宁主义》一书中批判经验主义的言论:为了从理论上批判经验主义,我们必须学哲学。理论上我们过去批判了教条主义,但是没有批判经验主义,现在的主要危险是经验主义。

张春桥说:"据我看,主席的话现在仍然有效","在延安整风当中,主要批教条主义。全国解放后,也批教条主义,对经验主义没有注意批过","对经验主义的危险,恐怕还是要警惕。"张春桥为了点明反"经验主义"的现实意义,特别提出:"四届人大提出了一个很宏伟的目标,在本世纪内,也就是本世纪末,要把我们的国家建设得很强大,走在世界各国的前列，无非就是搞几千亿斤粮食，几千万吨钢。但是如果我们把理论问题搞不清楚，就会重复斯大林的错误"，因此应当警惕"卫星上天，斯大林红旗落地"。

江青在4月4日、5日的两次指示中，都反复强调：现在的主要危险"不是教条主义，而是经验主义"，"经验主义是修正主义的帮凶，是当前的大敌。共产党员要很好地学习马列主义、毛泽东思想，提高识别经验主义的鉴别力，否则就会变修。"

在江青等人的指示下，各大报刊如《人民日报》《红旗》杂志、《解放日报》《光明日报》《文汇报》等连续发表了一批"四人帮"的写作班子批"经验主义"的文章。如《历史的经验值得注意》说：他们轻视理论学习，醉心于无原则的实际主义，满足于没有远见的事务主义，以自己的局部经验，指挥一切，而不肯听取别人的意见。恰恰是这些同志，自觉或不自觉地成了王明教条主义的合作者。[①] 显然，其锋芒指向周恩来是很明显的。

邓小平对此进行了坚决的斗争。邓小平就此向毛泽东作了汇报，并提出了自己的看法。为维持政治的平衡，毛泽东对江青等人超出范围对周恩来等老干部的政治攻击表示反对，对邓小平表示明确的支持，并且批评了"四人帮"。这是一个对于当时邓小平主持的全面整顿和后来的政治走向有重大影响的插曲。

[①] 见《解放日报》1975年4月7日。

4月23日，毛泽东在姚文元送来的新华社《关于报导学习无产阶级专政理论问题的请示报告》上作了批示，指出：提法似应提反对修正主义，包括反对经验主义和教条主义，二者都是修正马列主义的，不要只提一项，放过另一项。各地情况不同，都是由于马列水平不高而来的。不论何者都应教育，应以多年时间逐渐提高马列为好。我党真懂马列的不多，有些人自以为懂了，其实不大懂。自以为是，动不动就训人，这也是不懂马列的一种表现。

毛泽东要求政治局对此"议一议"。毛泽东的批评使江青等人的气焰顿受打击。4月27日，中央政治局召开会议，邓小平在会上对"四人帮"反对"经验主义"的做法进行了有力的批评。

5月3日，在外地休养了十个月后刚刚回到北京的毛泽东，在中南海召集在京政治局委员开会，周恩来抱病出席会议。毛泽东同周恩来、叶剑英、邓小平、陈锡联、江青、王洪文、张春桥等一一握手。接着，毛泽东便开始了他那段批"四人帮"的著名谈话。毛泽东强调了"要搞马克思主义，不要搞修正主义；要团结，不要分裂；要光明正大，不要搞阴谋诡计"的"三要三不要"原则。他严厉批评了江青等人搞"四人帮"：不要搞四人帮，你们不要搞了，为什么照样搞呀？为什么不和200个中央委员搞团结，搞少数人不好，历来不好。我看批经验主义的人，自己就是经验主义，马列主义不多。我看江青就是一个小小的经验主义者。

毛泽东告诫江青：不要随便，要有纪律，要谨慎，不要个人自作主张，要跟政治局讨论，有意见要在政治局讨论，印成文件发下去。要以中央的名义，不要用个人的名义，比如不要以我的名义。

毛泽东又重申了两遍"三要三不要"。他最后说：我看问题不大，不要小题大做，但有问题要讲明白，上半年解决不了，下半年解决；今年解决不了，明年解决；明年解决不了，后年解决。其他的事你们去议，治病救人，不处分任何人，一次会议解决不了。我的意见，我的看法，有的同志不信这三条，也不听我的，这三条都忘记了。九大、十大讲过这三条，这三条要大家再议一下。

毛泽东决定：邓小平主持中央日常工作，主持政治局会议，对江青等人进行批评。

5月27日，邓小平主持召开了政治局会议。会议一开始，邓小平就针对江青等人搞所谓"第十一次路线斗争""批林批孔又批走后门""反对经验主义"三件事，提出质问和批评。邓小平说，你们批周总理，批叶帅，无限上纲，提到对马列的背叛，当面点了那么多人的名，来势相当猛。别的事不那么雷厉风行，这件事就那么雷厉风行？

面对邓小平的质问和批评，江青反驳说这是搞"围攻"，搞"突然袭击"。

邓小平毫不相让，拍着桌子，严厉驳斥。他反复申明，这次会议是根据主席指示和讲话精神召开的。主席问我们讨论得怎样，有没有结果。要我们好好讨论。主席强调"三要三不要"，我们政治局的同志要首先做到。有的同志认为我4月27

日的讲话过头了,是"突然袭击",其实,40%也没讲到,有没有20%也难讲,谈不上突然袭击和过头。

李先念接着发言说,我认为4月27日会议没有过分,没有越轨。主席谈到"四人帮"不要搞,但有人还要搞。

6月3日,政治局再次开会批评江青等人。会上,叶剑英作了长篇发言,主要讲了三个问题:第一,要学马列。这个问题很重要,马列弄懂很难。主席批评有的人自以为是,动不动就训人,是不懂马列的一种表现。这是很尖锐的。我们一定要学好,中央要带头学。第二,要团结,不要分裂。过去一个时期不正常,如果保持非法的小组织存在,搞"四人帮",就有害团结,分裂党。第三,要请示报告,严守纪律。他指名道姓地批评,你们搞所谓"十一次路线斗争",事先不请示;批"走后门",也不请示;"反经验主义",又不请示,要主席来纠正。今后凡重大问题,都要交政治局讨论。过去的错误,要引起严重注意,不要再事先不请示,事后来纠正。不要干扰主席,这是最大的干扰。

会上,王洪文被迫作了检讨,说江青与邓小平的争论,偏听了一方,没有听小平的意见,错误主要是他的。4月27日多数同志的发言是好的,对他的批评是难得的,但不能认为"形势一塌糊涂",总的讲还是好的。去年11月批总理的会,不能因为批评江青就否定会议的大方向。

江青在强大的批评压力下,也被迫作了"检讨",说自己4月27日会议上自我批评不够,又有些新的不恰当的地方,要加深认识。上次会议,有体温。还要看些材料,消化一下,再作进一步检讨。

由于当时特殊的历史条件，批评主要集中在江青"四人帮"越出毛泽东设想的运动的目标和范围另搞一套的做法，对于理论和实践的根本错误不可能直接地予以否定。尽管如此，邓小平、叶剑英与江青等人面对面激烈交锋，并迫使他们作出检讨，这在"文化大革命"中，是唯一的一次。这有力地保证了全面整顿的继续顺利进行。

毛泽东听了邓小平的汇报后，对这两次会议给予了充分肯定：我看有成绩，把问题摆开了。邓小平说：最后他们否认有"四人帮"。毛泽东说：他们过去有功劳，反刘少奇，反林彪。现在不行了，反总理，反邓小平，反叶帅，反陈锡联。毛泽东还说：这个办法好，留有余地。大家清楚就行了。

毛泽东最后明确指示邓小平，没有大问题，你要把工作干起来。邓小平回答道：这方面我还是有决心的。反对的人总是会有，一定会有。毛泽东说：那好！木秀于林，风必摧之。

6月3日会议后，江青慑于毛泽东的批评，无可奈何地提交了书面检查：

> 主席、在京的政治局各位同志：
>
> 我在4月27日政治局会议的自我批评是不够的，经几次政治局会议上同志们的批评、帮助，思想触动很大，但是思想上一时转不过来，经过思想斗争，我认为会议基本上开得好，政治局比过去团结了。
>
> 当我认识到"四人帮"是个客观存在，我才认识到有

发展成分裂党中央的宗派主义的可能,我才认识到为什么主席从去年讲到今年,达三四次之多。原来是一个重大的原则问题,主席在原则上是从不让步的。

江青　1975年6月28日

应当看到,毛泽东批评"四人帮"并不意味着对自己晚年错误有所觉察,相反地,批评"四人帮",是为了更好地在全党贯彻其"左"的理论和实践主张。在根本的问题上,如批刘少奇、批林彪、"无产阶级专政下继续革命"和"全面专政"等重大问题上,毛泽东是肯定和支持江青等人的。问题在于,毛泽东清楚地看到江青等人积怨太多,只靠他们是不能在全党贯彻其政治主张和社会理想的,具体工作还需要周恩来、邓小平为代表的老干部去做。因此,毛泽东与江青等人批周、反经验主义、批"走后门"的目的和做法有所区别。

二、邓小平主持全面整顿

◎邓小平主持中央工作

◎关键是抓整顿

◎"三项指示为纲"

◎反"派性"打击帮派势力

◎万里铁路整顿首战告捷

◎邓小平:农业也要整顿

◎300多名高干重见天日

◎"老九不能走"
◎毛泽东也认为文艺政策应当调整
◎周荣鑫质疑"教育革命"
◎邓小平、叶剑英联手整顿军队

四届人大一次会议后,周恩来住院治疗,国务院的日常工作由邓小平主持,邓小平还是中共中央日常工作的实际上的主持人。

邓小平重新工作以后,致力于对社会、政治、经济、军事和文化各个方面的整顿,力图改变"文化大革命"所造成的混乱局面。虽然受到"四人帮"集团的抵制和破坏,但是邓小平在毛泽东、周恩来的支持和各级干部的拥护下,坚定地推进整顿的进程。

邓小平面临的是非常困难的局面。

在政治上,"四人帮"集团利用他们掌握的一部分权力、特别是对意识形态国家机器的控制,不断制造麻烦、进行破坏。他们在政治思想上仍受到毛泽东的信任。社会经济方面,在"批林批孔"运动的冲击下,国民经济出现了严重的混乱。许多企业处于半瘫痪状态,国家计划大部分指标未能完成,相当一部分主要产品产量比较上一年还有下降;国家财政收入没有完成计划,出现较大的赤字;基本战线过长,投资效益较低;市场商品供应紧张,人民生活水平下降。[①]

从1975年2月到10月,邓小平主持召开了工业书记会

[①] 详见《中华人民共和国国民经济和社会发展计划大事辑要:1949~1985》,红旗出版社1987年版,第355~356页。

议、钢铁工业座谈会、国防工业重点企业会议、南方12省省委书记会议和部分地委书记会议等一系列会议，强调要把国民经济搞上去。邓小平说：从现在算起还有25年的时间，把我国建设成为具有现代农业、现代工业、现代国防和现代科学技术的社会主义强国。全党全国都要为实现这个伟大目标而奋斗。这就是大局。

为此，邓小平主要抓整顿问题，而整顿的核心是党的整顿、各级领导班子的整顿。邓小平强调要加强党的领导，发扬党的优良传统和作风，同时着重解决领导班子的"软""散""懒"的问题，建立起强有力的和"敢字当头"的领导班子。领导班子的整顿，一方面要坚决同派性作斗争，对闹派性的人，该调就调、该批就批、该斗就斗。这实际上是要将班子整顿的对象定为"文化大革命"中爬上来的和仍然坚持"文化大革命"的造反派作风的人，把这些人整下去；另一方面，加紧落实干部政策，解放和使用老干部，发挥老干部和中年干部的作用。加强管理，抓规章制度。重视教育和科学技术，落实知识分子政策，发挥知识分子的作用。

邓小平提出，要以毛泽东的三条指示作为政治纲领，这就是后来被着重批判的"三项指示为纲"。邓小平说：毛主席最近三条重要指示，一条是关于理论问题的重要指示，要反修防修，再一条是关于安定团结的指示，还有一条把国民经济搞上去，这就是我们今后一个时期各项工作的纲。这三条重要的指示，是互相联系的，不能分割的，一条都不能忘记。

全面整顿首先从铁路的整顿开始。中共中央为此召开了全国工业书记会议，并且发出了"中发〔1975〕9号"文件即《关于加强铁路工作的决定》，指出"全国所有的铁路单位，都必须坚决贯彻执行毛主席提出的'还是安定团结为好'的方针"；加强铁路的管理，建立健全必要的规章制度，建立和健全岗位责任制、技术操作规程、质量检验制度、设备管理和维修制度；加强铁路系统的组织管理，反对派性。对于少数资产阶级派性严重、经过批评和教育仍不改正的领导干部和头头，应及时调离。不宜拖延不决，妨碍大局。对严重违法乱纪的要给予处分；对于任何妨碍、破坏铁路运输秩序的应坚决制止和严厉打击。

邓小平在全国工业会议上特别强调，整顿应当坚持集中统一领导、建立健全必要的规章制度和增强纪律性、反对派性的三条方针。他说："现在闹派性已经严重地妨害我们的大局。"闹派性的人有两种："一种是被派性迷了心窍的人，打几年派仗打昏了头，马克思主义不见了，毛泽东思想不见了，共产党也不见了。要对他们进行教育，教育过来，既往不咎，再不转变，严肃处理。另外一种是少数坏人，各行各业、各个省市都有那么一些，他们利用派性混水摸鱼，破坏社会主义秩序，破坏国家经济建设，在混乱中投机倒把，升官发财。对这样的人，不处理不行。"① 派性活动是"文化大革命"帮派分子的活动方式。对派性进行批判，实际上成为打击坚持"文化大革命"的政治势力的一次重要行动。

---

① 《邓小平文选》第二卷，人民出版社1993年版，第6页。

在国务院统一领导下,铁道部部长万里率领工作组赴问题严重的徐州、太原、郑州和长沙等地,贯彻中央文件的精神,进行重点整顿。通过反对派性等有力的整顿措施,铁路运输的情况发生了重大的变化,整顿首战告捷。

按照中央9号文件精神,工业领域各部门进行了整顿,取得显著的成效。

在农业方面,9月15日,国务院召开全国农业学大寨会议,参加会议的中央和地方的代表共3700多人。这是在"文化大革命"期间最大规模的农业工作会议。会议的中心是讨论建设大寨县、农业机械化和整顿社队的问题。邓小平在会上指出:我国农业的基础还很薄弱,很可能拖国家经济建设的后腿,农业现代化是四个现代化的关键。邓小平强调:全国各个方面都存在整顿的问题,农业也要整顿。华国锋在会议上作了《全党动员,大办农业,苦战五年,为普及大寨县而奋斗》的总结报告。这个报告虽然在政治上存在着许多局限性,但是也体现了整顿的精神。

经过1975年的整顿,经济形势有了明显好转,国民经济由停滞下降迅速转向回升。表现在:生产增长较快,工农业总产值比上年增长11.9%,完成了国民经济计划;基本建设进度加快,投资效益有所提高;铁路运输状况明显好转;财政收入有所增加;市场供应状况有所好转;计划生育取得进展;人民生活水平稍有改善。①

---

① 详见《中华人民共和国国民经济和社会发展计划大事辑要:1949~1985》,红旗出版社1987年版,第369~370页。

整顿还在政治和文化教育方面展开。

在政治上,加快了落实干部政策和解放干部的步伐。1975年4月,中央决定除与林彪事件有关的审查对象和其他极少数人外,对绝大多数被关押审查者予以释放,其中属于敌我问题的,有劳动能力的分配工作或劳动,丧失劳动能力的养起来,有病的安排医院治疗;属于人民内部矛盾的,妥善安置,补发工资,分配适当工作,党员恢复组织生活;搞错了的,进行平反;对于尚不能作出结论的,问题在内部挂起来,分别由中组部和总政治部会同有关机关再作结论。这一决定使长期被关押的300多名高级干部重见天日。

文化教育方面。1975年5月,毛泽东在政治局会议上讲道:"教育界、科学界、文艺界、新闻界、医务界、知识分子成堆的地方,其中也有好的,有点马列的。"这是"文化大革命"后,毛泽东对"知识分子"所作的新的有保留的肯定。毛泽东还说:"老九不能走。"表示知识分子还可用。7月初,毛泽东对邓小平说:样板戏太少,而且稍微有点差错就挨批。百花齐放都没有了。别人不能提意见,不好。怕写文章,怕写戏。没有小说,没有诗歌。

毛泽东本人对"文化大革命"的文化政策表示不满意,这是意味深长的。7月14日,毛泽东对文艺问题又发表了谈话,毛泽东说:党的文艺政策应当调整一下,一年、两年、三年,逐步逐步扩大文艺节目。缺少诗歌,缺少小说,缺少散文,缺少文艺评论……对于作家,要惩前毖后,治病救人,如果不是暗藏的有严重反革命行为的反革命分子,就要帮助。

毛泽东明确表示要调整文化政策，并且重新提出了"百花齐放"的口号。但是，毛泽东没有也不可能认为文艺的萧条是"文化大革命"极左意识形态文化观和文化政策的必然结果，他不可能否定极左的意识形态，而只是希望在坚持"文化大革命"的前提下，经过政策性的调整，在意识形态框架内逐步扩大文化的建设，让革命的文化结出累累硕果。但是，高度意识形态化的极左的文化思想和建立在它的基础之上的文化政策，本质上是与"百花齐放"不相容的，如不予以根本的改变，文艺政策的调整和文化事业的繁荣就是一句空话。

尽管如此，毛泽东关于文艺政策调整的指示，在邓小平主持全面整顿的背景下，对"四人帮"仍是一个严重的打击。毛泽东的意见本身，就是对"文艺革命""成就"的某种否定，同时对被"四人帮"打击的一些文化人形成了某种支持。电影《创业》的作者张天民给毛泽东和邓小平写信，就江青和文化部对《创业》的批判提出不同意见。邓小平将信转给毛泽东。毛泽东在张天民的信上作了批示："此片无大错，建议通过发行。不要求全责备，而且罪名有十条之多，太过分了，不利调整党的文艺政策。"电影《海霞》摄制组谢铁骊、钱江写信给毛泽东，毛泽东批示："印发政治局各同志。"根据毛泽东的意见，由政治局审查电影《海霞》，在邓小平主持下，政治局肯定了这部电影，认为可以上映。

1975年的整顿也涉及教育战线。教育部部长周荣鑫在周恩来、邓小平的支持下，试图对教育进行整顿，改变"教育革命"带来的混乱局面。周荣鑫发表了一系列讲话，对"文化大革命"的一些"教义"提出质疑。像"现在我国 2500 万知识分子……是否大多数都是资产阶级知识分子？""我们现在学校有没有培养干部的任务？不培养干部办大学干什么？""根本不要文化，就讲培养有社会主义觉悟的劳动者，行吗？"周荣鑫甚至尖锐指出："我们教育革命的片面性和形而上学的倾向很严重，非出问题不行。"周荣鑫对"教育革命"的一些基本的方针和政策提出了质疑，这是很有力的。在他的支持下，《教育革命通讯》发表了一系列提倡学习文化、重视基础理论课教学、保证教学时间、提高教学质量的文章和评论。

军队是重要的国家机器。军队的整顿得到主持军委工作的副主席叶剑英的有力支持。6 月 24 日至 7 月 15 日，中央军委召开扩大会议，邓小平在会上作了重要讲话，提出军队要解决"肿""散""骄""奢""惰"的问题，军队的领导班子要解决"懒""散""软"的问题，强调："今后军队干部的使用、提升，一条重要的原则，就是不能重用派性严重的人，不能重用坚持派性不肯改正的人。""现在军队一些不好的现象能不能克服，几十年的优良传统能不能继承和发扬，主要靠我们这些老同志的传帮带。"① 叶剑英的讲话尖锐批判了"派性"对军队建设的干扰破坏，提出"搞资产阶级派性，就是搞资本主义，修正主义"。他认为"军队要高度的集中统一，决不允许有资产阶级派性存在。要使广大干部战士认识资产阶级派性的反动性和危害性，警惕阶级敌人浑水摸鱼，乘机进行反革命破坏"，

---

① 《邓小平文选》第二卷，人民出版社 1993 年版，第 2、24 页。

叶剑英还不指名地批评了江青,说现在有人到处送书、送材料、写信,把部队思想搞乱了。你们要抵制。以后没有军委的同意,任何人不得这么做。叶剑英还亲自同各大军区、各军种的领导人谈话,要求提高警惕,稳定部队,把部队掌握好。

军队整顿的核心在于领导班子,这是关系到对军队的实际领导权的问题。在整顿中,叶剑英拟定了调整军队各大单位的领导班子的六人小组,他亲任组长。一批追随"四人帮"集团的人被调整了职务。军队的整顿,保障了党对于军队的领导权,对于后来政局的发展起了关键性作用。

三、《论十大关系》的被冷冻和三个指导性文件的准备

◎邓小平的智囊班子:国务院政治研究室

◎邓小平建议公开发表《论十大关系》指导全局

◎《论全党全国各项工作的总纲》阐述全面整顿的指导思想

◎工业领域恢复正确政策的《关于加快工业发展的若干问题》

◎《科学院工作汇报提纲》提出:"科学是生产力"

◎邓小平:陈景润究竟算红专还是白专?中国有1000人就了不得

中国当代的政治社会政策,都需要指导性的政治理论的支持,而这个政治理论必须由最高的政治权威作出,才具有可靠的合法性。在"文化大革命"以后,中国共产党的最高政治权

威由毛泽东一人担当,毛泽东的指示就是最高的合理性依据。全面整顿的政策也需要这种最高的合理性依据。

在这种背景下,任何政治力量都必须掌握理论的主动权,其核心是获得毛泽东指示的解释权。另一方面,还必须建立自己的理论队伍。在这个方面,"四人帮"集团占有很大的优势。

邓小平主持中央和国务院工作以后,为建立自己的理论研究机构和顾问班子,在1975年6月成立了国务院政治研究室。国务院政治研究室直接对邓小平负责,负责人为胡乔木、吴冷西、胡绳、熊复、于光远、邓力群和李鑫。这个研究室的主要工作,一个是整理毛泽东的演讲记录和文稿,准备出版《毛泽东选集》第五卷,另一个就是为全面整顿进行理论文件的起草工作。在当时的三个指导性文件中,《论全党全国各项工作的总纲》由研究室直接负责起草。研究室还参与了《关于加快工业发展的若干文件》和《科学院工作汇报提纲》的起草工作。① 为此,邓小平一方面提出以毛泽东的"学习无产阶级专政的理论""安定团结"和"把国民经济搞上去"的三项指示为纲,另一方面在毛泽东的其他文稿中寻找支持全面整顿和抓经济建设的理论依据。

在新中国成立以后毛泽东的文稿中,最系统论述社会主义经济建设和从经济工作的各个方面来论述调动各种积极因素问题的,是1956年的《论十大关系》。正如薄一波所说,这"是毛主席关于社会主义建设问题的代表作"②。这篇文稿最初是

---

① 于光远:《"文革"中的我》,远东出版社1995年版。
② 薄一波:《若干重大决策与事件的回顾》,中共中央党校出版社1991年版,第491页。

1956年4月和5月毛泽东在政治局扩大会议和最高国务会议上的两次讲话的记录,1965年在刘少奇的建议下,曾经整理并作为党内文件下发至县团级以上党委。国务院政治研究室成立后,邓小平建议,由胡乔木主持,重新整理了《论十大关系》。1975年7月13日,邓小平将经过整理的《论十大关系》送毛泽东审阅。邓小平在给毛泽东的报告中说:我们在读改时,一致觉得这篇东西太重要了,对当前和以后,都有很大的针对性和理论指导意义,对国际(特别是第三世界)的作用也很大,所以,我们有这样的想法:希望早日定稿,定稿后即予公开发表,并作为全国学理论的重要文献。此点,请考虑。

《论十大关系》是探索中国自己的社会主义建设道路的重要的初步成果。"调动一切积极因素,为社会主义建设服务;以苏为鉴,总结自己的经验,探索适合中国情况的社会主义建设道路,这是《论十大关系》的基本指导思想。"① 《论十大关系》作为以经济建设为重点的全面整顿的理论基础,是非常合适的。毛泽东的文章具有最高的权威性,这对于整顿工作具有重要的指导意义,对于当时的政治斗争,也会起到特殊的作用。不仅如此,如果《论十大关系》成为邓小平所说的"全国学理论的重要文献",势必从根本上将"无产阶级专政的理论"的基本内容和主导思想改变过来,这是具有极其重大的意义的。

然而,毛泽东早就抛弃和批判了八大关于国内主要矛盾是

---

① 薄一波:《若干重大决策与事件的回顾》,中共中央党校出版社1991年版,第471页。

人民日益增长的物质文化的需要同当前经济文化不能满足人民需要的矛盾的提法,他晚年坚持的是"无产阶级专政下继续革命"的理论,坚持的是在这个理论指导下的"文化大革命"的实践,他的晚年理论与《论十大关系》的基本思想是不同的,毛泽东对此当然很清楚。因此,对于经过整理的自己的《论十大关系》文稿,毛泽东的态度相当微妙,他在整理稿上作了这样的批语:"同意。可以印发政治局同志阅。暂时不要公开,可以印发全党讨论,不登报,将来出选集再公开。"

在争取将《论十大关系》正式发表的同时,邓小平在全面整顿期间,抓紧形成了三个重要文件,以阐明全面整顿的指导思想和具体政策,这就是国务院政治研究室邓力群主持起草的《论全党全国各项工作的总纲》,国家计委起草的《关于加快工业发展的若干问题》和中国科学院胡耀邦主持起草的《科学院工作汇报提纲》。后两个文件都有国务院政治研究室的参与。

由于党的指导思想仍然坚持"文化大革命"的理论和维护"文化大革命"的实践,文件在阐述政治观点上是很困难的。一方面要表明对占主导地位的指导思想的态度和立场,另一方面又力图在可能的范围内对"左"的问题进行批判和纠正,论述自己的思想和观点。这是政治斗争胶着状态下的理论文章的特殊形式,这些文章,既需要坚定的理论勇气,又需要高度的政治智慧。

《论全党全国各项工作的总纲》是论述全面整顿指导思想的理论文章,文章在阐述毛泽东的学习无产阶级专政理论、安定团结和把国民经济搞上去这三项指示时,实际上强调当前党和国家的工作重点是发展生产、把国民经济搞上去,这就从社会主义的本质问题上改变了"文化大革命"的"左"的基本理论。文章强调:"革命就是解放生产力,革命就是促进生产力的发展。我们中国共产党人,要对革命负责,也要对生产负责。"文章引用列宁和毛泽东的话进行论证:

> 列宁说过:"政治教育的成果,只有用经济状况的改善来衡量。"毛主席也说过:"中国一切政党的政策及其实践在中国人民中所表现的作用的好坏、大小,归根到底,看它是束缚生产力的,还是解放生产力的。"区别真马克思主义和假马克思主义,区别正确路线和错误路线,区别真干革命和假干革命,区别干部所做的成绩是坏是好,是大是小,归根到底,只能也应按照列宁和毛主席所提出的这个标准来衡量。一个地方、一个单位的生产搞得很坏,而硬说革命搞得很好,那是骗人的鬼话。那种认为抓好革命,生产自然会上去,用不着花力气去抓生产的看法,只有沉醉在点石成金一类童话中的人才会相信。

这篇文章正面论述了发展生产的重要意义,这虽然是马克思主义的基本常识,但是在"左"的错误统治下,阐述这个马克思主义的基本常识也到了需要冒风险的地步了。

文章还对"四人帮"集团所坚持的"文化大革命"的理论和实践在最大可能的限度内进行了尖锐的批评,强调维护全党的团结和维护全国人民的团结的重要性,指出:

那些顽固地搞资产阶级派性的头头，把无产阶级同资产阶级之间你死我活的斗争撇在一边，把这个主要矛盾撇在一边。他们对向社会主义猖狂进攻的阶级敌人没有仇恨，对社会主义生产建设受到损失毫不痛心，对社会主义制度遭到破坏无动于衷。他们热衷于拉山头，打派仗，长期纠缠于所谓这一派和那一派的斗争，所谓造反派和保守派的斗争，所谓新干部和老干部的斗争，所谓"儒家"和"法家"的斗争，有的甚至为了达到资产阶级极端个人主义的目的，不惜同那些反马克思主义的阶级敌人同流合污，串通一气。在他们脑子里，马克思主义不见了，毛泽东思想不见了，共产党不见了，社会主义不见了，甚至爱国主义也不见了。现在是到了向这些同志（我们现在还叫他们同志）大喝一声的时候了：应该悬崖勒马，立即回头！……林彪垮台了，现在有些地方，有些单位，假马克思主义政治骗子又在袭用林彪的老谱。但是，正如毛主席早就指出的："以伪装出现的反革命分子，他们给人以假象，而将真相荫蔽着。但是他们既要反革命，就不可能将其真相荫蔽得十分彻底。"只要我们牢记同林彪反革命阴谋集团斗争的经验教训，牢记列宁和毛主席的教导，就不难识破林彪一类的鬼蜮伎俩。他们的垮台，同林彪一样是不可避免的。

《论全党全国各项工作的总纲》虽然不可避免地引用了一些"文化大革命"的理论概念，但是其基本思想则是完全不同的，可以说，这是"文化大革命"期间一份重要的马克思主义的文件。

国家计委起草的《关于加快工业发展的若干问题》和中国科学院胡耀邦主持起草的《科学院工作汇报提纲》，是邓小平直接布置的，这是在工业和科技领域系统提出纠正"左"的错误、恢复和建立正确政策的重要文件。

《关于加快工业发展的若干问题》是在20世纪60年代初的经济调整时期的"工业七十条"的基础上形成的。文件对工作总纲、党的领导、依靠工人阶级、整顿企业管理、两个积极性、统一计划、以农业为基础、大打矿山之战、挖潜革新改造、基本建设要打歼灭战、采用先进技术、增加工矿产品出口、各尽所能按劳分配、关心职工生活、又红又专、纪律、工作方法和工作作风、思想方法等18个方面作了规定。文件重点强调的是：

（一）学习理论必须促进安定团结，促进生产发展。"没有社会生产力的强大发展，社会主义制度是不能充分巩固的，决不能把革命统帅下搞好生产，当作'唯生产力论'和'业务挂帅'来批判。"

（二）加强党的领导。整顿企业，首先必须整顿党的领导，"调整那些没有改造好的小知识分子和'勇敢分子'当权的领导班子，把坏人篡夺了的权力夺回来，使领导权掌握在真正马克思主义者和工人群众手中"，改变"软""散""懒"的状况，建立精干有力的和能打硬仗的领导班子。

（三）依靠工人阶级反对派性。对于"造反派""反潮流"的政治口号和行为都要作具体分析，"要特别警惕少数坏人利用'造反'和'反潮流'的名义，搞破坏活动。领导干部任何时候都要坚持原则，决不可随风倒，决不能为漂亮的词句所迷惑，为吓人的帽子所压倒，解除思想武装，甚至把权让给人家"。"要坚决同资产阶级派性作斗争，针锋相对，寸步不让。现在还在搞资产阶级派性，就是搞修正主义，搞资本主义，屡教不改的，要严肃处理。党员决不允许搞派别活动，坚持不改的，要开除党籍。"落实党的政策，凡是被戴上"保守派""站错队"的帽子的工人、技术人员和干部，一律摘帽，团结95%以上的干部和群众，"充分发挥工人群众的干劲、智慧和创造性"。

（四）整顿企业管理，严格规章制度。要求所有企业建立强有力的生产管理指挥系统，建立以岗位责任制为核心的生产管理制度，加强纪律性，同一切违反政策、制度、统一计划和违反财经与劳动纪律的现象斗争，全面完成经济技术指标。

（五）坚持按劳分配的原则。"各尽所能、按劳分配，不劳动者不得食，是社会主义的原则。在现阶段，它是基本适合生产力的发展的要求的，必须坚决实行。不分劳动轻重，能力强弱，贡献大小，在分配上都一样，不利于调动广大群众的社会主义积极性。""限制资产阶级法权，绝不能脱离现阶段的物质条件和精神条件，否定按劳分配，不承认必要的差别，搞平均主义。平均主义不仅现在不行，将来也是行不通的。"

（六）关心群众生活，注意劳逸结合。要保护环境，有计划地解决污染的问题。

（七）坚持学习与独创相结合的方针，学习外国一切先进的优良的东西，有计划有重点地引进国外的先进技术，以加快国民经济的发展速度。

（八）社会主义现代化建设需要大批政治觉悟高而又精通技术、精通业务的人才，干部、工人和科技人员都要走又红又专的道路。

胡耀邦负责起草的《科学院工作汇报提纲》（以下简称《提纲》），是在科学院整顿的过程中形成的文件。1975年7月中旬，中央派胡耀邦、李昌等到中国科学院进行整顿工作。胡耀邦等人到科学院工作时，分管科学院工作的国务院副总理华国锋传达了邓小平对科学院工作的指示。胡耀邦等人到科学院后，同"文化大革命"中爬起来的帮派分子进行斗争，废除了造反派组织头头列席核心组织会议的制度，整顿了领导班子，强调科学技术的重要性，强调重视人才，落实知识分子政策。胡耀邦还在整顿中提出了"实现四个现代化是新的长征"的口号，影响很大。[①] 胡耀邦在科学院的整顿过程中，在调查研究的基础上，集中力量准备《科学院工作汇报提纲》。这个汇报提纲是在他的主持下起草的，主要精神是贯彻落实知识分子政策，调动广大知识分子的积极性，发展科学技术、重视和加强基础理论的研究工作，加强学术活动、开展学术交流。《提纲》重点强调要正确处理如下问题：

正确处理政治与业务的关系。"抓科技工作，一定要政治统帅业务，抓革命，促科研。"

[①] 李昌：《在邓小平领导下整顿科学院》，《我经历过的政治运动》，中央编译出版社1998年版。

正确处理生产和科学的关系。"科学来源于生产，又指导生产、促进生产。怎么才能多快好省发展生产？决定的因素是人，一靠人们的高度政治觉悟、革命干劲，二靠掌握先进的科学技术。科学技术也是生产力。科研要走在前面，推动生产向前发展。""没有现代化的科学技术，也就不可能有工业、农业、国防的现代化。"

正确处理专业队伍与群众运动的关系。"正确的方针是专业队伍同群众运动相结合。专业队伍要向工农群众学习，向生产实践学习。这种结合并不是要降低专业队伍的作用，而是要更好地发挥专业队伍在群众性科学实验中的骨干作用。""国家还有许多重大的科学技术课题，也必须集中一批专业队伍来搞。""科学实验也是一种社会实践，生产斗争是不能代替它的……决不能否定和取消实验室的研究工作。不能不加区别地要求任何科学研究工作都要实行'以工厂、农村为基地'的三结合。不宜笼统地提'开门办科研'这样的口号。"

正确处理自力更生和学习外国长处的关系。《提纲》承认，"我们的科学技术同世界先进水平相比，还有不小的差距"，"为了争取时间，争取速度，我们有必要从国外引进一些先进技术、先进设备。"

正确处理理论研究和应用研究的关系。"在搞好大量应用研究的同时，要重视和加强理论研究工作。不能把理论研究同'三脱离'等同起来。"

要实行百花齐放、百家争鸣的方针。"在科技战线要大力加强学术活动，广泛开展学术交流，鼓励学术上的争鸣和讨论，改变学术空气不浓和简单地以行政方法处理学术问题的状况。""不能把资本主义国家、修正主义国家的科学家的学术观点都说成是资产阶级的、修正主义的，随意加以否定。"

值得注意的是，《提纲》明确提出了"科学是生产力"的观点，这是具有重大意义的。

邓小平对此非常重视，于9月26日主持国务院会议，听取科学院工作的汇报和讨论《提纲》。因此，这个文件是作为国家的科技政策予以考虑的。据李昌回忆，邓小平在这个会上多次插话，表明他对于科技领域整顿的明确态度。最后邓小平说，科技是一件大事，要好好议一下。你们讲第一讲应用科学，应用科学也要有理论。科技大大削弱了，接不上了；靠老的，也靠年轻的，他们灵活，记忆强。大学毕业25岁，经过10年，35岁，真正来说，30多点应是出成果的年龄。这一段他们没有工作，看电影，打派仗，搞得很少，少数人秘密搞，像犯罪一样。陈景润是秘密搞的，这些人还有点成绩。陈景润究竟算红专还是白专？中国有1000人就了不得。在世界上公认他是有水平的，他会数学，应该爱护、赞扬。是个代表。

邓小平说，毛泽东思想是理论，马列主义是理论，学习这些也叫"刮理论风"？对理论有恢复名誉的问题。

邓小平认为，整顿的关键在领导班子。领导班子要真正执行主席科技路线。广大科技人员，实在想搞研究啊！闹派性的是少数，能转过来。组织整顿、思想整顿，不就是这些人嘛。邓小平又说：一不懂行，二不热心，三有派性，为什么留着？科技人员中有水平有知识的为什么不能当所长？

邓小平提出要搞好后勤工作,为科技工作者创造条件。他说:"白专"只要对中华人民共和国有好处,比占着茅房不拉屎的,比闹派性、拉后腿的人好得多。

邓小平还强调了教育问题。他说:后继要有人,中心是教育部门,究竟大学起什么作用?培养什么?好些学院是中等技术学校水平,这何必办大学?上海机床厂"七二一"职工大学是一种形式,但不能代替其他大学。科学院要把科技大学办好,选数、理、化好的高中毕业生,不照顾干部子弟。要犯错误,我首先检讨。一点外语知识也没有,数、理、化也没有,还攀什么高峰,中峰也不行,低峰还是问题。我们有个问题,可能发生在教育部门,把整个现代化水平拉住了。教师要提高地位,只挨骂,几百万教员,怎么调动积极性呢?[①] 于光远说:"如果我记得不错的话,科学是生产力这个命题就是起草这个汇报提纲的同志从马克思的《政治经济学批判(手稿)》中找出并写到文件里去的。小平同志赞成这个提法,一直发展到后来,他说'科技是第一生产力'。"[②] 李昌回忆说,正是因为"科学技术是生产力"这个命题,毛泽东不批准《提纲》。[③] 由此可见,在这个问题上存在着相当不同的看法。

由于政治局势的变化,这三个重要文件都未能定稿下发,但是在文件的讨论过程和后来对"四人帮"集团的批判过程

---

① 李昌:《在邓小平领导下整顿科学院》,《我经历过的政治运动》,中央编译出版社1998年版。

② 于光远:《"文革"中的我》,远东出版社1995年版,第111页。

③ 李昌:《在邓小平领导下整顿科学院》,《我经历过的政治运动》,中央编译出版社1998年版,第417~418页。

中，其主要的精神得以传播，并且产生了重要的社会影响。

邓小平主持的全面整顿，实际上是全面地结束"文化大革命"的理论和实践错误、实行全面改革的先声。虽然全面整顿被"批邓、反击右倾翻案风"运动打断了，但是这个整顿使广大的群众和广大的干部看到了中国问题的症结，看到了解决这个问题的方向。可以说，全面整顿为后来的解决"四人帮"问题和后来的伟大历史转变准备了重要的思想和政治的基础。

四、"批邓、反击右倾翻案风"

◎毛泽东谈《水浒》，担心的是"投降派"

◎江青说：有人要架空毛主席

◎毛泽东政治天平的倾斜

◎毛远新的汇报引发毛泽东对全面整顿的不满

◎清华大学成为触发点

◎毛泽东对刘冰等的上书反应强烈：矛头是对准我的

◎风云突变，政治局会议传达毛泽东批示

◎邓小平：我是桃花源中人，不知有汉，无论魏晋

◎打招呼会议"反击右倾翻案风"

◎"走资派还在走"

◎江青擅自召集12省负责人会议，制造接班舆论

◎新的政治理论公式："老干部等于民主派，民主派等于走资派"

◎张铁生："要一个个收拾他们，采取铁的手腕"

◎天安门事件后的运动升级

◎"四人帮"帮派分子大肆活动

◎到处出现新的动荡和混乱

邓小平的重新工作和执掌主要权力，这是"四人帮"集团极不愿意看到的。从一开始，"四人帮"集团就同邓小平进行纠缠和斗争，但是，如前所述，在党内政治生活极不正常的局面下，毛泽东个人执掌着最后评判的巨大权力，而毛泽东出于稳定和团结的考虑，并不支持"四人帮"集团和其所代表的政治力量。

然而，毛泽东对邓小平的支持是有限度的。这就是要在维护"文化大革命"的理论和实践的前提下，维持安定团结局面，发展国民经济。一旦觉得这个前提受到威胁，毛泽东的政治态度就会发生根本的改变。

邓小平的全面整顿，虽然未能从根本上改变"文化大革命"的基本政策，但是全面整顿的指导思想和具体政策，无疑是对"文化大革命"的"左"的理论和政策的有力挑战。全面整顿在各个方面所取得的成就，同样折射出"左"的政策的失败。因此，整顿的深入发展，必然要更大地动摇"文化大革命"的基本理论和基本政策。这也正是这个问题的要害。在党和国家的最终权力掌握在毛泽东一人手中的局面下，全面整顿在政治上的风险是极大的。

毛泽东对邓小平态度的转变，使政治力量的较量态势完全改变，邓小平再次被打倒，全面整顿遭受严重的挫折。

林彪事件之后党内围绕如何对待"文化大革命"的理论和

实践这一要害问题发生的分歧和矛盾越来越明朗化和激烈化。相继主持中央日常工作的周恩来、邓小平不断地纠正"文化大革命"的一些错误做法，力图使党和国家的发展走上正轨，这反映了全党、全国人民中日益发展的怀疑和否定"文化大革命"的倾向。而以江青等人为代表的在"文化大革命"中发展起来的"左"倾政治势力，则力图坚持和发展"文化大革命"的理论和实践，为其政治上的进一步发展，直至夺取党和国家最高权力扫清道路。因此，围绕如何对待"文化大革命"的矛盾和斗争，又与党和国家最高权力由谁继承这一敏感的和要害的问题紧密相关。

在关于如何对待"文化大革命"的矛盾和斗争中，毛泽东在一段时期内态度是复杂的。他在全局上始终坚持"文化大革命"的方针政策，一再制止怀疑和否定"文化大革命"的倾向，为此，他发动了数次政治运动，试图解决坚持"文化大革命"的理论和实践问题。同时，毛泽东看到，要坚持"文化大革命"的理论和实践，还必须在具体做法上有所调整，实现国家的安定团结，把国民经济搞上去，取得明显的成效。毛泽东有保留地支持周恩来工作、支持邓小平复出和主持工作，都是出于这个考虑。但是，调整是有限度的，这就是不能涉及"文化大革命"的基本理论和基本方针，一旦他认为越过了这个界限，便毫不犹豫地予以制止，1973年年底的批评周恩来便是一例。对于江青、张春桥、姚文元和王洪文等人，毛泽东在政治上是信任的，但是对于他们的政治能力、在党内的影响力仍不放心。因此，毛泽东在坚持"文化大革命"方针政策的前提下，一方面通过周恩来、邓小平等人在党内的影响力和实际工作经验，实现党和国家的稳定和经济的发展；另一方面又通过江青、张春桥、姚文元等掌握意识形态，以保证"文化大革命"理论和实践的连续性。这两个方面，反映了毛泽东既想在全局上坚持"文化大革命"的方针政策，又希望通过一系列具体的调整来使之合理化、固定化的考虑。毛泽东发动的几次政治运动，虽然是针对怀疑和否定"文化大革命"的倾向的，但对周恩来、邓小平只是作政治上的"纠偏"和"警告"，不主张打倒他们；他支持江青、张春桥、姚文元和王洪文等人，在理论上和政治上肯定"四人帮"，但是对于他们企图乘机打倒周恩来、邓小平的阴谋，也明确地表示不赞成。

1975年8月14日，毛泽东在与北京大学中文系教师芦荻谈话时，谈到关于《水浒》的看法，并且作了发挥。他说：

《水浒》这部书，好就好在投降。做反面教材，使人民都知道投降派。

《水浒》只反贪官，不反皇帝。摒晁盖于一百零八人之外。宋江投降，搞修正主义，把晁的聚义厅改为忠义堂，让人招安了。宋江同高俅的斗争，是地主阶级内部这一派反对那一派的斗争。宋江投降了，就去打方腊。

这支农民起义队伍的领袖不好，投降。李逵、吴用、阮小二、阮小五、阮小七是好的，不愿意投降。

鲁迅评《水浒》评得好，他说："一部《水浒》，说得很分明：因为不反对天子，所以大军一到，便受招安，替国家打别的强盗——不替天行道的强盗去了。终于是奴才。"

毛泽东的谈话，再一次反映了他对于以后"文化大革命"的理论与实践能否被坚持的深切忧虑，他担心继承人改变其政策，"投降"，"让人招安"。

姚文元看到谈话记录后，立即给毛泽东写信：（认为毛泽东的谈话）对于中国共产党人、中国无产阶级、贫下中农和一切革命群众在现在和将来，在本世纪和下世纪坚持马克思主义，反对修正主义，把毛主席的革命路线坚持下去，都有重大的、深刻的意义。应当充分发挥这部"反面教材"的作用。

姚文元提议将毛泽东的指示印发给在京的政治局委员，增发出版局、《人民日报》《红旗》杂志、《光明日报》，以及北京大批判组谢静宜和上海市委写作组，并将自己给毛泽东的信附上；由《红旗》杂志发表鲁迅论《水浒》的文字，组织或转载评论文章。毛泽东批示同意，从而批准发动了评《水浒》的运动。

毛泽东发动评《水浒》的运动，目的还是解决维护"文化大革命"的理论和实践的问题。"四人帮"则利用这个机会，将毛泽东的忧虑变成为他们所用的政治运动，攻击以周恩来、邓小平为代表的坚持正确路线的革命家。

评《水浒》运动的主题是"投降派"。1975年8月28日，《红旗》杂志第9期发表短评：《重视对〈水浒〉的评论》，揭开了评《水浒》运动的序幕。这个评论阐述和发挥了毛泽东的观点，强调认清"宋江投降后的地主阶级本质，对于我们识破修正主义的欺骗性和危害性是很有意义的"。短评提出，要"充分开展对《水浒》这部书的批判，充分发挥这部反面教材的作用，使人民群众都知道投降派的真面目"。① 同期刊登了一组评《水浒》的文章，如署名方岩梁的文章《使人民都知道投降派——学习鲁迅对〈水浒〉的评论》；北京大学、清华大学大批判组的文章《一部宣扬投降主义的反面教材——评〈水浒〉》，等等。接着，《人民日报》《解放军报》也连续发表评《水浒》的文章，一场评《水浒》运动热热闹闹地开展起来了。

8月31日，《人民日报》发表署名竺方明的文章《评〈水浒〉》，文章提出："在社会主义历史阶段，要批修防修，坚持无产阶级专政下的继续革命，就必须知道投降派，识别投降派，反对投降派。"9月4日，《人民日报》发表的《开展对〈水浒〉的评论》一文说：评《水浒》"是我国政治思想战线上的又一次重大斗争，是贯彻毛主席关于学习理论、反修防修重要指示的组成部分"。

对一部在中国社会和思想文化方面有着广泛影响的历史小说《水浒》进行评论，当然是可以而且是应当的，毛泽东对《水浒》的评论，也有其精辟之处。问题在于通过评论一部小说达到意识形态的宏大目标和指导现实的斗争，这就非常有意思了。

江青等人在政治上又活跃起来。他们利用报章杂志散布其

---

① 《重视对〈水浒〉的评论》，载《红旗》1975年第9期。

"左"倾观点,将评《水浒》大加发挥,影射攻击周恩来、邓小平等老干部,指责周恩来、邓小平是投降派,搞修正主义,架空毛泽东。8月下旬,江青召集于会泳等人开会,说:"主席对《水浒》的批示有现实意义。"她还说,"《水浒》的要害是架空晁盖,现在政治局有人要架空毛主席。"9月12日,江青在大寨讲话:"不要以为评《水浒》只是一个文艺评论。"评《水浒》"不单纯是文艺评论,也不单纯是历史评论,是对当代有意义的大事。因为我们党内有十次路线错误,今后还会有的,敌人会改头换面藏在我们党内。""所以这部书要好好地读,看看这个叛徒的嘴脸,对照一下咱们党内的十次路线斗争的一些叛徒嘴脸。"江青还大谈所谓"架空"的问题,说宋江"上山以后,马上就把晁盖架空了"。9月17日,江青在大寨又说:"评《水浒》就是有所指的。宋江架空晁盖,现在有没有人架空毛主席呀?我看是有。""党内有温和派,左派领袖就是鄙人。"姚文元在修改尹铭的文章《论〈水浒〉的现实意义》时,加上了这样一段话:"'摒晁盖于一百零八人之外',就是修正主义者宋江篡夺了领导权,排斥了革命派晁盖。"

从政治斗争的意义来看评《水浒》运动,不过是想借一个名义搞政治,《水浒》一书中对现实斗争有利的,均可利用,没有关系的就通过类比、附会来拉上关系,原来的历史事实或者小说情节依目的要求来取舍和随意改变。如江青说宋江"上山以后,马上就把晁盖架空了。怎样架空呢?他把河北的大地主卢俊义——那是反梁山的,千方百计弄了去"。而《水浒》的情节中,卢俊义上山与晁盖并无关系,晁盖死后多时,宋江才开始考虑策划卢俊义上山的问题。但对江青等人来说，原著如何写不要紧，要紧的是她说的意思，宋江拉卢俊义上山架空晁盖，联系到现实政治便是周恩来拉邓小平出山架空毛泽东。

1975年9月以后，毛泽东的态度发生了更大的变化，他认为"文化大革命"的方针和政策受到了严重的威胁。

由于健康情况的变化和体力、精力的衰退，1975年9月，毛远新担任了毛泽东的联络员，成为毛泽东与中央政治局沟通的中介。

从9月底到11月初，毛远新就政治形势问题对毛泽东作了几次汇报，核心是"文化大革命"的问题。毛远新向毛泽东汇报说：

> 感觉到一股风，主要是对文化大革命：（一）文化大革命怎么看？主流、支流，十个指头，三七还是倒三七，肯定还是否定。（二）批林批孔运动怎么看，主流、支流，似乎迟群、小谢讲了走后门的错话干扰，就不讲批林批孔的成绩了。口头上也说两句，但阴暗面讲得一大堆。（三）刘少奇、林彪的路线还需不需要继续批，刘少奇的路线似乎也不大提了……文化大革命中批判了刘少奇、林彪的路线，批判了17年中各条路线的修正主义路线还应不应该坚持下去……对文化大革命，有股风，似乎比七二年批极左还凶些……我很注意小平同志的讲话，我感到一个问题，他很少讲文化大革命的成绩，很少提批刘少奇的修正主义路线。

毛远新还说：三项指示为纲，其实只剩下一项指示，即生产搞上去了。我担心中央，怕出反复。

毛远新汇报中谈的"文化大革命"评价问题，是毛泽东晚年最为关心和最为忧虑的问题，所以立即引起毛泽东的高度重视。毛泽东感到，邓小平的整顿，已经导致对"文化大革命"理论和实践的否定，引起党内思想的"动荡"，这是他不能容忍的。毛泽东肯定了毛远新的看法，批评了以周恩来、邓小平为代表的老干部：一些同志，主要是老同志，思想还停止在资产阶级民主革命阶段，对社会主义革命不理解、有抵触，甚至反对。对"文化大革命"两种态度，一是不满意，二是要算账，算"文化大革命"的账。

问题的另一个触发点在清华大学。"文化大革命"中，宣传、文化和教育是"四人帮"集团控制较强的领域，而清华大学是毛泽东"斗、批、改"的典型，也是"四人帮"集团的一个重要基地，学校党委书记迟群和副书记谢静宜都是"四人帮"集团的核心人物。在清华大学的领导成员中，也还有坚持正确路线的干部，他们与迟群、谢静宜存在尖锐的矛盾。

1975年8月，清华大学党委副书记刘冰积极向学校传达邓小平关于全面整顿的几次讲话，同企图封锁邓小平讲话的迟群、谢静宜发生冲突。长期对迟群、谢静宜不满的工人、解放军宣传队负责人、时任清华大学党委副书记的惠宪钧、柳一安和党委常委吕方正等人支持刘冰，并决定写信向毛泽东反映迟群的问题。刘冰、惠宪钧、柳一安、吕方正认为，信中"不要涉及教育问题，以免牵涉主席的教育路线。在某些问题上我们虽有看法，如基础理论教学被削弱等，但信上很难说清楚"，信上主要反映迟群的问题，"他的政治野心；他毫无党的观念；他破坏党的民主集中制；他任人唯亲，违反党的干部政策；他的资产阶级生活作风"。①刘冰上书的过程均见该文。从这个过程也可以看出，即使是清华大学这样一个学校的问题，仅仅因为涉及"文化大革命"，要想解决，也非直接惊动毛泽东本人不可。即使像刘冰这样的高级干部，要"上达天听"也极为困难。为使信件能够到达毛泽东手中，刘冰找到胡耀邦，请他通过邓小平转交毛泽东。胡耀邦表示支持刘冰，但认为由他转信不符合组织原则，建议刘冰直接送交邓小平。刘冰同惠宪钧等商议，通过邓小平住宅的警卫部队，将信送交邓小平的秘书。

信送出后第九天，刘冰和惠宪钧到北京市向科教组负责人作了口头汇报，并请其转交了给北京市委书记吴德的信。

一直到10月，刘冰等的信仍然没有回音，刘冰等人商议，再次写信揭发迟群和谢静宜。刘冰于是找到教育部副部长李琦，李琦通过胡乔木将信送邓小平。刘冰等人上书毛泽东的背景是邓小平全面整顿的政治形势。可惜，他们对毛泽东的政治态度估计不足。毛泽东已经断定邓小平的整顿是试图翻"文化大革命"的案，这是他绝对不能允许的。毛泽东将邓小平转来刘冰等人揭露迟群、谢静宜的信同自己的政治判断联系起来，立即作出了强烈的反应，他作出批示：

---

① 刘冰：《冒险上书揭发迟群》，《我亲历过的政治运动》，中央编译出版社1998年版，第370~371页。

> 清华大学刘冰等人来信告迟群和小谢。我看信的动机不纯,想打倒迟群和小谢。他们信中的矛头是对着我的。我在北京,写信为什么不直接写给我,还要经小平转。小平偏袒刘冰。清华所涉及的问题不是孤立的,是当前两条路线斗争的反映。

将一封批评清华大学领导的信同对整个"文化大革命"的评价和对自己的批评联系起来,反映了毛泽东对于这些问题的深深忧虑。

11月3日,北京市委书记吴德在清华大学传达了毛泽东的批示精神。以传达这个批示为起点,清华大学开展了所谓"教育革命大辩论",对刘冰、惠宪钧、柳一安、吕方正进行批斗和围攻,刘冰等人被扣上了"反毛主席""正在走的走资派""复辟资本主义""搞修正主义""反党反革命"的帽子,被连续批斗。[①]"反击右倾翻案风"运动由此首先在教育界展开。

毛泽东将清华大学刘冰的信当作重大的政治信号,也将此事的处理当作重大的政治行动。根据毛泽东的意见,11月15日,中央政治局召开扩大会议,讨论毛泽东的批示。胡耀邦、胡乔木、周荣鑫、李昌和刘冰列席了会议。李昌回忆说:

> 会上先念了主席对刘冰控告谢静宜和迟群的信的批示,说刘冰的信(由邓小平同志转交)矛头是指向他的。

[①] 刘冰:《我竟成了"右倾翻案急先锋"》,《我亲历过的政治运动》,中央编译出版社1998年版。

江青也张牙舞爪,大肆咆哮,指责科教方面的所谓"逆风"、翻案风。接着胡乔木检讨了一番。我说,迫于科学院实验员都没有合格人干,我们办高等技术专科学校,从高中毕业生招考,违反了保送制度,犯了错误。列席会议的其他同志都没有说话,就散会了。这时,清华、北大两校"造反派"就出大字报批邓小平唯生产力论和"反击右倾翻案风",邓小平同志又被撵下了台,我们也被停职反省。①

刘冰的回忆更详细一些,从中可以了解当时政治局会议这个中国最高决策层会议的程序和政治斗争的情况:

> 差五分8点时,陆续进来了一些人,先是政治局委员们,接着,胡耀邦、胡乔木、周荣鑫、李昌同志来了。大家都在摆成圆圈形的两排沙发入座,政治局委员在前排,其他人坐第二排。邓小平和叶剑英两位副主席坐在一起。我看到这种情况,肯定这是政治局会议了,也顾不得多想,就走到第二排挨着胡耀邦同志坐下。我的前面是纪登奎同志,他转过身子同我握手,我向他问好。8时整,邓副主席宣布开会,说:"昨天主席接见外宾完了之后,把我留下,在场的还有张春桥。主席要胡耀邦、胡乔木、周荣鑫、李昌、刘冰同志参加政治局会议,主席说,参加会

---

① 李昌:《在邓小平领导下整顿科学院》,《我亲历过的政治运动》,中央编译出版社1998年版,第418页。

议也是一种帮助。"邓副主席又传达了主席的其他一些指示后，走到张春桥面前说："我耳朵背，记不详细，请你把主席讲的整理一下。"然后把记的两片纸放在张春桥面前的茶几上。张春桥狂妄地说："我不整理，我没有记。"邓副主席刚回到座位上，姚文元插话说："今天列席会议的他们几位，恐怕还不知道主席对清华的批示吧？是否给他们传达一下？"邓副主席没有理睬他，他又指着我们问："你们听到过没有？"我说："我听了，吴德同志传达过。"吴德立刻申明说："我没有传达，我只是说了主席批示的精神。"邓副主席说："那好吧！请毛远新给传达一下。"毛远新慢腾腾地翻开笔记本念了毛主席的批示……我已不能分辨他讲的内容。但我必须强迫自己冷静下来，只听到邓副主席说："讨论吧！"王洪文说话了。他说他到上海去了一趟，听到下面许多反映，对胡耀邦、周荣鑫意见很大。他说："你们和无产阶级专政下继续革命背道而驰，教育部不搞教育革命，专讲一些旧观点、旧思想，搞旧的一套。"张春桥插话说："都是右的东西，周荣鑫不听我们的。"姚文元跟着说："报纸的记者也有反映，群众对你们有意见。"你一言，我一语，讲个不停，时间几乎全被他们占了。江青时而坐在沙发上，时而离开座位走动，嘴里嘟囔着，有时猛然提高嗓门，阴阳怪气说几句什么，我听不清楚，但可以看出她是给王、张、姚打气的。其他政治局委员很少说话。叶剑英副主席除了偶尔喝点水或用毛巾擦擦脸，一直在默默地记笔记，什么话都没有说。大约11

点左右，邓副主席说："今天的会到此为止，明晚8点钟继续开会。"政治局委员陆续退席，邓副主席和叶副主席走在后面，步伐缓慢而坚定。从两位老人布有愁云而又严肃的面容上，我似乎感觉到他们在为党和国家的命运忧虑。①

由此可以看出，政治局已经明显地分为两个阵营，双方在政治上的对立无法调和。而这一次，"四人帮"集团得到毛泽东的支持，在政治上显然处于上风。

政治局会议后，清华大学对刘冰的批判进一步升级。11月18日，在迟群主持下，召开全校师生员工万人大会。吴德在会上传达了毛泽东批示的全文，而后对刘冰等人的两封信进行批判。迟群称对刘冰等人的批判为"大辩论"，并在12月10日给中央的《清华大学关于教育革命大辩论的报告》中说："我们在辩论中始终坚持摆事实、讲道理"；"对刘冰等人我们给以充分的发言机会"；"对刘冰等人，虽然他们想把人一棍子打死，我们还是坚持党的'惩前毖后，治病救人'的一贯方针。"但是事实上根本不允许辩论。②

毛泽东指示在政治局讨论"文化大革命"的评价问题。根据毛泽东的指示精神，政治局连续开会讨论，并且对邓小平进

---

① 刘冰：《我竟成了"右倾翻案急先锋"》，《我亲历过的政治运动》，中央编译出版社1998年版，第392~393页。
② 刘冰：《我竟成了"右倾翻案急先锋"》，《我亲历过的政治运动》，中央编译出版社1998年版，第400页。

行了批评。毛泽东提出，由邓小平主持作一个关于"文化大革命"的决议，总的评价是"三七开，七分成绩，三分错误"。但邓小平婉言拒绝说，由我主持写这个决议不适宜，我是桃花源中人，"不知有汉，无论魏晋"。邓小平的态度，导致对他批判的不断升级。

11月下旬，政治局根据毛泽东的指示，召开了"打招呼会议"，参加会议的有130多名党政军机关负责人。会上宣读了毛泽东批准的《打招呼的讲话要点》，传达了毛泽东对刘冰等人信件的批示，提出："中央认为，毛主席的指示非常重要。清华大学出现的问题绝不是孤立的，是当前两个阶级、两条道路、两条路线斗争的反映。这是一股右倾翻案风。尽管党的九大、十大对无产阶级文化大革命已经作了总结。有些人总是对这次文化大革命不满意，总是要翻案。"对此开展辩论"是完全必要的"。

"打招呼会议"正式提出"反击右倾翻案风"。在"四人帮"的推动下，运动从教育部门很快向其他方面推开。教育部长周荣鑫被张春桥责令检查，清华大学出现大批"反击右倾翻案风"的大字报。12月1日，《红旗》杂志发表署名北京大学、清华大学大批判组的文章《教育革命的方向不容篡改》，提出：

> 必须看到教育领域里的阶级斗争、路线斗争仍然是尖锐、复杂的。最近，教育界有一种奇谈怪论，说什么文化大革命以来，教育革命这也不行，那也不是，教育革命的方向"总也没有解决好"，因而"就是要扭"……问题很

明显，当前争论的焦点在于：是坚持教育革命的方向，把无产阶级教育革命进行到底，还是为修正主义教育路线翻案，复辟资产阶级知识分子统治我们学校的旧教育制度？我们必须抓住问题的实质，批判否定教育革命的错误思潮，分清路线上的大是大非，继续巩固和发展教育革命的成果，加强无产阶级在上层建筑领域对资产阶级的全面专政。①

1976年1月14日，《人民日报》发表《大辩论带来大变化》，将"打招呼会议"的精神转达到社会。1月15日，《人民日报》发表梁效的文章《教育革命与无产阶级专政》。2月1日，《红旗》杂志发表北京大学、清华大学大批判组的文章《回击科技界的右倾翻案风》和辽宁大学大批判组的文章《不许为修正主义教育路线翻案》。各重要报刊连篇累牍地发表和转载"反击右倾翻案风"的文章，使运动不断升温。

2月5日，中央通知，将《打招呼的讲话要点》扩大传达到党内外群众，"反击右倾翻案风"的运动在全国展开。

2月14日，中央开始召集各省、市、自治区和各大军区负责人会议，就开展"批邓、反击右倾翻案风"运动"打招呼"。会上传达了《毛主席重要指示》，即经过毛远新整理的毛泽东从1975年10月至1976年1月间所作的关于"反击右倾翻案风"的谈话。这些谈话再次集中地反映了毛泽东晚年的政治思想及其错误。

---

① 《红旗》1975年第12期。

毛泽东再一次重复了他对于社会主义时期阶级斗争和资产阶级权利、商品经济、按劳分配等社会主义基本特征的错误看法。关于社会主义社会和党内的所谓"阶级斗争"问题，毛泽东说：为什么有些人对社会主义社会中的矛盾问题看不清楚了？旧的资产阶级不是还存在吗？大量的小资产阶级不是大家都看见了吗？大量未改造好的知识分子不是都在吗？小生产的影响，贪污腐化、投机倒把不是到处都有吗？刘、林等反党集团不是令人惊心动魄吗？问题是自己属于小资产阶级，思想容易右。自己代表资产阶级，却说阶级矛盾看不清楚了。一些同志，主要是老同志思想还停止在资产阶级民主革命阶段，对社会主义革命不理解，有抵触，甚至反对。对"文化大革命"两种态度，一是不满意，二是要算账，算"文化大革命"的账。做了大官了，要保护大官们的利益。他们有了好房子，有汽车，薪水高，还有服务员，比资本家还厉害。社会主义革命革到自己头上了，合作化时党内就有人反对，批资产阶级法权他们有反感。搞社会主义革命，不知道资产阶级在哪里，就在共产党内，党内走资本主义道路的当权派。走资派还在走。

毛泽东重申了党内存在资产阶级的观点，并将这个资产阶级同经过资产阶级民主革命阶段的老干部联系起来，将资产阶级与特权现象完全混同。

毛泽东对"文化大革命"作了评价。他说："文化大革命"是干什么的？是阶级斗争嘛。对"文化大革命"，总的看法：基本正确，有所不足。现在要研究的是在有所不足方面。三七开，七分成绩，三分错误，看法不见得一致。"文化大革命"

犯了两个错误：一是打倒一切，二是全面内战。打倒一切其中一部分打对了。如刘、林集团。一部分打错了，如许多老同志，这些人也有错误，批一下也可以。无战争经验已经十多年了，全面内战，抢了枪，大多数是发的，打一下，也是个锻炼。

毛泽东批评邓小平说：他这个人是不抓阶级斗争的，历来不提这个纲。还是"白猫、黑猫"啊，不管是帝国主义还是马克思主义。

毛泽东又说：邓小平问题还是人民内部矛盾，引导得好，可以不走到对抗方面去，如刘少奇、林彪那样。批是要批的，但不应一棍子打死。① 毛泽东的谈话，继续坚持了其晚年"左"的错误，同时表明，维护"文化大革命"的方针和政策是发动"批邓、反击右倾翻案风"运动的根本原因。

华国锋代表党中央在会上发表讲话，要求认真学习毛泽东的重要指示和中央文件，在此基础上"深入揭发批判邓小平同志的修正主义路线错误"。华国锋还说，要掌握斗争大方向，"毛主席说，错了的，中央负责。政治局认为，主要是邓小平同志负责。中央认为，应该划一个界限，以这次打招呼会议为界，这次会议前的问题，中央负责，有这样那样问题的地方，应该转好弯子。这次会议后，还转不过来就不好了。这个精神同样适用于省以下各级领导。注意不要层层揪邓小平在各地的代理人。当前，就是要搞好批邓，批邓小平同志的修正主义错

---

① 王年一：《大动乱的年代》，河南人民出版社1988年版，第559~561页。

误路线，在这个总目标下把广大干部、群众团结起来。在有问题的单位，注意不要算历史旧账。不要纠缠枝节问题。对邓小平同志的问题，可以点名批判，但点名的大字报不要上街，不要广播、登报"，对犯有错误的同志，不要揪住不放，运动要在党委领导下，不搞串联，不搞战斗队。

"四人帮"集团再次利用毛泽东的错误，煽风点火、大肆活动，企图借"批邓、反击右倾翻案风"运动，整倒邓小平和党内一些老干部，实现其篡党夺权的野心。

张春桥多次与上海的马天水、徐景贤、王秀珍等谈话，提出"老干部等于民主派，民主派等于走资派"，并且指名攻击邓小平是"垄断资产阶级""买办阶级"，"对内搞修正主义，对外搞投降主义"。张春桥说："邓小平这批人，就是买办资产阶级，把中国工人的劳动成果送给人家，再把石油垄断起来，把猪肉垄断起来，完全是垄断资产阶级，比蒋介石还厉害，蒋介石垄断不了全国。邓小平路线，有些人执行得可舒服呐，思想太一致了。"毛远新也攻击邓小平"崇洋媚外，出卖主权"，"代表买办资产阶级的利益"。江青更是到处活动。2月20日晚，江青在京西宾馆与马天水、徐景贤、王秀珍、丁盛等谈话，说："你们都是'上海帮'啊，你们知道吧，他们把我也说成'上海帮'啦！"借机大搞宗派活动，并且叫嚷："要集中火力揭批邓小平，去年他斗了我几个月。我是关在笼子里的人，现在出来了，能讲话了，我要控诉他！"

1976年3月2日，江青擅自召集12省、区负责人会议，发表了三个多小时的长篇讲话，大谈同邓小平斗争的过程，攻击说:"邓小平是谣言公司的总经理","他是个大汉奸","邓小平完全是代表买办资产阶级利益的","我说他是买办资产阶级,代表买办、地主资产阶级,中国有国际资产阶级的代理人,就是邓小平"。

江青还说:"在捍卫主席革命路线上,我是一个过了河的卒子,我很光荣。我这个过了河的卒子,能够吃掉他那个反革命老帅,所以他首先打我。""邓小平干我,是有政治阴谋的,是对主席。别人造谣我是武则天。""有人写信给林彪说我是武则天,有人又说我是吕后。我也不胜荣幸之至。吕后是没有戴帽子的皇帝,实际上政权掌握在她手里,她是执行法家路线的。""武则天,一个女的,在封建社会当皇帝啊,同志们,不简单啊,不简单。她那丈夫也是很厉害的,就是有病,她协助她丈夫办理国事,这样锻炼了才干的。""诽谤吕后,诽谤武则天,诽谤我,就是诽谤主席嘛。"江青借古喻今,就是要制造由她来继承党和国家最高权力的合法性的舆论。

3月3日,中共中央发出《关于学习〈毛主席重要指示〉的通知》,转发了毛泽东的谈话内容。同日,中央还转发了华国锋代表党中央在各省、市、自治区和各大军区负责人会议上的讲话。

"四人帮"企图利用邓小平再一次被打倒的机会,达到他们夺取党和国家政治权力的目的。可是,毛泽东在1月下旬亲自提议由华国锋任国务院代总理,主持中央日常工作,这就打破了由张春桥继任总理和"四人帮"主持中央工作的美梦。"四人帮"夺取党和国家权力的计划再一次受到挫折,于是继续利用"批邓、反击右倾翻案风"这一政治运动,以图达到其目的。"四人帮"利用他们掌握的理论宣传工具,连续发表一系列文章,主要目标是打击邓小平,在各个方面全面清算邓小平主持的整顿工作,攻击老干部,同时影射周恩来、华国锋等人,大力宣扬和散布极左理论。

教育战线是"四人帮"最初发动"反击右倾翻案风"的领域,"四人帮"继续大做文章,提出"文化大革命"前的学校是为资产阶级服务的"旧学校",教育是"旧教育制度",攻击在教育战线的整顿,提出要"粉碎这股复辟17年旧教育的右倾翻案风,彻底摧毁旧学校"。①

在科技战线,2月1日《红旗》杂志发表了北京大学、清华大学大批判组的《回击科技战线的右倾翻案风》一文,被"四人帮"认为是又一颗"重型炮弹"。这篇文章大批所谓"专家治所",攻击邓小平主张提拔著名科学家到领导岗位是"否定党的领导的投降主义言论",主张在科技界也要实行无产阶级专政。

在文艺战线,有3月1日发表于《红旗》杂志的初澜的文章《坚持文艺革命,反击右倾翻案风》等。

在卫生战线,有4月1日发表于《红旗》杂志的《反击卫生战线的右倾翻案风》等。

"反击右倾翻案风"的主要打击目标是邓小平和以周恩来、邓小平为代表的老干部。1976年2月6日,《人民日报》发表

---

① 梁效:《教育革命与无产阶级专政》,见《人民日报》1976年1月15日。

《无产阶级文化大革命的继续和深入》一文，该文攻击说："他们提现代化是假，复辟资本主义是真，卫星上天是幌子，红旗落地才是真意。"大批所谓"唯生产力论""阶级斗争熄灭论"，并用"至今不肯改悔的走资派"作邓小平的代名词。文章还提出："三项指示为纲"是邓小平翻案复辟的政治纲领。此后，批"三项指示为纲"的声浪甚嚣尘上。

在"批邓、反击右倾翻案风"运动中，"四人帮"集团制造了"老干部就是民主派，民主派就是走资派"的所谓"理论"。1975年11月和1976年1月，据1977年6月5日徐景贤的交代，张春桥与上海市委常委黄涛作了两次谈话，黄涛回上海后对马天水、徐景贤等作了传达。张春桥说："对民主革命懂得的人，革命战争结束后，给他们带来了利益，对社会主义革命就不行了。""民主革命能跟着干的……当社会主义革命深入，革命革到自己头上，他们就站到对立面去了。""现在的阶级关系，对走资派要很好议一议，这一条不解决，要正确对待文化大革命就谈不上。""我们党搞革命，28年，等认识统一了就结束了；现在搞社会主义革命，快28年了，付出了多大代价，许多人认识还停留在民主革命阶段。"

1976年2月，各省、市、自治区和各大军区负责人会议期间，张春桥在与马天水、徐景贤、王秀珍等谈话时，多次提出"老干部等于民主派、民主派等于走资派"的观点，据徐景贤交代："张春桥把大批老干部都说成是比老资产阶级还厉害的走资派。2月23日下午，张春桥又进一步把大批老干部都说成是'敌人'，他提醒我们要团结对'敌'。还特意引了柳宗元的话'敌存灭祸，敌去招过'来启发我们，这就是要我们把大批从中央到地方的党政军老干部都当成'敌人'加以打倒。"

张春桥还亲自部署上海召开理论工作座谈会，讨论"从民主派到走资派的理论"。上海市委从1976年2月底到3月初召开了有几百人参加的大型理论工作座谈会，大造舆论。

江青也说："老干部百分之七十五都是民主派，民主派发展到走资派是客观的必然规律。"

经过严密的准备，1976年3月2日，《人民日报》发表经姚文元审定的池恒的文章：《从资产阶级民主派到走资派》，这是系统论述"四人帮"集团"民主派就是走资派"的代表性文章。文章说：

> 他们是带着资产阶级民主主义思想来参加无产阶级革命队伍的，他们在组织上入了党，思想上并没有完全入党，甚至完全没有入党。他们在程度不同地接受党的最低纲领即新民主主义革命纲领时，并没有把它同党的最高纲领即社会主义、共产主义的纲领联系起来，他们不懂得也不准备去实现党的最高纲领，也就是说，他们的世界观并不是无产阶级的共产主义世界观，而是一个资产阶级的王国。这种资产阶级立场、世界观又没有在长期的革命斗争中得到改造；当革命从新民主主义革命阶段向社会主义革命阶段转变的时候，他们的思想并没有随着革命的转变而转变。相反，他们的身子虽然进了社会主义社会，思想还停止在民主革命阶段，这就决定了他们对社会主义革命必

然产生抵触，甚至反对。资产阶级民主派的立场和世界观，代表资产阶级，就是右倾翻案风的阶级根源和思想根源……（老干部）如果思想还停留在旧阶段，用资产阶级民主派的立场和世界观来认识和对待社会主义革命，那就会代表资产阶级，就会变成走资派，成为社会主义革命的对象……从资产阶级民主派到走资本主义道路的当权派，从民主革命时期党的同路人到社会主义时期的反对派、复辟派，从思想停止在资产阶级革命阶段到搞修正主义，这不正是不肯改悔的走资派所走过的道路吗？①

"老干部等于民主派，民主派等于走资派"的所谓"理论"，是对社会主义社会和共产党内存在一个"资产阶级"的错误理论的又一发展。毛泽东在分析党内存在资产阶级这个问题时，曾经先后提出旧社会的残余、官僚阶级、思想上的资产阶级、钻进党内的资产阶级代表人物、党内走资本主义道路的当权派等概念，而"老干部等于民主派，民主派等于走资派"的"理论"则更进一步提出了经过民主革命阶段的党的干部"代表资产阶级""就会变成走资派"的所谓"规律"，这是完全不顾党的历史发展和现状的政治臆说，是歪曲马克思主义阶级观点的极其错误和荒谬的观点。

"四人帮"集团不顾马克思主义基本观点，不顾中国革命的基本历史和中国社会的基本事实，制造和宣扬这种"理论"，

---

① 《从资产阶级民主派到走资派》，见《人民日报》1976年3月2日。

完全出于其政治斗争的需要。

尽管经过"文化大革命"的冲击，在党和国家的各级领导部门中，老干部仍然占有相当的比例，并且掌握着主要的政治权力。这些老干部既有丰富的政治经验，又有辉煌的革命历史，在中国的政治传统中，这些都有助于加强老干部的政治影响力。在争夺政治权力的斗争中，"四人帮"集团并没有政治上的优势。为改变这种状况，"四人帮"集团既需要增大组织上的力量，也需要在意识形态上提供新的依据。张铁生在1976年1月28日来到北京大学，在讲话中提出，老干部有百分之七八十都是民主派，因而要彻底地改造领导班子，"要一个个收拾他们，采取铁的手腕"。"老干部等于民主派，民主派等于走资派"的"理论"，就是有着直接的权力斗争功能的政治工具。

"四人帮"集团帮派成员的讲话直率地表明，他们的目的在于打倒党内从中央到地方的一大批老干部，以在"文化大革命"中发展起来的极左的政治势力取而代之，篡夺党和国家的最高权力。

天安门事件后，"批邓、反击右倾翻案风"运动进一步升级，中央《关于撤销邓小平党内外一切职务的决定》发表后，在全国范围公开点名批判邓小平。为了给批邓制造有力的合法性依据，"四人帮"利用党报党刊发表了毛泽东关于邓小平的言论。《人民日报》在4月10日社论《伟大的胜利》中，刊载了毛泽东的话："他这个人是不抓阶级斗争的，历来不提这个纲"；"他不懂马列，代表资产阶级。说是'永不翻案'，靠不住啊！"《红旗》杂志第4期、第5期均在"毛主席语录"栏内登载毛泽东批评邓小平的语录。"四人帮"的写作班子在报刊上发表了大量批判邓小平的重头文章，如程越：《一个复辟资本主义的总纲》（《人民日报》4月5日）、梁效：《邓小平与天安门广场反革命事件》（《人民日报》4月28日）、池恒：《无产阶级专政的伟大胜利》（《红旗》杂志第5期）、梁效：《党内确实有资产阶级——天安门广场反革命事件剖析》（《人民日报》5月18日）、方刚：《走资派就是党内资产阶级》（《红旗》杂志第6期），等等，造成"轰轰烈烈"的批判声势。

"四人帮"利用毛泽东"搞社会主义革命，不知道资产阶级在哪里，就在共产党内，党内走资本主义道路的当权派"的观点，大肆宣扬"资产阶级就在共产党内"的错误理论，这个"理论"与"老干部等于民主派，民主派等于走资派"密切相关，认为社会主义革命使得阶级关系发生了根本变化，党内一些经过民主革命阶段的干部，思想停留在旧阶段，反对社会主义革命，变成了走资派。同时，社会主义革命削弱了党外资产阶级的经济基础和政治力量，他们不能聚集力量直接与无产阶级对抗，因此，他们认为，当社会上地主资本家名声已经很臭的情况下，资产阶级和一切阶级敌人都把复辟的希望寄托在邓小平这样的党内不肯改悔的走资派身上。邓小平这样的人，已经成为资产阶级的头面人物。成为颠覆无产阶级专政、复辟资本主义的主要力量。天安门广场的反革命政治事件，就是邓小平所代表的党内外资产阶级对抗无产阶级，对抗社会主义，对抗反击右倾翻案风的激烈的阶级大搏斗。①

"四人帮"集团还对邓小平的全面整顿的指导思想进行清算。他们批《论全党全国工作的总纲》是"大肆兜售'三项指示为纲'的修正主义纲领，鼓吹唯生产力论，反对以阶级斗争为纲，篡改党的基本路线，把矛头指向伟大领袖毛主席，指向以毛主席为首的党中央"，是"邓小平复辟资本主义的政治宣言"；批《关于加快工业发展的若干问题》是"一个名为'加快工业发展'，实为加快资本主义复辟的工业管理条例"；攻击《关于科技工作的几个问题》"是在科技战线推行'三项指示为纲'修正主义纲领的产物"，"邓小平妄图从科技阵地'打开一个大缺口'，否定毛主席的科研路线，篡改党的团结、教育、改造知识分子的政策，翻文化大革命的案，算文化大革命的账，反对无产阶级在整个上层建筑领域对资产阶级实行全面专政，以达到他复辟资本主义的罪恶目的。"

在"批邓、反击右倾翻案风"运动中，各地的"四人帮"帮派分子乘机大肆活动，将斗争矛头再一次指向各级党的领导干部，给党的各级干部扣上"走资派""复辟派""还乡团""唯生产力论"等帽子，层层揪"邓小平的代理人"，企图制造新的夺权运动。如铁道部，在"批邓、反击右倾翻案风"开始后，1975年整顿时受到批评的一些人乘机起来"揭发""批判"，一些铁路单位的人从外地来京上访，冲击铁道部机关。在铁道部办公楼门口，贴出了大幅对联和标语："横眉冷对革

---

① 梁效：《邓小平与天安门广场反革命事件》，见《人民日报》1976年4月28日。

命派，俯首甘为复辟狂"；"打倒万里"；"揪出邓小平否定文化大革命的急先锋万里"，"万里镇压造反派，罪该万死"等。来京上访的人高峰日竟达400多人，他们冲击机关，甚至强占部长万里、副部长刘建章的办公室，建立"联络站"，还对刘建章等进行围攻批斗。据1976年3月10日的一份内部报道说：

> 据了解，这些上访人员，大部分是铁道部领导去年在批派性过程中受到批判或调离的一些干部和职工。他们来部后普遍要求见部领导人，提出的主要要求：一是部领导要亲自听取他们的意见，并且明确表态铁道部领导在他们单位是不是执行了邓小平的修正主义路线，刮了右倾翻案风；二是被"刮走了"或"刮下去"的干部要恢复原职，"刮上来"的干部要重新审查；三是要见工作组负责人，有的要工作组回去听取群众的批判；四是要承认他们上访是合法的，并在食宿、交通和文具方面提供方便。
>
> ……经过十几天的工作，收到了一些效果，少部分人返回原单位，大部分人还没有走。其中的少数人，还制造事端，搞进驻，甚至围攻部工作组和部领导，使铁道部的运输和工作受到了严重的影响。比较突出的是兰州第一设计院和西北所（共12人）的一些上访人员闹得最凶。他们来部后，要求见部领导，刘建章副部长多次接见了他们，听取了意见和批评。他们坚持要求立即把去年在批派性中调走的吴德宏、穆文卿、吴桂荣、徐德隆、王祖让等五名干部立即调回复职。没有得到他们认为满意的答复，

他们就围攻刘建章副部长两天两夜，不让刘回家，也不准去开会。后来他们又到万里部长办公室"进驻"。3月4日下午，铁道部召开在京直属机关领导干部会议，传达中央指示精神时，他们看到原西北研究所工作组组长李雨生（铁道科学院负责人），散会时，他们就要把李揪走，在场的一些人劝解，他们不听，硬抢，便发生了推搡，他们贴出"机关干部打人"的紧急呼吁大字报，并立即给兰州设计院打长途电话，说他们挨打了，叫火速派人来支援。兰州设计院党委书记竟然完全听信，并且要组织七八十人乘飞机、火车来京"支援"，后经铁道部领导解释劝说，才没有来。但是，一连三天占据了万里部长和刘建章副部长的办公室。①

《毛主席重要指示》下达后，"批邓、反击右倾翻案风"运动大规模掀起，铁道部内部一些原来等待观望的人认为时机已到，积极参加运动，并且同外地来京上访人员串通一气，使铁道部的局势发生很大变化。运动以"批邓连万（里）"的方式，在揭发批判邓小平"右倾翻案风"的同时，联系铁道部实际，揭发批判万里的所谓错误，到处贴满大字报。天安门事件后，所谓邓小平问题性质被认定为已经变成对抗性的矛盾，运动进一步发展到铁道部领导权的争夺上。铁道部一些人借追查万里与邓小平的所谓"黑关系"，要打倒万里。6月，万里被停止

---

① 新华社1976年3月10日讯：《许多铁路职工到铁道部上访影响部里运动》，引自张广友《改革风云中的万里》，人民出版社1995年版，第84～85页。

了工作,铁道部的领导权被篡夺。至此,整顿给铁路部门带来的新气象被破坏殆尽,重新出现的政治动荡使得铁路的生产急剧下降。①

　　铁道部的事例,只是全国性的"批邓、反击右倾翻案风"运动的缩影。这场运动断送了全面整顿的成果,到处出现了新的动荡和混乱。

---

① 张广友:《改革风云中的万里》,人民出版社1995年版。

第四章
毛泽东逝世
激荡岁月——1976年的中国

伟大的领袖和导师毛泽东主席追悼大会

人民共和国万岁　　世界人民大团结万岁

一、毛泽东逝世

◎毛泽东的最后一个春节:"放点爆竹吧!"
◎毛泽东与政治局委员诀别
◎毛泽东:"和平交不成就动荡中交"
◎伟人长逝
◎空前规模的悼念活动

1976年9月9日零点10分,毛泽东主席逝世。毛泽东是伟大的马克思主义者,是伟大的无产阶级革命家、战略家和理论家,是中国共产党和中国人民公认的伟大领袖。毛泽东的逝世,是中国共产党和中国人民的巨大损失。

毛泽东病重已经数年。林彪事件后,毛泽东的身体状况急剧恶化。1972年1月,毛泽东因肺心病以及严重缺氧导致休克,此后身体越来越衰弱。1974年又发现老年性白内障,1975年8月进行了开刀手术。1975年12月26日,毛泽东生命中的最后一个生日是在病床上度过的。卧室里,只有医生、护士出出进进,送药、测脉搏、试体温。这天,毛泽东的精神比平时好一些。这天,他又重复了平常说的一句话:七十三、八十四,阎王不叫自己去。

1976年1月,周恩来逝世,毛泽东已非常虚弱。当工作人员张玉凤问他是否参加周恩来的追悼会时,毛泽东痛苦地说:我也走不动了。

春节是中国人的传统节日，无论路程多么遥远，人们总要阖家团聚，辞旧迎新。而这一年，中国的最高领袖毛泽东的春节是非常孤单而寂寞的。在中南海游泳池的住处，没有自己的家人，也没有客人，身边只有几个工作人员，陪伴毛泽东度过了他生命中的最后一个春节。毛泽东听到远处传来爆竹声，便对工作人员说："放点爆竹吧，你们这些年轻人也该过过节。"

毛泽东一生酷爱读书。晚年的毛泽东，身体衰老，视力减退，但读书的嗜好丝毫未减。1973年，毛泽东在大病恢复之后不久，还同美籍物理学家杨振宁谈论物理学的哲学问题。1975年，他的视力有所恢复后，又重读"二十四史"，重读鲁迅的一些杂文。他认真阅读《考古学报》《历史研究》《自然辩证法》等杂志，并且提出给他印大字本《化石》杂志和《动物学杂志》。到1976年，他还要了英国人李约瑟著的《中国科学技术史》（1~3卷）。根据当时管理图书的徐中远回忆，毛泽东要的最后一本书是1976年8月26日要的《容斋随笔》。这位伟大的革命家和思想家，一生中从未间断他的读书生活。

1976年五六月间，毛泽东的健康状况开始明显恶化。5月27日，毛泽东会见了访华的巴基斯坦总统布托。此时的毛泽东面容憔悴，表情木然，双目微睁，行动不便。布托离开中国之后，中国政府对外发布公告，宣布毛泽东主席今后不再在外交场合露面。6月初，毛泽东突然患心肌梗死，幸亏抢救及时，得以脱离危险。1976年7月6日，德高望重的中华人民共和国全国人民代表大会常务委员会委员长朱德逝世。毛泽东同朱德在井冈山时期就开始了密切的合作。毛泽东曾多次讲过，朱毛、朱毛，朱毛是连在一起的，不能分离。虽然后来关系有些变化，但是，朱德的辞世，同样给毛泽东带来了无尽的悲哀。

1976年8月，毛泽东病危。

毛泽东对于身后事充满了忧虑。毛泽东曾经对华国锋、王洪文、张春桥等感叹：人生七十古来稀，我八十多岁了，人老总想后事，中国有句古语叫盖棺定论，我虽未盖棺，也快了，总可以定论了吧！我一生干了两件事。一是与蒋介石斗了那么几十年，把他赶到那么几个海岛上去了。抗战八年，把日本人请回老家去了。打进北京，总算进了紫禁城。对这些事持异议的人不多，只有那么几个人，在我耳边叽叽喳喳，无非是让我及早收回那几个海岛罢了。另一件事你们都知道，就是发动"文化大革命"。这事拥护的人不多，反对的人不少。这两件事没有完，这笔遗产要交给下一代。怎么交？和平交不成就动荡中交，搞得不好，后代怎么办，就得血雨腥风了。你们怎么办，只有天知道。①

9月5日，毛泽东病情转重，叶剑英和其他中央领导人非常着急，准备安排后事。晚上，中央紧急通知9月3日乘专列去大寨的江青火速回京。

9月8日，毛泽东已经进入弥留状态。他颜面青紫，血压上升。医护人员立即进行了抢救。医生发出了最后的病情通报。政治局委员们守候在毛泽东的卧室，他们排着队走到病榻

---

① 范硕：《叶剑英在1976》，中共中央党校出版社1990年版，第179~180页。

前，同毛泽东进行最后诀别。

叶剑英同毛泽东告了别，这时，意识仍然清醒的毛泽东双眼微睁，看到了站在他面前的叶剑英，眼睛突然睁大，并抬起了那只显得沉重的胳膊。他的手颤颤地摆动了几下，他的嘴微微地动了一下。叶剑英没有发觉，缓缓退出。张玉凤看出了毛泽东的意思，跑到休息室找到叶剑英说：叶帅，我看主席是想和您说话，您去问问看。范硕记述了叶剑英与毛泽东最后诀别的情形，这对于后来的政治局势的发展有直接的影响：

> 叶剑英霍地站起来，立刻转身回到病榻前："主席，我来了，您还有什么吩咐？"他凝神贯注，准备聆听最后的遗教。只见毛泽东睁开双眼，嘴唇微微张合，呼吸急促，想要说什么，只是说不出来。叶剑英握着他逐渐变冷的右手，又急又悲，淌着眼泪，断断续续地说："主席，您多保重啊！……您会好起来的！……"他在床边伫立良久，觉得毛泽东的右手在用力握自己的手，还想用力抽出左手来，那平静的面孔，因为用力涨得发紫，那宽阔的额头下面紧锁着双眉，吃力地转动着双眼，那眼神虽然已经失去往日的光彩，但依然发出异样的光芒。看到毛泽东如此激动，叶剑英不好再待下去了，他依依不舍地移动着沉重的脚步，蹒跚离开病房。回到休息室，大家围过来，探询病情。叶剑英一言不发，陷入了沉思：主席的心脏还没有停止跳动，头脑还在思考。为什么特意招呼我呢？要说什么呢？还有什么嘱托？……他的心情十分沉痛，感到肩

上的担子更重了。①

几个小时后,1976年9月9日零点10分,毛泽东在北京逝世。

中央政治局在8月接到毛泽东病危的通知后,即责成姚文元和纪登奎准备悼词与讣告。应当说,对于毛泽东的逝世,中央高层是有所准备的。虽然如此,当这位掌握一切的政治巨人的辞世成为事实时,人们还是感到惶恐和震动。

毛泽东逝世后不到两小时,在京的中央政治局委员和候补委员全部赶到中南海参加在毛泽东住所游泳池举行的政治局会议。在充满哀伤的会上,华国锋宣读了毛泽东医疗小组起草的死亡报告,同时通过了《告全党全军全国人民书》,讨论了治丧委员会名单和举行各种悼念仪式的公告,通过了中央军委发布的陆、海、空三军立即进入一级战备状态的命令和中共中央给各省、市、自治区党委的紧急电报。会议决定,中央人民广播电台于当天下午公布毛泽东逝世的讣告和《告全党全军全国人民书》。江青在会上提出,要开除邓小平的党籍,但是未获通过。江青还提出追查毛泽东的死因,亦未得到支持。

1976年9月9日下午,中央人民广播电台公布毛泽东逝世的讣告和《告全党全军全国人民书》。这个消息迅速传遍全国,立即引起全国人民的极大震惊。亿万人民为失去自己的伟大领袖而陷入深切的哀痛之中。

---

① 范硕:《叶剑英在1976》,中共中央党校出版社1990年版,第182页。

中共中央决定：9月11日到9月17日在人民大会堂举行吊唁活动，毛泽东的遗体移送到人民大会堂，供党政军各方面的负责人和各方面代表瞻仰。党和国家领导人轮流守灵。举国上下举行隆重的追悼活动。

9月18日下午3时，在北京天安门广场举行了极其隆重的追悼大会，参加大会的有华国锋、王洪文、叶剑英、张春桥、宋庆龄、江青、姚文元、李先念、陈锡联、纪登奎、汪东兴、吴德、许世友、韦国清、李德生、陈永贵、吴桂贤、苏振华、倪志福、赛福鼎、郭沫若、徐向前、聂荣臻、陈云、谭震林、李井泉、张鼎丞、蔡畅、乌兰夫、阿沛·阿旺晋美、周建人、许德珩、胡厥文、李素文、姚连蔚、王震、余秋里、谷牧、孙健，中央军委常委粟裕、全国政协副主席沈雁冰、帕巴拉·格列朗杰和最高人民法院院长江华也参加了大会。

这个名单的排序首先是第一副主席、副主席、政治局常委，随后是国家代主席宋庆龄，其后政治局委员的排列以姓氏笔画为序，江青因此排在前面。但在当时确实给人以江青地位特殊的印象。

王洪文以中共中央副主席的身份主持了大会。中共中央第一副主席华国锋致悼词。悼词高度评价了毛泽东的伟大历史功绩，同时也无条件地肯定了毛泽东晚年"文化大革命"的理论和实践。

北京追悼大会由中央人民广播电台实况转播，在全国各地，县以上的党政机构按照规定也举行当地的追悼大会。广大群众被尽一切可能地组织起来，参加规模不等的追悼会，收听北京追悼大会的实况。

二、毛泽东晚年的探索与失误

◎一致性的理想社会模式和矛盾冲突的社会进步动力

◎平等理想与理性化专业化的冲突

◎多专多能消灭差别和公共价值的绝对优先

◎毛泽东对"资产阶级法权"的误读

◎姚文元的"社会基础"和张春桥的"全面专政"

◎"铲除滋生资本主义的土壤"

◎"哈尔套经验"和广西的"总体战"

◎"群众迷信"的出现

◎"大民主"无法解决政治体制问题

◎从"大民主"到国家机器的空前强化

◎"教育革命"

毛泽东在回顾自己一生的时候总结说，他一生做了两件事，一是把蒋介石赶到一群小岛上去了，一是发动了"文化大革命"。"文化大革命"是毛泽东晚年的精力所聚，同时也是毛泽东对中国自己的社会主义建设道路的探索。探索中产生了严重失误。这种失误被林彪、江青两个反革命集团别有用心地利用，造成了严重的后果。

毛泽东发动"文化大革命"的目标之一是建立一个理想的社会主义社会。而建立理想社会是中国思想和政治的一个传统。《礼记》中写道：

大道之行也，天下为公，选贤与能，讲信修睦。故人不独亲其亲，不独子其子，使老有所终，壮有所用，幼有所长，矜、寡、孤、独、废、疾者皆有所养。男有分，女有归。货恶其弃于地也，不必藏于己，力恶其不出于身也，不必为己。是故谋闭而不兴，盗窃乱贼而不作，故外户而不闭，是谓大同。

大同理想是中国传统政治的典范。毛泽东的继承和发展，在于他把大同社会的空想性，变成了历史发展规律的必然性。

毛泽东曾经在《论人民民主专政》一文中说：

　　就是这样，西方资产阶级的文明，资产阶级的民主主义，资产阶级共和国的方案，在中国人民的心目中，一齐破了产。资产阶级的民主主义让位给工人阶级领导的人民民主主义，资产阶级共和国让位给人民共和国。这样就造成了一种可能性：经过人民共和国到达社会主义和共产主义，到达阶级的消灭和世界的大同。康有为写了《大同书》，他没有也不可能找到一条到达大同的路。①

对生产资料所有制的社会主义改造基本完成以后，建设社会主义的任务突出出来了。毛泽东在探索中国的社会主义建设道路的同时，也在考虑中国社会主义社会的理想模式。在1958

---

① 《毛泽东选集》第四卷，人民出版社1991年版，第1471页。

年的"大跃进"运动中,毛泽东的理想社会的模式开始浮出水面。

矛盾的对立统一说是毛泽东考虑社会政治的自觉的哲学基础,对他来说,矛盾是绝对的,无论什么世界,当然特别是阶级社会,都充满着矛盾,对立面的统一是无所不在的。社会矛盾的存在、运动、发展、变化,是社会不断发展的根本动力。而社会主义、共产主义的理想社会,是功能齐备的社会综合体,又是以社会的一致性为基础的。陈伯达1958年7月1日在北京大学庆祝中国共产党成立37周年大会上发表《在毛泽东的旗帜下》的讲话,传达了毛泽东关于新的社会基层组织的设想:我们的方向,应该逐步地有次序地把"工(工业)、农(农业)、商(交换)、学(文化教育)、兵(民兵,即全民武装)"组成一个大公社,从而构成我国社会的基本单位。在这样的公社里面,工业、农业和交换是人们的物质生活;文化教育是反映这种物质生活的人们的精神生活;全民武装是为着保卫这种物质生活和精神生活,在全世界人剥削人的制度还没有彻底消灭以前,这种全民武装是完全必要的。①

"人民公社"是毛泽东设想的理想社会的基层组织,这个理想社会是一个取消分工并消灭由此产生的不平等的社会,是生产资料和生活资料公有,人人劳动、人人完美的大同社会。

毛泽东的理想社会,首先是体现平等原则的社会关系结构和社会组织,它的社会基层组织就是"人民公社"。但是,随

---

① 陈伯达:《在毛泽东的旗帜下》,《红旗》1958年第4期。

着"大跃进"的失败,"人民公社"不得不进行不断地调整,减少了其理想主义的社会组织的特征,并且实际上成为一级行政组织,逐渐行政体制化了。而苏联式的社会主义模式依然对中国社会主义的发展起着很大的影响作用。高度的计划体制和国家权力的高度结合,带来的不仅是效率的问题,更主要的是官僚主义的问题。

在德国社会学家马克斯·韦伯看来,管理阶层的出现和制度化的发展,是理性化的结果,这是现代化的产物。但是,对于毛泽东而言,这样的结果是不能接受的。毛泽东对苏联的社会主义建设道路一直保留着批评的态度,这实际上相当部分也出于毛泽东对于现代化进程中必然出现的理性化、社会专业化、科层化、城市化甚至是工业化所带来的社会弊端的疑虑。

毛泽东对苏联式的"技术革命""专家治国"的管理方式的不满意,还出于他关于人民民主的考虑。在他看来,工农基本群众在苏联这种以技术官僚为主体的社会中毫无地位,不能"当家做主",也就失去了无产阶级革命的目的,失去了社会主义的性质。因此,毛泽东特别重视在社会主义革命和建设中如何发挥广大人民群众的作用的问题,特别重视防止国家政权的官僚主义的问题。到了20世纪60年代中期,当他感到官僚主义势力已经成为人民群众的对立面的时候,他就不能不动手解决了。

换而言之,毛泽东的理想社会是人民群众的社会,体现了社会主义的平等的基本原则,而苏联式的"专业化"的道路和所导致的"专家治国""干部决定一切"的科层制的倾向,则被认为是背离了社会主义的基本原则。这是毛泽东同苏联领导人的一个重要分歧，也是他同党内其他一些领导人的重要分歧所在。

毛泽东感到，中国的行政体制等级森严，效率低下，机构臃肿，一个享有特权的"官僚主义者阶级"正在形成并越来越脱离群众。这样的社会与毛泽东的理想社会距离越来越大。毛泽东不能容忍党的干部变成行政官僚，他对等级秩序抱有天然的反感，他留恋革命的激动人心的场面，留恋群众运动的亢奋。他认为，已经形成了与人民群众相对立的官僚主义者阶级，如果不从根本上解决问题，这种趋势终将发展到无法遏制的地步。

在全面发动"无产阶级文化大革命"之时，毛泽东所作《五七指示》，集中地反映了他建设一个新的理想社会的基本思路。

毛泽东的理想社会的社会组织方式，是以平等为基本原则的，这个平等是在现有的条件下，以取消城市、脑力劳动和现代工业的存在，来人为地取消"三大差别"，取消劳动分工，取消商品交换、货币、工资等一切"资产阶级法权残余"，把社会的基本组成单元变成自给自足的小而全的政企（社）合一、工农商学兵合一、农林牧副渔并举的农业军事化组织。

毛泽东理想社会的基本原则是平等，但是他的平等观仍然停留在农业社会的境界，表现了对城市化、工业化和社会分化的不安。他的逐步缩小工农差别、城乡差别、体力劳动和脑力劳动的差别的参照物是农村社会，因而就要避免城市和工业的畸形发展。毛泽东的理想社会模式，凸显出中国传统的大同理想。

毛泽东理想社会的基础，不是如马克思主义经典作家所一贯强调的高度发达的生产力，而主要是人与人之间关系本身。为了使社会平等成为可能，就应当使人不再有分工和差别，人人都必须亦工亦农、亦文亦武，应当使军人、农民、学生和其他人员，都能做到亦工、亦农、亦学、亦军，亦能从事阶级斗争、批判资产阶级。由理想的多专多能的新人，来实现他设想的消灭工农、城乡、脑力劳动和体力劳动三大差别的理想社会蓝图。

因此，消灭分工是达到平等外在的条件。另一方面，理想社会的实现，更重要的是人们应当具有高度的思想境界，极大地提高思想觉悟，实现思想革命化，成为一代社会主义新人。这是平等理想思想的更为根本的内在的条件。为此，整个社会就应当成为共产主义的大学校。这样，"无产阶级文化大革命"就有了更为重要的意识形态的根据。

因此，"文化大革命"虽然有着政治上的或权力斗争方面的因素，但是它的更为深刻的意义则是它的意识形态性，从这个意义上可以称之为思想革命或意识形态革命。通过这场革命，要彻底扫除旧思想、旧文化、旧风俗、旧习惯的影响，实现人的思想革命化，永久地解决巩固无产阶级专政、防止资本主义复辟和创建理想社会的问题。《五七指示》之所以成为"文化大革命"的重要纲领，正在于它体现了毛泽东对社会主义理想社会的基本构想。

中国的理想政治是建立在美德之上的,这样的传统为毛泽东所继承。毛泽东的理想社会不仅是社会组织的"一大二公",更重要的是人的思想革命化。作为社会基本价值的"公"与"私"的对立,严格地说,并不是马克思主义科学思想体系的内容。它倒是中国传统思想的一对基本范畴,中国先秦就已经有了"大道之行,天下为公"的大同理想,并成为历代理想社会的典范。中国传统社会以"大一统"为特征,以"天下国家"为价值判断的根据,所谓"公"与"私"这对范畴,体现社会与个人、整体与个别的不同的价值取向,表现天下、国家、社会组织对于个人或整体、对于部分的价值优先性,它既有政治规范的意义,更具有道德规范的意义。

然而,任何社会都现实地存在着两个不同的领域,一个是公共领域,一个是私人领域。公共领域的权力,总是为统治者所掌握的,无论统治者是少数还是多数。人的知识是有限的,人性都是有弱点的,掌握权力的难以避免误用或者滥用权力。为了避免公共权力可能造成的伤害,一方面对权力要进行监督和制约,另一方面,还要确定公共领域和私人领域的各自范围,既不使个人的理想和利益损害公共的规范和利益,也避免公共的规范和利益伤害个人。然而,对于个人基本权利范围的确定,是中国思想传统一向最缺乏的内容。而政治与社会的高度整体性和道德化,倾向于对于个人的绝对挤压。"文化大革命"对于"公"和"私"的界定,以及"大公无私""破私立公"的口号,将"公"的价值推到了极至,社会平等的理想,就为"大公无私"的符号所涵盖。可是,"文化大革命"根本不能解决社会中存在的事实上的不平等,社会的动乱和法制的破坏,公共权力的无限制的扩大,又使一部分人得以利用所获得的政治地位占有更多的社会劳动,这就带来了新的社会不平等的问题。

对于这些问题,毛泽东一直表示担忧。1974年12月26日,毛泽东在湖南对周恩来谈了关于无产阶级专政理论的问题,毛泽东说:

> 列宁为什么说对资产阶级专政,要写文章。要告诉春桥、文元把列宁著作中好几处提到这个问题的找出来,印大字本送我。大家先读,然后写文章。要春桥写这类文章。这个问题不搞清楚,就会变修正主义。要使全国知道。
>
> 我同丹麦首相谈过社会主义制度(注:毛主席在1974年10月20日会见丹麦首相保罗·哈特林时说过,总而言之,中国属于社会主义国家。解放前跟资本主义差不多。现在还实行八级工资制,按劳分配,货币交换,这些跟旧社会没有多少差别。所不同的是所有制变更了)。我国现在实行的是商品制度,工资制度也不平等,有八级工资制,等等。这只能在无产阶级专政下加以限制。
>
> 所以,林彪一类如上台,搞资本主义很容易。因此,要多看点马列主义的书。
>
> 列宁说:"小生产是经常地、每日每时地、自发地和大批地产生着资本主义和资产阶级的。"工人阶级一部分,

党员一部分也有这种情况。

无产阶级中，机关工作人员中，都有发生资产阶级生活作风的。①

毛泽东对于社会主义的理论准备是不够充分的。关于如何建设社会主义这个问题，在借助马克思、恩格斯、列宁等马克思主义经典作家的一些论述的同时，靠以往的中国革命中的具体经验来理解和应用这些论述。问题是，晚年的毛泽东和其他一些意识形态的领导者将经典作家论述的个别结论、设想变成了一种简单的公式和教条。而且，一些被教条地引用的论述，实际上往往是被误读了的。这种误读的基础既有既往经验的因素作用，也有其内在的思维结构的因素作用。中共党史专家郑谦曾经提出，"文化大革命"中"被教条主义地引用的经典作家的某些论述，实际上往往是被经验地加以理解、取舍甚至误解，因而得出了最符合经验和传统的心理结论"。②

资产阶级权利是马克思主义经典作家提出来的一个重要概念。马克思在《哥达纲领批判》中谈到共产主义社会的低级阶段时说：

---

① 王年一：《大动乱的年代》，河南人民出版社1988年版，第534～535页。
② 郑谦：《对"文化大革命"发生原因的再认识》，《十年后的评说》，中共党史出版社1987年版，第294页。

我们这里所说的是这样的共产主义社会，它不是在它自身基础上已经发展了的，恰好相反，是刚刚从资本主义社会中产生出来的，因此它在各方面，在经济、道德和精神方面都还带着它脱胎出来的那个旧社会的痕迹。所以，每一个生产者，在作了各项扣除以后，从社会领回的，正好是他给予社会的。他给予社会的，就是他个人的劳动量。①

马克思说："显然，这里通行的是调节商品交换（就它是等价的交换而言）的同一原则"，"所以，在这里平等的权利按照原则仍然是资产阶级权利"。马克思进一步解释说，"这种平等的权利，对不同等的劳动来说是不平等的权利。它不承认任何阶级差别，因为每个人都像其他人一样只是劳动者；但是它默认，劳动者的不同等的个人天赋，从而不同等的工作能力，是天然特权。所以，就它的内容来讲，它像一切权利一样是一种不平等的权利。"②

在马克思看来，按劳分配是等量劳动交换原则的体现，也就是说，马克思是从按劳分配的平等权利和商品交换的等价原则的共同点即等量劳动来考虑的，故称资产阶级权利。这个资产阶级权利就是等量劳动相交换原则的权利。"资产阶级权利"

---

① 马克思：《哥达纲领批判》，《马克思恩格斯选集》第三卷，人民出版社1995年版，第304页。
② 马克思：《哥达纲领批判》，《马克思恩格斯选集》第三卷，人民出版社1995年版，第304、305页。

原译为"资产阶级法权",毛泽东所使用的就是"资产阶级法权"的译名,后来改译的原因是为了澄清这个概念并无"法"的规定性。然而,晚年毛泽东关心的问题不在于它有没有法的规定性,而在于其"资产阶级"的阶级性质。马克思承认这种平等原则是存在弊病的,但是他认为,"这些弊病,在经过长久阵痛刚刚从资本主义社会产生出来的共产主义社会第一阶段,是不可避免的。权利决不能超出社会的经济结构以及由经济结构制约的社会的文化发展。"① 前文已述,毛泽东的理想社会,首先是一个体现平等原则的社会关系结构和社会组织,取消分工并消灭由此产生的不平等的社会,是生产资料和生活资料公有,人人劳动、人人完美的大同社会。在这个理想社会中,体现了社会主义的平等的基本原则,人与人之间没有分工,也就消除了差别,生产资料和生活资料公有,按需分配。为实现这个理想社会,就必须使人们具有高度的思想境界,极大地提高思想觉悟,实现思想革命化,成为一代社会主义新人。这是平等理想思想的更为根本的内在条件。

基于这个立场,毛泽东对于马克思所说的社会主义阶段存在的按劳分配的原则和它所体现的"资产阶级权利"是不愿接受的。这一点在"大跃进"时期就突出地表现了出来。在北戴河会议上,毛泽东在会议期间多次讲话,都谈到破除资产阶级法权,加速向共产主义过渡的问题。他赞扬战争年代的军事共产主义生活,说大家都意气风发,争做贡献,并且提出要取消

---

① 马克思:《哥达纲领批判》,《马克思恩格斯选集》第三卷,人民出版社1995年版,第305页。

薪水制，恢复供给制。他认为，工资等级制，智力劳动者工资多于体力劳动者，乃至"各取所值"，这些都是资产阶级的东西，从而产生官僚主义。这是马克思主义作风与资产阶级作风的对立。

看来，毛泽东实际上对马克思所说的资产阶级权利问题有一个误读。毛泽东认为，按劳分配体现的资产阶级法权，工资等级制，智力劳动者工资多于体力劳动者，乃至"各取所值"，这些都是资本主义性质的权利，具有资产阶级的剥削性质，是资产阶级的东西。在"学习无产阶级专政理论"的谈话中，毛泽东又说："现在还实行八级工资制，按劳分配，货币交换，这些跟旧社会没有什么区别。"其思想是一贯的。毛泽东对于等级工资制、按劳分配原则一直持保留态度，他将社会主义性质的按劳分配及其原则看成是对社会主义制度的威胁，对于其消极的方面予以夸大，甚至认为只有对其加以限制以至最终予以取消，才是社会主义事业成功的保证。

毛泽东对于资产阶级权利问题的误读，与他既定的思维模式有很大的关系。毛泽东强调意识的重要性，强调政治思想、革命热情和阶级觉悟的决定作用，对于物质利益的正当性和积极作用，他是轻视和否定的。毛泽东主张社会主义分配方式是"大体平等，略有差别"，这是带有空想色彩的农民平均主义的理想。较之于社会生产力和物质财富，他更重视社会平等的价值和它对于社会的进步意义。毛泽东的这些思想，深受中国传统思想和战争年代的军事共产主义经验的影响。毛泽东并没有意识到这一点，反而认为自己的观念和思想可以从马克思主义经典作家的论述中得到印证。他提出"学习无产阶级专政理论"的主张,就是要将自己晚年的政治思想和政治主张在理论上得到更高的提升,使之系统化、完善化,这样来解决维护"文化大革命"的理论和实践的问题,并使之具有更为牢固的马克思主义理论基础。

在毛泽东的倡导下,"学习无产阶级专政理论"运动在全国展开。江青、张春桥、姚文元等人利用这个机会,极力发挥极左的理论意识形态观点,同时在"反经验主义"的口号下,攻击周恩来、邓小平等老一辈革命家,为其篡党夺权制造新的政治舆论。

1975年2月9日,《人民日报》发表社论《学好无产阶级专政的理论》,传达了毛泽东关于"学习无产阶级专政理论"的部分指示。2月18日,中共中央发出《关于学习毛主席关于理论问题指示的通知》,印发了毛泽东关于学习理论问题的谈话。通知说:

> 毛主席的指示极为重要,弄清楚这个问题,对于反修防修,巩固无产阶级专政,防止资本主义复辟,坚定地执行党的基本路线,坚持无产阶级专政下继续革命,具有极其重要的现实意义和深远的历史意义。

张春桥、姚文元根据毛泽东的指示,主持选编了马克思、恩格斯、列宁论无产阶级专政的33条语录。这些语录是围绕毛泽东的基本观点摘编的。2月22日,《人民日报》以《马克思恩格斯列宁论无产阶级专政》的通栏大标题发表了这些语录。《人民日报》和《红旗》杂志在配发这些语录时还加了"编者按",更加全面地发挥了毛泽东的谈话内容。

在毛泽东的号召之下,又掀起了大规模的"学习无产阶级专政理论"运动。这个运动的主要目的还是在于解决如何更好地维护"文化大革命"的理论和实践的问题。

在"学习无产阶级专政理论"运动中,张春桥、姚文元分别发表了两篇理论文章,成为"文化大革命"后期极左思想的代表作,它进一步反映出毛泽东晚年在理论上的错误观点和"四人帮"对它的发挥。

姚文元的《论林彪反党集团的社会基础》一文,经中央政治局讨论和毛泽东的批准发表。文章以分析"资产阶级法权"为核心,论证"文化大革命"的理论与政策。文章提出:"资产阶级影响的存在,国际帝国主义、修正主义影响的存在,则是产生新的资产阶级分子的政治思想的根源。而资产阶级法权的存在,则是产生新的资产阶级分子的重要的经济基础。"

姚文元对这一论点作了大量的论述。他说:"社会主义社会中,还存在着全民所有制和集体所有制这两种社会主义所有制,这就决定了我国现在实行的是商品制度。列宁和毛主席的分析都告诉我们,对于社会主义制度下在分配和交换方面不可避免地还存在的资产阶级法权,应当在无产阶级专政下加以限制。"如果不是这样,"少数人在分配方面通过某种合法及大量非法的途径占有越来越多的商品和货币",资本主义思想和行为方式就会泛滥,"资本主义的商品交换原则就会侵入到政治生活以至党内生活，瓦解社会主义计划经济，就会产生把商品和货币转化成资本和把劳动当作商品的资本主义剥削行为，就会在某些执行修正主义路线的部门和单位改变所有制的性质，压迫和剥削劳动人民的情况就会重新发生。其结果，在党员、工人、富裕农民、机关工作人员中都会产生完全背叛无产阶级和劳动人民的新的资产阶级分子、暴发户。""而当资产阶级在经济上的力量发展到一定程度时，它的代理人就会要求政治上的统治，要求推翻无产阶级专政和社会主义制度，要求全盘改变社会主义所有制，公开地复辟和发展资本主义制度。"

姚文元认为，为了逐步减少和直到最后消灭产生资本主义的土壤和条件，就"必须坚持无产阶级专政下的继续革命"。为此，还必须"巩固和发展社会主义的全民所有制和劳动群众集体所有制，防止在所有制方面已被取消的资产阶级法权复辟，继续在较长时间内逐步完成所有制改造方面尚未完成的那一部分任务；并在生产关系的其他两个方面，即人与人的相互关系和分配关系方面，限制资产阶级法权，批判资产阶级法权思想，不断削弱产生资本主义的基础。这就必须坚持上层建筑领域中的革命，深入批判修正主义，批判资产阶级，实现无产阶级对资产阶级的全面专政"[①]。姚文元的文章的理论前提，就是对马克思主义经典作家关于社会主义的全面的系统的论述和资产阶级权利概念的歪曲，无视社会主义与资本主义的根本区别，否定社会主义社会存在商品、市场经济的合理性，混淆在

---

① 姚文元：《论林彪反党集团的社会基础》，载《红旗》1975年第3期。

分配和交换方面的"资产阶级法权"因素同社会的"非法所得"的界限，因而，其基本前提和推理过程都是错误的，得出的结论也是完全错误的。

毛泽东亲自点名要张春桥写文章，这是有缘故的。早在1958年，张春桥从柯庆施处得知了毛泽东在北戴河会议上对资产阶级法权的态度，迅速在上海的《解放》半月刊发表了《破除资产阶级的法权思想》一文，引起毛泽东的注意，毛泽东还为之写了"编者按"，转载于《人民日报》。张春桥的理论地位就此确立。

张春桥在学习理论运动中的重头文章题为《论对资产阶级的全面专政》。这篇文章以大量的篇幅论述限制资产阶级法权的历史和现实的意义，论述"对资产阶级的全面专政"。张春桥写道：

> 必须看到，我们的经济还不稳固，资产阶级法权在所有制方面还没有完全取消，在人们的相互关系方面还严重存在，在分配方面还占统治地位。在上层建筑的各个领域，有些方面实际上仍然被资产阶级把持着，资产阶级还占优势。有些正在改革，改革的成果也并不巩固，旧思想、旧习惯势力还顽固地阻碍着社会主义新生事物的生长。随着城乡资本主义因素的发展，新资产阶级分子一批又一批产生，无产阶级和资产阶级之间的阶级斗争，各派政治力量之间的阶级斗争，无产阶级和资产阶级在意识形态方面的阶级斗争还是长期的，曲折的，有时甚至是很激

烈的。就是老一代地主资产阶级都死光了，这种阶级斗争也决不会停止，林彪一类如上台，资产阶级的复辟，仍然可能发生。

为了论证"全面专政"的必要性，张春桥提出："不论是全民所有制，还是集体所有制，都有一个领导权的问题。"而"领导权掌握在哪个阶级手里，决定了这些工厂实际上归哪个阶级所有"。不仅如此，由于社会主义还存在商品生产、货币交换和按劳分配，因此，"城乡资本主义的发展，新资产阶级分子的出现，也就是不可避免的"。张春桥在描绘了这样一番严重的状况和危险的前景后，得出结论："无产阶级能不能战胜资产阶级、中国会不会变修正主义，关键在于我们能不能在一切领域、在革命发展的一切阶段坚持对资产阶级的全面专政。"①

"全面专政论"是江青反革命集团的极左理论体系的核心，它的理论前提，是在社会主义制度下资产阶级不可避免地不断产生，阶级斗争必然越来越紧张、越来越激化，结论就是要在政治、经济、社会等一切领域、在发展的一切阶段实行全面的专政。这个理论前提是虚假的，逻辑也是极为混乱的，它从根本上违背和歪曲了马克思主义的基本原理，造成理论的极大混乱，实践上也起到了极大的破坏作用。

张春桥的文章特别地反映出对于社会主义的危机感。在他

---

① 张春桥：《论对资产阶级的全面专政》，载《红旗》1975年第4期。

的笔下，随着社会主义革命的深入和发展，社会主义社会中存在的紧张、冲突、斗争是不可避免的，而且必然有愈演愈烈之势。这个理论当然与斯大林有关，并多少反映了毛泽东晚年的心态。这种危机意识强化了政治权力和意识形态的极端化倾向。

社会主义社会是共产主义的初级阶段。对于社会主义社会中存在"资产阶级权利"的问题，只能在社会生产力的发展和适当的社会政策下不断得到解决。但是晚年毛泽东强调的是"这只能在无产阶级专政下加以限制"，这就是加强国家的控制职能，运用政治权力来限制所谓的"资产阶级法权"。坚持"文化大革命"理论的"四人帮"集团则主张推行更加严厉的社会政策，推行绝对平均主义的分配形式，同时对社会的生产和经营活动实行严密的控制，"批判资本主义的倾向"，"铲除滋生资本主义的土壤"。

1976年5月9日，《人民日报》报道了辽宁省彰武县哈尔套公社赶社会主义大集的经验。这个一时闻名全国的哈尔套经验，是"文化大革命"的又一个"新生事物"，是时任辽宁省委书记的毛远新亲自抓的典型。1975年元旦，哈尔套公社的群众被组织起来，由各大队干部带领，敲锣打鼓地把自己生产的农副产品卖给供销社，然后从供销社买回自己需要的商品。这种改变农村集市贸易的传统，是所谓"哈尔套公社党委对农村集市进行了调查研究，弄清了农村两条路线斗争与集市贸易的联系，感到对这样一个集市，如不加以限制改造，资本主义就会通过这个缺口自由泛滥起来，使越来越多的人离开社会主义轨道"。通过"社会主义大集","把过去自由交易的猪禽、编织、柴草等9类128种农副产品纳入社会主义轨道,在农村集市上树立了社会主义优势"①。哈尔套经验的推广,进一步强化了对农村生产和经营活动的控制。

再以广西为例。据《广西"文革"大事年表》记载,广西壮族自治区党委在1975年6月15日作出《关于学好无产阶级专政理论,把我区农业学大寨群众运动提高到一个新的水平的决定》,部署在全区范围内的"大打批判修正主义、批判资本主义倾向、批判资产阶级法权思想的总体战",其中规定:

农村公社社员的自留地面积不得超过耕地面积的5.7%,超过部分要坚决收归集体。

自留地主要种社员自己家庭自食自用的蔬菜和饲料作物,不得搞商品化。

严禁私人开荒,已开荒的坚决收归集体;禁止私人圈地建房围园,已圈的要严肃处理。

严禁把集体田地、鱼塘私分到户或包产到户,不准借田给私人搞冬种。

不准私人搞马驮、马车、牛车、船只运输捞钱;劳动力归生产队统一调配,不准搞"自由人";生产队要把工副业纳入集体经济计划的轨道,不准搞"野马"副业,已外出搞"野马"副业的要坚决地限期回来。

所有企事业、机关、部队、学校等单位所需各种临时工,

---

① 《社会主义大集好》,见《人民日报》1976年5月9日。

必须经县以上劳动部门批准，不准在社会上私自招工。

商业、森工以及有关部门对木材、茯苓、松脂等林产品，砖瓦灰砂石等建筑材料，各种矿产品等的收购，要和集体打交道，不得向私人购买。

社员口粮分配要坚持基本口粮和工分口粮相结合的办法，反对"工分挂帅"，"物质刺激"，积极推行大寨评工计分的办法；有计划安排建设社员房屋，坚持"先治坡，后治窝"。

加强农村集市贸易管理，粮、油、糖、烤烟、黄红麻、木材等六种农副产品，一律不准进入集市贸易；除国营商业、合作社商业和有证商贩外，任何单位和个人一律不准从事商业活动，取缔长途贩运。

一切机关、团体、部队和企事业单位一律不准到国营林场和农村、集市采购国家统一派购的农副产品；未经当地市场管理部门批准，不准自行采购三类农副产品。

全区所有农村集市从7月份起，一律改为每星期天为一墟期。

广西大打批判修正主义、批判资本主义倾向、批判资产阶级法权思想的总体战，带来了政治上经济上的严重后果。首先是这场政治运动又错整了一批好人，严重挫伤了广大干部、群众的积极性；其次是进一步扩大了分配上的平均主义，严重挫伤了农民的劳动积极性；再次，运动中"各地大割'资本主义尾巴'，堵'资本主义路'的花样百出，诸如自留地'搬家'，'上山'，'禁止赶墟'，'不准私人养母猪、母鸭'，等等。有的县还提出批判'口粮六百斤，着重抓现金'和'窑顶冒烟，收入二三千'，从而限制了社员正当的家庭副业，扼杀了社队的多种经营,窒息了农贸市场,堵塞了城乡商品流通。这使我区本来就很不发达的农村商品经济更加萎缩,生产力受到严重的破坏,使群众继续过着'穷社会主义'的贫困生活"①。

广西的个案并不是极端的例子,有些地方制定的政策比广西还要严厉。这些现象反映了整个国家在"文化大革命"后期在追求所谓"平等"的目标下的社会现实:不断的政治运动带来了社会生产力的破坏和贫穷的扩大,而"限制资产阶级法权"的经济社会政策,更是增加了这些问题的严重程度。

毛泽东在"文化大革命"中的另一个尝试是建立人民群众直接参与的民主机制。

对群众运动的绝对信赖,是毛泽东晚年思想的一个显著特征。

马克思主义经典作家将唯物主义应用于人类社会,科学地解决了人民群众在社会历史发展过程中的地位和作用问题,认为人类社会的全部物质财富和精神财富,归根到底,都是人民群众创造。历史是群众的事业,群众是历史的主人。因此,马克思主义认为,无产阶级的革命政党,必须相信群众、依靠群众,把群众团结在自己周围,领导群众去夺取胜利。马克思主义在充分肯定人民群众创造历史的伟大作用的同时也认为,群众运动需要正确理论的引导。列宁的著名观点就是"灌输论"。他强调:"工人群众自己决不能在他们运动的进程中创造出独

---

① 广西"文化大革命"大事年表编写小组编:《广西"文革"大事年表》,广西人民出版社1990年版,第233~235页。

立的思想体系"①，由于资产阶级思想体系的影响，工人运动本身只能产生工团主义，而绝不能自发产生马克思列宁主义，这就需要对工人阶级进行社会主义思想的灌输。党是无产阶级的先锋队，党应当组织群众，站在群众的前面，领导群众。列宁对于工人阶级的自发性的批判，成为列宁主义理论的重要基础。换一个说法，正是由于对群众自发性的怀疑，马克思主义的理论和社会主义、共产主义思想的宣传和对工人群众的灌输，才具有特别重要的意义。这是因为，处在资本主义社会的工人群众本身，更容易受到资产阶级意识形态的控制。因此，无条件地肯定抽象的"群众"，不是马克思主义的立场。

发动群众、组织群众、依靠群众，是中国共产党的优良传统。以毛泽东为代表的中国共产党人在领导中国革命的斗争中，创造性地运用和发展了马克思主义关于人民群众的历史作用的理论，形成了群众路线的思想。毛泽东的"从群众中来，到群众中去"，"集中起来"，"坚持下去"等论述，都是非常精辟的。

但是，毛泽东在晚年完全忽视了对群众自发性的限制和引导。不仅如此，毛泽东还将是否"相信群众"的问题当作评判真假马克思主义的标准，与党内存在的官僚主义者阶级、存在阶级和阶级斗争、存在走资本主义道路的当权派的"左"的理论结合起来，认为党组织对群众的"积极性"不能批评，否则

---

① 列宁：《怎么办？》，《列宁选集》第一卷，人民出版社1995年版，第326页。

就是"压制群众",反对群众路线。

毛泽东忽视群众运动与群众路线的区别,不愿承认群众运动的局限性和可能的破坏性。他习惯于把革命时期狂飙突进式的、暴风骤雨般的群众运动方式,运用到社会主义建设事业中来,将群众运动绝对化。从社会主义改造运动的一再加速,到1958年的"大跃进",从批邓子恢的"小脚女人走路",到指责周恩来的"反冒进",再到把彭德怀在庐山会议上的发言当作反党反社会主义,有着一个意识形态的边界,这就是任何人都不能向"群众积极性"泼冷水。毛泽东把如何对待群众运动当作马克思主义真假的试金石,对群众运动的批评,轻则被指斥为不是马克思主义的,重则被看成反党反社会主义。

在晚年的毛泽东看来,资产阶级代表人物钻进了党的领导层,群众的社会主义积极性、创造性受到了各级党组织中走资本主义道路的当权派的压制,党的群众路线受到损害,而党内走资本主义道路的问题也发展到了非采用自下而上地打破现存体制的办法不能解决的地步,因此,需要由他来号召和发动广大群众进行疾风暴雨式的运动,以打破现存的政治体制,最终解决问题。在认为群众受到党和政府内的官僚主义者阶级和走资本主义道路的当权派的压制的情况下,晚年的毛泽东自己则以人民群众的根本利益的代表者自居,重新扮演解放者的角色。

由完全肯定群众的自发性而将群众路线和群众运动相混淆,后来发展成为"群众运动天然合理"的带有浓厚民粹主义色彩的错误,实际上表达了一种"群众迷信"的倾向。这种倾向成为"大民主"的观念基础。

毛泽东欣赏的群众的"大民主",也就是群众直接表达意见和直接管理的民主。

"大民主"的概念,开始时主要是群众直接表达意见。在反右斗争中,毛泽东就肯定地说:"大民主、小民主的讲法很形象化,我们就借用这个话。"毛泽东还说:"今年这一年,群众创造了一种革命形式,群众斗争的形式,就是大鸣、大放、大辩论、大字报。现在我们的革命的内容找到了它的很适合的形式。""我们找到了这个形式,适合现在这个群众斗争的内容,适合现在阶级斗争的内容,适合正确处理人民内部矛盾的问题。抓住了这个形式,今后事情好办得多了。大是大非也好,小是小非也好,革命的问题也好,建设的问题也好,都可以用这个鸣放辩论的形式去解决,而且会解决得比较快。"他认为这是对中国共产党的民主传统的"一个很大的发展","这种形式充分发挥了社会主义民主"。毛泽东还认为,有了"四大"的形式,克服主观主义、官僚主义、命令主义,"就容易做到了"。毛泽东相信,大鸣、大放、大字报、大辩论的"大民主",是在中国共产党领导下实现人民民主的一种可靠的方式,并且可以有效地用来解决敌我矛盾、解决革命和建设问题。

到了"文化大革命","大民主"就已经不仅仅是一种政治表达的方法,而且是基本的政治意识形态。所谓"大民主",即不同于一般制度意义上的民主。作为政治意识形态的"大民主"观,将"人民群众当家做主"完全绝对化,将抽象的"人民群众"推到至高无上的地位,将群众的意志神圣化、普遍化,以群众的思想和行动作为绝对价值,肯定群众运动天然合理,将群众的无拘束、无控制、非理性的"自由"当作一种乌托邦式的理想。因此,"大民主"观是一种具有无政府主义色彩的意识。

"大民主"的直接民主的政治意识形态,以"破"字当头、"造反有理"以及"群众运动天然合理"为其理论基点,与极左的阶级斗争理论相配合,有着很强的煽动性,造成了在社会主义条件下的社会秩序和法制的极大破坏。

"大民主"没有也不可能对如何有效地实现社会主义民主的问题起到任何积极的作用。1967年上海夺权的所谓"一月革命"后建立的"上海公社"是极左的势力以所谓的巴黎公社为模式建立新体制的一个尝试,毛泽东也对其持否定态度。毛泽东肯定的"革命委员会",则是以"革命造反派"、人民解放军和老干部的"三结合"作为基本形式。各级党的组织恢复后,社会秩序有所稳定。但是,政治体制上存在的问题仍然未能得到解决,而且,机构较之过去更为扩大。

在坚持"文化大革命"的理论和实践的原则下,"四人帮"集团对重建政治秩序极为不满,原因在于他们期待的由造反派势力控制的局面并未形成,他们不断煽动"反潮流",煽动"斗争哲学",结果是造成已经开始有所稳定的社会局势的新的动荡。张铁生的一次谈话,就反映了坚持"文化大革命"的政治势力对于政治体制问题的看法:

现在，一些问题发展苗头不对，如国家机关，就不是按巴黎公社精神去建立的，而是把党的一元化领导绝对化、神秘化、迷信化了。幸亏毛主席提出了资产阶级就在共产党内的问题，不然，有人把党的一元化领导作借口，为达到个人的目的大搞对党的迷信。现在可以说，没有真正的民主，国家机关不是按巴黎公社原则去建设，搞什么任命制，党委可以代替一切，革委会可以名存实亡，这些东西，都是和毛主席的革命路线和政策相违背的，是反动的。我们今天要的是巴黎公社精神，要真正的民主。①

他们的所谓"真正的民主"，就是由他们这帮造反派势力主导和控制全国人民。

不过，"四人帮"集团在这个问题上也陷入了严重的自我矛盾。在"文化大革命"的后期，"四人帮"集团一方面煽动"反潮流"和"斗争哲学"，另一方面则在"阶级斗争"的口号下不断强调加强和扩大公共政治权力的范围，强化国家政权的控制。特别是在毛泽东发动的"学习无产阶级专政理论"运动中，强大的国家权力被强调到了无以复加的地步。张春桥在《论对资产阶级的全面专政》一文中强调，必须不断加强对资产阶级的全面专政，不断加强国家的专政职能和镇压职能。在"文化大革命"的群众运动和群众专政之下，公共政治权力对社会的控制在更大的范围内得到了发展，人民的基本的自由权

---

① 张铁生、刘继业谈话情况记录，1976年9月9日晚11时30分。

利遭到践踏。这个现实使许多在"文化大革命"初期真诚地相信"大民主"的人们开始重新进行认真的思考。

"教育革命"是毛泽东晚年探索的又一重要方面。

"文化大革命"将"左"的错误教育观在理论和实践上进一步发展。"文化大革命"中的"教育革命",最大地强调政治教育的主导作用,强调教育为政治实践服务的功能,将政治教育当作一切教育的核心,作为执行不执行"无产阶级教育路线"的标准。另一方面,最大限度地强调教育同生产劳动相结合,强调教育的过程同时应当是工业生产、农业生产和军事技能实践的过程。"教育革命"就是围绕着这两个支点而展开的。

为达此目的,在教育管理上,大规模地下放教育管理权。1969年10月26日,中共中央发出《关于高等学校下放问题的通知》,提出国务院各部门所属的高等院校,凡设在外地或迁往外地的,交由当地省、市、自治区领导;与厂矿结合办校的,交由厂矿领导。教育部所属的高等院校,全部交给所在省、市、自治区领导。在外地设有分校或教改机构的,实行以总校为主,当地为辅的双重领导。下放给地方的高等院校,除了为当地培养人才以外,还要为国家培养人才。在下放高等学校管理的同时,对部分高等学校实行了搬迁、合并和裁撤。当时,我国著名大学北京大学、清华大学等均下放到地方,中国人民大学先是下放到江西,后又被撤销。到1971年,全国原有434所高校,仅328所在勉强维持。

大学而外,中等专业学校也大批下放,大批撤销。各地的中学、小学的管理权也层层下放。在农村,由生产大队来管理农村民办小学并进一步管理公办小学，农村中学则由公社甚至大队来经办。大规模下放教育的管理权，为的是实现打破资产阶级当权派、学术权威的统治，实现教育体制与生产体制的进一步结合，结果则是破坏了教育的原有机制，造成教育管理体制上的极大混乱。

对教学内容的改变也是前所未有的。以文化科学知识为主的教材被当作修正主义的东西而被彻底否定，取而代之的是政治斗争、阶级斗争和生产实践的内容。"文化大革命"初期，在原有的教材被批判、废弃之后和新的教材编写出来之前，中小学校的断断续续的教学活动，主要是以毛泽东著作为教材，小学生学习"老三篇"、《毛主席语录》。为便于教学，一些地方还将《毛主席语录》印成通常使用的教材的标准 32 开本，作为学校的正式教材。

以毛泽东著作为基本教材，毕竟有很大的局限性，完全以政治来取代文化知识，这在理论和实践上都是行不通的。从 20 世纪 70 年代开始，各地方不断地编写"试用教材"。"试用"者，不成熟也。文化课必须在政治统帅之下才能存在，而所谓"政治"又必须随时紧跟形势，随着政治局势的动荡、政治权力斗争的变化而不断地变化，统率文化的政治，也就成了变化莫测的变数，这样，"试用教材"年年试用，年年改编。

大学也大量取消了原有教材。编写新教材的原则，是从生产的实际需要出发。一方面对原有教材在内容上，从生产实践出发改其体系，另一方面，新编为生产建设服务的新教材。

在中学教学中，在政治课主导的前提下取消了历史课、地理课;在生产实际需要的前提下取消了物理课、生物课、化学课等基础课程,代之以"工业基础知识""农业基础知识"。大量取消基本原理、基本定理等内容,代之以步枪的结构、射击、手榴弹、拖拉机、脱粒机、收割机、犁耙、农作物生长、病虫害防治、农田基本建设等实际应用的内容。

"教育革命"所要建立的,是"教学、生产劳动、科学研究三结合的新体制"。这个新体制要求教育要同阶级斗争、生产斗争和科学实验这三大革命实践相结合,很好地实现毛泽东所主张的教育必须为无产阶级政治服务,必须与生产劳动相结合,"学生以学为主,兼学别样,即不但要学文,也要学工、学农、学军,也要批判资产阶级"的教育思想。这个"三结合"的体制的具体形式,在中共中央批发的《全国教育工作会议纪要》中确定为"应以厂(社)校挂钩为主,多种形式,开门办学"。①

这样,"开门办学"就成为"教育革命"的一项重要内容。《全国教育工作会议纪要》引用毛泽东的两段话:"文科要把整个社会作为自己的工厂","农业大学要统统搬到农村去",又补充指出医药院校应坚定地把重点面向农村。其核心都在于打破学院与社会尤其是农村社会的空间距离,打破知识分子、教育界与工农群众的界限,使之与以工农大众为主体的社会完全地融合起来。

"开门办学",就是学校的教师与学生应当走出课堂,走出

---

① 《全国教育工作会议纪要》,1971年7月21日。

校门,到工厂、工地、农村、军营中去参加阶级斗争、工农业生产劳动,广泛地和长期地参与社会实践。江青等人直接抓点的清华大学工人、解放军宣传队说:

> "无产阶级教育革命"是一场深刻的社会主义革命,它具有广泛的群众性,没有广大群众参加,没有各单位各级领导的支持是决然搞不好的。开门办学、厂校挂钩,把大学办到整个社会上去,使文化的普及与提高有力地推动工农业生产的发展,这就从根本上改变了旧学校与世隔绝,闭目塞听的"三脱离"状况,使学校与社会息息相通,使知识分子更广泛地接触工农群众,身临目睹,接受再教育,加速了世界观的改造。①

可以看到,"开门办学"所要解决的主要是学校在社会中的独立地位问题和知识分子在社会中的相对独立的问题。通过"开门办学",打破文化教育与生产实践、知识分子与工农分子、学校等教育部门与以工农大众为主体的社会的界限,实现整个社会在政治、经济、文化的平等,这与毛泽东晚年的理想社会的设想是一致的。

"开门办学"的办法之一,是毛泽东所提出的"学校办工厂",包括学校办农场。由高等院校、中学甚至小学开办工厂和农场,从事工业生产和农业生产。校办工厂、农场实际以生

---

① 清华大学工人、解放军毛泽东思想宣传队:《为创办社会主义理工科大学而奋斗》,见《人民日报》1970年7月22日。

产为主，同时又要"突出无产阶级政治"，把培养人放在第一位，它是学校教师、学生从事经常性的工农业劳动基地。清华大学宣传的经验是所谓"厂带专业"，即打破原有系的界限，或者合并，或者增设，把有关专业纳入校办工厂体系。"校办工厂实行一元化领导，统筹安排教学、科研、生产。这样就把过去资产阶级知识分子统治的'三脱离'的单纯教学单位，变成了以工农兵为主体的教学、科研、生产相结合的教学基地。""这样做的好处是：工人参加到各个教学环节，加强了工人阶级对学校的领导；教师既进行教学，又参加生产，有利于知识分子的改造；学员一面学习，一面生产，保证教育与生产劳动相结合。"①

"厂带专业"被认为是一种比较理想的模式，它解决了工人阶级领导的问题，解决了知识分子参加劳动来改造思想的问题，亦解决了教育与生产劳动相结合的问题。这样的模式很典型地体现了"教育革命"以工农业生产实践为中心的基本精神。在"教育革命"中，文化知识的传授，科学与文化的发展，必须以现实的工农业生产活动为转移。清华大学是以工科为主的大学，其学科专业与工业生产的关系较深，其他一些院校，或者以社会科学为主，或者以基础理论为主，"校办工厂"就很难与学科专业挂钩，这样，学科与工厂的距离就更大，对教学、科研的打击也就更加严重。

至于中学，校办工厂、校办农场实际上成为与教学活动无

---

① 清华大学工人、解放军毛泽东思想宣传队：《为创办社会主义理工科大学而奋斗》，见《人民日报》1970年7月22日。

关的教师、学生参加工农业劳动的基地。这个基地的设置，使教师与学生从事生产劳动成为一种经常性的负担，既破坏了原有的教育体系，又与"教育革命"所要求的教育与生产劳动相结合的目标搭不上界。

"开门办学"的另一个主要办法，是"厂校挂钩""校社挂钩"。学校除了自己开办工厂、农场以外，与其他工厂和农村公社挂钩，结成较为固定的联合关系。学校的教师与学生经常到这些工厂、农村公社参加阶级斗争和生产劳动。一般地说来，这些工厂、农村公社的生产与学校的专业和教学没有直接的关系，互相之间也很难协调，教师和学生到工厂和农村从事技术性不强的体力劳动，为工厂、农村提供无偿的然而并不一定有用的劳动力，对学校，对工厂和农村，都成了负担。学生与教师长期从事生产劳动，学校的教学一方面以政治为转移，另一方面又要以生产劳动为转移，正常的教学秩序受到了很大冲击，结果是劳动取代了教育，取代了文化科学知识的传授，学校成了生产劳动组织或者组织生产劳动的机构。

"教育革命"的重要目标，是改变"资产阶级知识分子统治"学校的现象，工人阶级、贫下中农掌握学校的领导权，这是措施之一。另一项措施，是改变教师成分，根据是毛泽东的语录"教改的问题，主要是教员问题"，具体办法是工农兵、革命技术人员和原有教师三结合，这样来建立一支"无产阶级教师队伍"。

这个"无产阶级教师队伍"的骨干，是"工农兵教师"。"工农兵教师"是从工厂、农村和军队中选调人员，充当教师。

所谓"革命技术人员",亦是从工厂、公社中选调"同工农兵结合较好"的人员,充实教师队伍,这是新的"无产阶级教师队伍"中的第二等级,原有教师则处于第三等级,需要分别处理。

《全国教育工作会议纪要》这样估计原有的教师:

> 原有教师队伍中,比较熟悉马克思主义,并且站稳无产阶级立场的,是少数;大多数是拥护社会主义,愿意为人民服务的,但是世界观基本上是资产阶级的;对我们的国家持敌对情绪的知识分子是极少数……(因此,对原有教师要)继续坚持团结、教育、改造的方针……继续抓紧对原有教师的再教育,引导他们走同工农兵相结合的道路,自觉改造世界观,着重解决为谁服务和怎样服务的问题。

具体地说,原有教师按不同矛盾性质作不同处理,凡属人民内部矛盾的,应重在教育,加以团结和任用;凡属敌我矛盾按人民内部矛盾处理的,则按人民内部矛盾对待,在使用中继续考察、教育和改造;对于资产阶级学术权威,或"一批二看",或"一批二用",或"一批二养",批判思想,给予出路。对顽固分子,要坚持批倒批臭,极少数坚决的反革命分子,要加以处置。

新的教师队伍主要以充实、改造来完成,即用政治素质可靠的工农兵和"已与工农兵结合的技术人员"来充实,对原有人员进行改造。经过这样的换血措施，彻底改变教师的成分，由"工农兵"成为教师的主体和主导，知识分子在教师的结构中确定在被"团结""改造"和"利用"的位置。"文化大革命"的领导者希望通过这个措施，进一步限制和打击知识分子，进一步动摇他们的职业基础，实现"工人阶级"在上层建筑和各个文化领域的全面专政。

然而，无论怎么"革命"，学校的传授文化知识的功能都无法改变。只要学校还要传授文化知识，还要从事文化科学的研究，知识分子就不能不成为学校工作的主体和中心。这样，"教育革命"就遇到了一个无法解决的矛盾。"工农兵"在政治强力支持与推动下要取代知识分子，但其知识结构使之不能实现这种取代，其社会地位、社会身份又使之不必或者不屑做这种取代；从极左意识形态立场上考虑，知识分子就应当完全排斥，而从学校设置及其功能来考虑则又不能没有知识分子的存在。这个矛盾是"教育革命"从理论和实践都无法克服的。在这个难局之下，学校既要使用教师，又须将教师放在被改造、被教育和被批判的地位；学生既要接受教师的知识传授，又可以随意起来攻击、批判教师。学校在无休止的动荡中维持艰难的平衡，正常的教学秩序完全被打乱。

"教育革命"既然以政治为目标，以直接的工农业生产过程的需要为目标，其培养对象也就与以往的教育有根本的不同，培养劳动者的目标被作了极端的和狭隘性的理解。这些理解包括教育必须或者最主要地要以工农劳动者或者他们的子女为对象，培养直接从事工农业生产的劳动者是其唯一目标。

以工农劳动者或者他们的子女为教育对象，体现了关于改变知识、改变文化由上层阶级、知识分子垄断的状况，使工农下层群众成为由他们所创造、但是后来又被剥削阶级占有的文化知识的真正主人，使文化知识回到劳动人民的手中的思想。这个"文化翻身"的思想，从战争年代的根据地时期尤其是延安时期开始发展，到了"文化大革命"演成一种畸形的状态。"文化大革命"在实施这个观念时，体现了一种强烈的"阶级意识"，这就是认为教育大权从资产阶级知识分子手中夺回来了，它就更应当也更有条件为工人阶级群众、贫下中农群众服务，这个服务除了在政治上要体现无产阶级政治、毛泽东思想，在内容上要体现劳动人民在历史上和现实社会的伟大作用和对工农业生产直接有用的知识外，在接受教育者身上，必须体现工人阶级群众、农民群众的优先性和受教育权利的不可限制性。

出于这个考虑，20世纪70年代初大规模地在广大农村建立与发展中学、小学教育。这个发展主要是规模扩大，在农村普及小学教育、发展中等教育。由于办学条件、师资力量普遍不足，这个发展是以非正规化和整个教育质量的进一步下降为代价的。这样一来，广大农村纷纷设立小学校，较大的村镇设立中学，一些小学还附设"带帽初中班"，大批学校上马了，师资严重缺乏。这种不正规的办学常常以毛泽东在1944年的一段话来作为理论根据："在教育工作方面，不但要有集中的正规小学、中学，而且要有分散的不正规的村学、读报组和识字组。"这段话不但被认为是在解放区的战争环境下发展教育的政策，而且认为是适用于任何时代和各种条件的最高真理。

对"教育革命"来说，非正规化只是一个方面，另一个方面是非制度化。毛泽东多次表示对学校的规章制度的不满，在"文化大革命"前夕，他就对学校的考试方式、教授方式提出批评。这些批评虽不乏真知灼见，但也相当片面。关于考试制度，他在1964年7月10日与毛远新的谈话中就说："现在的考试，是对付敌人的办法，而不是对人民的办法，搞突然袭击。"他再次主张"先出一些题公布，由学生研究看书去做"，"考试可以交头接耳，冒名顶替。你答对了，我抄你的。交头接耳、冒名顶替，过去不公开，现在让它公开。我不会，你写了我抄一遍也可以"。关于授课，毛泽东说："讲课讲不好，要允许学生打瞌睡，你讲得不好，还一定让人家听？听得无味，不如打瞌睡可以休息脑筋。"在1964年6月24日同王海蓉的谈话中，毛泽东也这样说："要允许学生上课看小说，要允许学生打瞌睡，要爱护身体。"毛泽东的这些看法，在"文化大革命"中成为"教育革命"的重要指导方针，广为传播，造成社会混乱。

非制度化的观点反对学校正常的教学秩序和学生遵章守纪的必要性，鼓励学生不上课不读书，随意以教师作为攻击目标，以读书为耻，以造反为荣，教育的正常秩序无法维持。另一个直接的结果，是各级学校考试制度的取消。从"教育革命"的立场出发，认为考试制度促进学生的学习、鼓励学生在学习上通过竞争来考察和检验自己掌握文化知识的程度、确定各级学生入学标准的办法，正是修正主义教育路线以学生为敌、打击学生尤其是打击排斥工农家庭出身的学生的"恶劣手段"。因而"教育革命"中，考试在形式上虽未全部取消，但它已失去了原有的意义，学生的升级与考试成绩不再发生关系，成绩好的可以升级，成绩不好的照样可以升级。从小学到中学是如此，大学也是如此。而进入大学虽然有严格的政治选拔程序，但与文化考试亦无关系，教育质量根本无法保障。

教育应当以劳动者或者他们的子女为对象的观念，反映了一种文化平等或者文化平均的意识，这个意识本身就包含着强烈的"阶级意识"或者反对旧的统治阶级和知识分子的成分。它所具有的某种排他性非常容易发展成为独占性。在实践上，"教育革命"向工农群众倾斜的同时，必然出现对"阶级成分"不好的青少年的许多的限制。许多地方"地主""富农""右派""反革命"的子女被剥夺了入学的权利。在一些地方，如江苏南通地区，由于放宽了政策，才允许"地富反坏右"子女中一部分被称之为"可以改造好的子女"进入小学、初中，进高中的权利仍被剥夺。这些青少年入学困难，升学更是难于上青天。以文化平等意识为基础的教育观，却又走向了重点倾斜和严重剥夺同时存在的新的文化不平等。

教育应当培养劳动者的又一种狭隘阐释，是将劳动者作为教育工作的唯一目标。毛泽东晚年的理想社会构成细胞只能是劳动者，教育的任务就是要把教育对象变成它所设计的"劳动者"，而不是其他。

在这一思想指导下，大大压缩了课程与学制。原有课程大加改造，新的课程一方面突出政治，一方面突出工业、农业生产的知识，为"新型"的劳动者服务。在学制上也相应地缩短，小学从六年缩短到五年，中学从六年缩短到四年，至于大学，则从四五年缩短到两三年。在学校结构上，废除了原来全日制学校教育制度与半工半读的教育制度的双轨制教育制度，所有学校向亦学、亦工、亦农、亦军发展；各种重点学校和专门的尖子教育也一概作为修正主义教育路线的产物而被完全取消。

"教育革命"思想及方针的另一个典型的体现，是高等学校招收"工农兵学员"。在"左"倾思潮大泛滥的"大跃进"时期曾经搞过大学招收工农学生的试验，未获成功，但它是"文化大革命"大招"工农兵学员"的滥觞。"文化大革命"中招收"工农兵学员"，是从一篇文章和毛泽东为此而发的一段"最新指示"开始的。1968年7月22日，《人民日报》发表署名"《文汇报》记者、新华社记者"的文章《从上海机床厂看培养工程技术人员的道路》。这是一篇调查报告，文章称：上海机床厂600余名工程技术人员来源于两个方面——大专院校历届毕业生和从工人中培养的技术人员，"实践证明，后一部分比前一部分强。一般说，前者落后思想较多，实际工作能力较差；后者思想较先进，实际工作能力较强"。因此，"从工人中选拔技术人员，这是一条培养无产阶级工程技术人员的道路"。文章还提出了"教育革命"的几个设想：

第一，"大学毕业生应当先到工厂、农村参加劳动。在工人、农民那里取得'合格证书'，然后根据实际斗争的需要，有些可以参加技术工作，但也还要有一定时间参加劳动。有的则继续当工人、农民。"

第二,"学校教育一定要与生产劳动结合。"

第三,"关于工程技术人员的来源问题","除了继续从工人中提拔技术人员外,应当由基层选拔政治思想好的,具有两三年或四五年劳动实践经验的初高中毕业生进入大专院校学习。"

第四,关于继续"改造和提高"现有技术人员的问题,一方面要继续搞"大批判",一方面让技术人员分期分批去当工人,或者更多地到车间劳动。

这四条设想,核心就是两条,一是知识分子必须去当工人、当农民,必须更多地参加工农业生产劳动,其二是应当从工人、农民中选拔"政治思想好的"和"有劳动实践经验"的人员进大学。这些设想,可以说都是从毛泽东晚年"左"的教育思想中生发出来的。

《人民日报》发表此文时加了"编者按",认为它"提出了学校教育革命的方向",并传达了毛泽东就此发表的"最新指示":

> 大学还是要办的,我这里主要说的是理工科大学还要办,但学制要缩短,教育要革命,要无产阶级政治挂帅,走上海机床厂从工人中培养技术人员的道路。要从有实践经验的工人农民中选拔学生,到学校学几年以后,又回到生产实践中去。①

---

① 见《人民日报》1968年7月22日。

毛泽东的指示作于7月21日，因此后来简称为"七二一"指示。这个指示被认为是"将无产阶级文化大革命进行到底的战斗纲领"，"是反修防修的百年大计"。

根据这个指示精神，江青等人亲自抓点的清华大学从1969年3月起，开始举办各种专业的试点班，招收有实践经验的"工农兵学员"，当年度共招收近600名。这个经验，逐渐向全国各高等院校推广。1970年6月27日，中共中央批转《北京大学、清华大学关于招生（试点）的请示报告》。这个报告说，经过三年来的"文化大革命"，北京大学和清华大学已经具备了招生条件，计划本年度下半年开始招生。相关的规定是：

学制：根据各专业具体要求，分别为二至三年。另办一年左右的进修班。

学习内容：设置以毛泽东著作为基本教材的政治课；实行教学、科研、生产三结合的业务课；以备战为内容的军事体育课。各科学生都要参加生产劳动。

学生条件：政治思想好、身体健康、具有三年以上实践经验、年龄20岁左右、有相当于初中以上文化程度的工人、贫下中农、解放军战士和青年干部。有丰富实践经验的工人、贫下中农，不受年龄和文化程度的限制。还要注意招收上山下乡和回乡知识青年。招生办法，实行群众推荐、领导批准和学校复审相结合的办法。

上述招生办法，成为后来招收"工农兵学员"的基本办法。高等学校不再通过考试成绩来录取学生，文化基础知识不再是升入大学的基本条件。新的条件是什么呢？除了政治条件外，需要的是本人的职业条件，即工人、农民、解放军的身份。工农兵必须是高等学校的主人，必须是上层建筑包括文化教育领域的主人，而知识分子则必须从这里排除出去。

这又陷入了一个怪圈。"教育革命"的着眼点是要打破社会一定阶层即知识阶层对知识、文化的所谓专有和独占，而其措施和结果则是另一部分社会阶层即所谓工农兵对知识、文化的专有和独占。从一个错误的认识起点，走上了一条错误的道路。这个文化平均主义混杂着对文化的仇视、妒忌的心理与强烈的占有欲，导致了对文化的专制与垄断。

按照规定，招收工农兵学员时"要注意招收上山下乡和回乡知识青年"。前者指城市与乡镇原持"城镇居民"户口到农村插队落户的知识青年，后者指的是回乡劳动的持"农业户口"的农民家庭出身的知识青年。这样的青年受过资产阶级的教育，受过修正主义教育路线的影响，他们必须到农村去从事劳动，改变自己原有的身份，有了"与工农相结合"的经历，才能取得继续升学的资格。取消入学考试后，招生的标准为"群众推荐、领导批准和学校复审相结合"的办法。"群众推荐"是必要的，从"文化大革命"的意识形态来看，"群众是真正的英雄"，"群众的眼睛是雪亮的"，群众的意见是最高标准。另一方面，群众的意见又是需要集中的，集中群众意见的便是"领导"，这样，从理论上尤其程序上来看，领导的意见就是最具决定性的了。

由于"游戏规则"的不同，上大学之路对知识青年来说是极其艰难的。取消文化课考试，从理论上来讲，是讲求对所有人的平等，是在此原则下的照顾工农子弟，而新的招生方法在实行过程中，实际上便利了有后台、有权力的各级干部子弟，造成"走后门"之风的盛行。新的招生制度不仅破坏了文化教育，而且在政治和道德上都使"斯文扫地"。

工农兵上了大学，主要并不是去接受科学文化知识的训练。清华大学工宣队、军宣队在《为创办社会主义理工科大学而奋斗》的文章中提出，工农兵大学生的任务是"上大学、管大学、用毛泽东思想改造大学"，这项任务在《全国教育工作会议纪要》中得到充分的肯定。这虽然含有在新的思想指导下建立新的教育体制的含义，但它摆脱不了造反、破坏的"文革定势"，在此定势之下，高等学校不可能形成稳定的教学与管理的秩序。

工农兵上大学同样也无法解决"教育革命"需要解决的问题。《为创办社会主义理工科大学而奋斗》一文中强调，对上大学的工农兵学员，政治教育仍然是一切教育的中心，是"执行不执行无产阶级教育路线的问题"。"政治思想领域的阶级斗争是绝不会停止的，社会上的阶级斗争必然要反映到工农兵的队伍中来。'读书做官'、'理论至上'、单纯业务观点等资产阶级思想余毒，随时在侵袭工农兵学员，这个问题对于青年学员更为突出，如果看不到这一点，放松了思想政治教育，工农兵学员也有被资产阶级腐蚀的危险。"①

这就是说，工农兵进入高等院校，从事文化科学工作，就

---

① 见《人民日报》1970年7月22日。

大大增加了"被资产阶级腐蚀"的可能性，不管这个高等院校是"文化大革命"前被"资产阶级学术权威"掌握，还是经过"文化大革命"由工人阶级掌握。"文化大革命"的发动者和领导者陷入了自己设计的怪圈。"工农兵学员"不能完全以占领者和领导者的角色出现了，因为他已经进入了一个危险的领域，进入这个领域的一切分子都是危险的，一不小心，就要被资产阶级腐蚀，走向"革命"的对立面。

与"工农兵学员"相关的又一教育上的创造是工厂、农村公社办大学的"七二一工人大学""五七大学"。"七二一工人大学"源自毛泽东"七二一"指示，这是毛泽东肯定的从工人中培养工程技术人员的厂办大学，"五七"大学则有江西共产主义劳动大学的样板。毛泽东1961年7月30日给江西共产主义劳动大学的一封信中说："半工半读，勤工俭学，不要国家一文钱，小学、中学、大学都有，分散在全省各个山头，少数在平地。"这成为"五七大学"的模式。"七二一大学"与"五七大学"实现"教育革命"倡导者打破"旧大学"观念的构想，不需要校舍，没有教材、没有教师。大学即是社会，社会即是大学，不成其为学院，不成其为文化园地，用不着专业分工，完全破除了正规化和制度化，这是工人、农民自己的大学。

这样的"大学"实在是不成其为高等学校，不过是业余读书班而已，至多做一些普及基础文化知识的工作。

总的说来，"文化大革命"中的教育不是培养人的，而是"改造"人的；教育不是传播人类文明的，而是批判人类文明的；教育不是促进人类社会进步的，而是为极左的意识形态服务的；教育不是文化科学的，而是政治的；教育不是理性的，而是专制的；教育不是培养人能力为其创造更多发展机会的，而是给人更多磨难的。

"教育革命"将一整套极左的教育主张强行付诸实施，造成了对整个社会文化的极大破坏，其负面影响是非常巨大的。

第五章
国民经济与社会的危机

激荡岁月——1976年的中国

1976年元旦发表的毛泽东的两首词，描绘了"天地翻覆""旧貌变新颜"的大好形势。元旦社论还说："我们的党朝气蓬勃，我们的人民意气风发，我们的国家欣欣向荣，无产阶级专政空前巩固。"这当然是当时宣传机器不断高唱的凯歌的再一次重复。然而到了这个时刻，事实与宣传却完全不同。国家的社会、政治、经济和文化等各方面，受着"左"的错误的长期统治和"文化大革命"的政治、社会实践带来的社会长期动荡的影响，各种问题和矛盾不断积聚、膨胀和日益尖锐，中国的社会政治面临着巨大的压力。

一、国民经济的严峻形势

◎年度计划无法完成

◎财源枯竭，国库空虚

◎国民经济重大比例失调

◎经济效益全面下降

◎各种商品票证越来越多

◎国民经济到了崩溃的边缘

"文化大革命"对国民经济造成了极大的破坏。

"文化大革命"的"左"的思想在经济建设上具体表现在

三个方面:"以阶级斗争为纲",用阶级斗争来指导经济建设;"以战备为纲",按战备的要求来进行经济建设;以"理想"的社会主义模式来指导经济建设。

"文化大革命"时期的经济,一方面,受"左"的思想的指导和政治、社会混乱的影响,遭受严重的挫折和损失,另一方面,在周恩来、邓小平的抵制和纠正极左,进行调整和全面整顿努力下,也取得了一些成效。因此,出现了"三起两落"的曲折。1966年,国民经济仍有相当的发展;1967年和1968年的全面大规模的混乱,使国民经济遭受最严重的破坏;1969年到1973年,国民经济相对稳定,并有所上升;1974年的"批林批孔"运动又使国民经济跌入低谷;1975年,通过对铁路运输、钢铁、煤炭、国防工业以至对整个工业战线的整顿和对农业的整顿,国家的经济形势出现明显好转。

但是,进入1976年,"批邓、反击右倾翻案风"运动使国民经济再一次遭受重大挫折。1~5月份,钢铁欠产123万吨,化肥、棉纱等其他主要工业品也没有完成计划指标,影响市场商品供应14亿元,财政减收20亿元,原定年度计划根本不能完成。①

从全年计划执行情况看,1976年工农业总产值比上年增长了1.7%,低于计划增长幅度5个百分点。农业增长2.5%,比计划低1.5%;工业增长1.3%,比计划低6.9%~7.7%。年底全民所有制职工达6869万人,比上年增加434万人,超

---

① 柳随年、吴群敢主编:《中国社会主义经济建设简史》,黑龙江人民出版社1985年版,第413页。

过计划304万人。国民经济的被破坏，动摇了财政基础，企业管理混乱，亏损严重，全年国营企业亏损总额达177亿元。财源枯竭，国库空虚。本年度国家财政收入776.6亿元，比上年减收39亿元。收支严重不平衡，赤字达29.6亿元。[①]

国民经济的严峻形势，还表现在国民经济重大比例的严重失调和经济效益的全面下降。

（一）1976年，在农业、工业、建筑业、运输业和商业等国民经济五大部门的产值在社会总产值的比例，农业下降到25.4%，工业上升到58.1%，建筑业上升到8%，运输业下降到2.9%，商业下降到5.6%。农业、运输业和商业的比重不断下降，严重制约着整个国民经济的发展。在工业内部，重工业所占比例越来越重，轻工业所占比例越来越轻。在工业总产值中，重工业占55.8%，轻工业占44.2%。在工业净产值中，重工业占59.6%，轻工业占40.4%。

（二）在积累与消费方面，基本建设的战线过长，而且又放在以国防建设为中心的三线建设上；生产性建设投资比例过高，人民生活基本消费和住宅、教育、文化卫生、环境保护等方面建设比例过小，严重影响了人民的正常消费。

（三）各种产品的结构严重失调，在农业方面，片面强调"以粮为纲"，影响了多种经营，导致人民生活必需品的严重匮乏和工业原料的严重不足。在工业方面，片面强调"以钢为纲"，导致原材料工业、轻工业发展严重滞后，特别是忽视技

[①] 柳随年、吴群敢主编：《中国社会主义经济建设简史》，黑龙江人民出版社1985年版，第414页。

术进步和新产品开发，忽视品种和质量，以致品种单调、质量低下，甚至因销售不对路，造成大量的积压。人民生活所需的日用工业品长期匮乏。①

经济效益的全面下降，集中表现在每百元积累所增加的国民收入上。在第一个五年计划时期，平均每百元积累增加的国民收入为35元，而1976年国民收入总额比上年减少，百元积累增加的国民收入形成负增长。② 在工业方面，每百元资金实现的利润税金只有19.3元，商业方面，每百元资金实现的利润只有9.7元。③

经济建设的严重破坏，导致人民生活水平的下降。1976年的平均工资较之1966年不但没有增加，反而降低了4.9％。④ 而且，基本生活消费品严重短缺，人民生活相当艰难。统计数据表明，1976年城乡居民的主要生活消费品的人均年消费水平，粮食为190.5公斤，猪肉7.2公斤，棉布7.87米，食用植物油1.6公斤。⑤ 供需比例严重失调的形势，使国家和地方不得不发放各种商品票证，越来越多的商品票证，成为这个时期的特有的现象。

---

① 赵德馨主编：《中华人民共和国经济史1967～1984》，河南人民出版社1989年版，第347～349页。

② 马洪、孙尚清主编：《中国经济结构问题研究》下册，人民出版社1981年版，第727页。

③ 赵德馨主编：《中华人民共和国经济史1967～1984》，河南人民出版社1989年版，第419页。

④ 赵德馨主编：《中华人民共和国经济史1967～1984》，河南人民出版社1989年版，第420页。

⑤ 赵德馨主编：《中华人民共和国经济史1967～1984》，河南人民出版社1989年版，第351页。

国民经济被破坏，使得我国同世界上经济发达国家的差距更加增大了。

二、唐山地震

◎世界地震史上最悲惨的一页

◎中共中央的慰问

◎十万大军进入唐山

◎各地动员支援灾区

◎"抗震救灾要以反击右倾翻案风为纲"

◎"依靠自己战胜天灾"

1976年是自然灾害频繁发生的一年，其中最严重的是唐山地震。

1976年7月28日，北京时间凌晨3时42分53秒，河北省唐山市发生大地震。唐山市地下16公里处的岩层突然断裂，在强烈的摇撼中，这座百万人口的工业城市顷刻间夷为平地，整个华北大地剧烈震颤。唐山大地震，是迄今为止400多年世界地震史上最悲惨的一页。死亡24.2万多人，重伤16.4万多人。

在华夏大地，北至哈尔滨，南至安徽蚌埠、江苏清江一线，西至内蒙古磴口、宁夏吴忠一线，东至渤海湾岛屿和东北国境线，这一广大地区的人们都感到异乎寻常的摇撼。北京、天津都有强烈的震感和物质的破坏。

据中国国家地震台网测定，此次地震震级为7.8级。

地震给人民生命财产造成极其严重的损失。震后唐山被石灰、黄土、煤屑、烟尘所笼罩，景象非常恐怖：唐山火车站的东部铁轨呈蛇形弯曲，其轮廓像一只扁平的铁葫芦。开滦医院七层大楼，成了一座坟丘似的三角形斜塔，顶部仅剩两间病房大小的建筑，颤巍巍地斜搭在一堵随时可能塌落的残壁上，阳台全部震塌。唐山第十中学门前水泥马路被拦腰震断，一截向左，一截向右，错位达一米多。地震裂缝穿过的地方，唐山地委党校、东新街小学、地区农研所以及整个路南居民区，已完全消失。

唐山是我国著名的工业城市。它的面积约占全国总面积的1‰，人口约占全国总人口的1‰，产值约占全国的1%。唐山素有"煤都"之称，煤产量占全国的1/20，支持着中国的主要钢铁厂。唐山的电力举足轻重。陡河发电站是华北电网的主要电站之一，是我国最大的火力发电站。唐山有冶金、纺织、水泥、汽车、机械制造等许多重要的企业。唐山还是著名的"华北瓷都"，"唐瓷"名满天下。

但是，地震过后，这座华北的重工业城市几乎找不到一根直立的烟囱，成为一片废墟。在唐山城乡总计68万多间、1093万平方米的民用建筑中，有65万多间、1050万平方米在地震中倒塌和遭到严重毁坏，人民的死伤极其惨重。

地震发生后，新华社即播发了新闻稿，并播发了中共中央的慰问电。

国务院得知地震消息后，立即在28日上午10时左右召开了由铁道部、邮电部、水电部、卫生部、煤炭部、商业部、北京军区等有关方面负责人参加的会议。会议决定：迅速动员全国力量，向灾区派遣救灾队伍和发送最急需的药品物资。北京军区、沈阳军区火速派出10万救灾部队；全国29个大煤矿派出矿山救护队迅速奔向唐山；卫生部立即组织各地医疗队火速赶赴灾区；铁道部与铁道兵系统的12个铁路局、6个工程局及3个师和一个舟桥团共38个单位组织的抢修大军奔赴灾区。

中央决定，派出以国务院总理华国锋为总团长的中央慰问团，到受灾地区慰问。

尽管宣传报道并未说明唐山地震的损失程度，但是身处各地的人们都能感到这场空前的灾难所带来的影响。在北京这样的邻近唐山地震中心的大都市，人们在天安门广场、长安街两侧，在所有公园和空地上搭建防震窝棚，华北许多城市都出现这种情况。为此所需材料数量十分庞大，以至于当时远在数千里之外的南方林区也得到了征集专门用于搭建防震棚的杂木的命令。

然而，在1976年，唐山的抗震救灾工作受到政治的不良干扰。震后二三天内，从中央到地方，从救灾指挥部到各级宣传部门，广泛传达了两条中央的指示精神：一是"抗震救灾要以反击右倾翻案风为纲"；二是"抗震救灾的宣传报道要突出毛主席和党中央的关怀，不能突出那些大大小小的还在走的走资派"。

唐山地震，举世震惊。当新华社播发唐山地震的消息时，许多国家的领导人出于人道主义，纷纷发来慰问电，表达了对灾区人民的同情和对抗震救灾的支持。如南斯拉夫总统铁托致电毛泽东："向您、向地震灾区人民和友好的中华人民共和国人民表示衷心的悲痛心情，并对你们重建这次天灾所破坏的东西使生活与工作条件正常起来的努力表示支持和声援。"联合国秘书长瓦尔德海姆也致电华国锋，除了表示他深为痛心和同情外，还指出："联合国随时准备帮助灾区人民为克服这场灾害的影响而进行的斗争。"

不少国家的政府也表示愿意提供物资援助，以支持灾区人民的抗震救灾斗争。美国原则上表示愿意提供中国人所希望提供的任何援助。英国外交大臣克罗斯兰在下院宣布：英国已表示愿意向中国提供紧急援助和医药物资。日本外务省已准备发出药品、衣物、帐篷等物质。

可是，在"文化大革命"的极左理论统治下，中国拒绝接受外援。从中央到地方广泛传达抗震救灾工作的重要指示："我们概不接受任何国家和国际组织的任何形式的援助"，"要宣传自力更生，依靠自己战胜天灾"。外交部表示，中国人民正在毛泽东主席和中国共产党的领导下进行抗震救灾工作。中国人民决心以自力更生精神克服困难。

拒绝外援，加大了灾区人民摆脱困难的难度，增加了人民的负担和痛苦。

地震还带来民众精神上的惶恐和不安。传统的灾异天谴说，使得中国人相信自然现象是人间社会预兆。这一年3月8日，吉林市郊区金珠公社就发生罕见的陨石雨，最大的三颗陨石，每颗重量都超过了100公斤，其中最大的一块重1770公斤。从吉林的流星雨开始，人们就有些内心不安，唐山的地震更增加了这种不安感。

三、社会危机与观念危机的加深

◎毛泽东再次对知识青年问题批示

◎意识形态掩盖社会就业问题

◎小学教师李庆霖"告御状"

◎"知青"已成社会问题的新焦点

◎知识青年成为多余的人

◎梁漱溟与顾准

◎反主流意识形态的"地下文化"的出现

◎无聊、消极、苦闷与思考的群体

◎郭路生:"我比疯狗有更多的辛酸"

◎舒婷的画梦

◎凡有知青处,就有《知青之歌》

◎"手抄本"的流传

"文化大革命"的理论和实践,背离了社会发展的基本条件,造成了越来越多的社会问题。到 1976 年,这些社会问题益发严峻。知识青年问题就是其中的一个。

1976 年 2 月,毛泽东再一次对知识青年问题作了批示:"知识青年问题,似宜专题研究,先作准备,然后开一次会,给予解决。"从毛泽东的异乎寻常的重视,可以见到知识青年问题的严重程度。

"文化大革命"在意识形态上的重要目标,就是用"毛泽东思想"改造人,用无产阶级的思想、毛泽东思想彻底扫除人们头脑中的资产阶级和其他剥削阶级的思想和意识,经过大的震动,改变灵魂。知识青年上山下乡运动就是一项重要的措施。

1968年12月22日,《人民日报》报道了甘肃省会宁县城镇居民到农村落户的消息,并通过"编者按"公布了毛泽东的最新指示:

> 知识青年到农村去,接受贫下中农的再教育,很有必要。要说服城里干部和其他人,把自己初中、高中、大学毕业的子女,送到乡下去,来一个动员。各地农村的同志应当欢迎他们去。

由此开始,掀起了轰轰烈烈的知识青年上山下乡运动。

上山下乡,指城镇知识青年到农村参加农业劳动。这项措施在50年代便开始施行,主要目标是解决城市就业问题,并且相应解决农村对有文化的农民的需求。毛泽东在1956年9月发出号召:

> 一切可以到农村去工作的这样的知识分子,应当高兴地到那里去。农村是一个广阔的天地,到那里是可以大有作为的。

到60年代,高度集中的计划经济导致城市就业问题更加严重,知识青年上山下乡的工作再次开展。"文化大革命"以前,知识青年的上山下乡,虽然被赋予一定的意识形态的意义,但在很大程度上,仍被作为解决一部分城市青年就业和支援农村建设的一项措施。

"文化大革命"期间,社会就业的问题更加严重,至1968年,全国中学已积压了1966、1967、1968年三届初中、高中毕业生,共达1000余万人之多。与此同时,高等学校停止招生,国家经济在全面衰退的形势下,工矿企业亦无能力吸纳新的劳动力,而毕业生的出路已经到了非解决不可的地步。在这样的局面下提出上山下乡的号召,很显然是考虑到这一严重的问题的。

然而,"文化大革命"是一场意识形态的运动,其间的政策、措施都有意识形态的意义。毛泽东一直认为,知识分子只有愿意、并且实行和工农群众相结合,才能走上革命的正道。毛泽东后来在考虑防止修正主义、防止资本主义复辟的时候,对于社会主义国家内部在政治、经济、文化等方面的差别尤为担忧,认为这些差别便是产生资本主义、修正主义的根源,要解决"反修防修"的问题,就必须消灭这些差别,实现全社会在政治、经济、文化上的平等。在"左"的错误指导下,"文化大革命"中的知识青年上山下乡,便成为一场具有特殊意义的政治运动,它被赋予"巩固无产阶级专政,防止资本主义复辟"的重要意义。知识青年上山下乡接受贫下中农的再教育,被认为是缩小工农差别、城乡差别、脑力劳动和体力劳动差别"三大差别"的重要措施,是"反修防修的百年大计,千年大计,万年大计",是"培养千百万无产阶级革命事业接班人的根本途径"。

知识青年上山下乡既然是一场政治运动，它的社会就业政策的性质，便被有意无意地回避了。知识青年的上山下乡，既有理想主义的色彩，也带有强制性。政治机器不断宣传："愿意不愿意上山下乡、走不走与工农相结合的道路，是忠不忠于毛主席革命路线的大问题。是同修主义教育路线彻底决裂，同资产阶级'私'字彻底决裂的具体表现。"毛泽东当年提出的与工农相结合的标准，到此时具体化为愿意不愿意上山下乡是革命的或不革命的或反革命的问题了。

在强烈的意识形态和政治运动的氛围下，知识青年大批被送到农村或农场劳动。从1968年年底开始的头两年中，上山下乡的知识青年已达400多万人，除高、初中毕业生外，相当部分是在校的初、高中一、二年级的学生。从1968年到1978年的十年间，全国上山下乡的知识青年人数共达1623万人。

知识青年上山下乡的任务，就是接受贫下中农的再教育，在农村的广阔天地中，炼一颗忠于毛泽东的"红心"，做革命事业的接班人。这种响亮的口号，掩盖着新的严重的社会问题。

知识青年到农村去，客观上确实给农村带去了一些新的观念和知识，但这种积极作用是十分有限的。与此同时，由于社会政策和农村的现实的社会关系，对知识青年在促进农村的现代化进程中实际所起的积极作用不能作过高的估计。一方面，知识青年是作为"接受再教育"的身份进入农村的；另一方面，农村中原有的乡村社会结构对于知识青年这些外来者的开放程度也是不同的，知识青年中即便一些人真有大本事，在农村也并没有得以充分施展的条件；再者，由于知识和观念的差别，知识青年作为社会中初步掌握了一部分现代知识的成员，在相对落后的农村中，并不能感受到接受这种"再教育"的必要性。不仅如此，知识青年的上山下乡还带来了新的严重的社会问题。许多农村农民本身的经济状况就不好，知识青年的生活问题根本无法得到基本的保障。福建省莆田县的一位名叫李庆霖的小学教师在给毛泽东的信中，比较详细地描述了其子在乡村生活的困难状况：

> 首先是分得的口粮年年不够吃，每一个年头里都要有半年或更多一些日子要跑回家吃黑市粮过日子。在最好的年景里，一年早晚两季总共能分到湿杂稻谷200来斤，外加300斤鲜地瓜和10斤左右的小麦，除此之外，就别无它粮了。那200斤的湿杂稻谷，经晒干扬净后，只能有100多斤。这么少的口粮要孩子在重体力劳动中细水长流的过日子，无论如何是无法办到的。况且孩子年轻力壮时期，更是会吃饭的。
>
> 在山区，孩子终年参加农业劳动，不但口粮不够吃，而且从来不见分红，没有一分钱的劳动收入。下饭的菜吃光了，没有钱再去买；衣裤在劳动中磨破了，也没有钱去添置新的；病倒了，连个钱请医生看病都没有。其他如日常生活需用的开销，更是没钱支付。从1969年起直迄于今，孩子在山区务农以来，他生活中的一切花费都得依靠家里支持；说来见笑，他风里来雨里去辛劳种地，头发长

了，连个理发的钱都挣不到。此外，他从上山下乡的第一天起，直到现在，一直没有房子住宿，一直是借住在当地贫下中农的房子。目前，房东正准备给自己的孩子办喜事，早已露出口音，要借住的上山下乡知识青年另找住所。看来，孩子在山区，不仅生活上成问题，而且连个歇息的地方也成问题。

李庆霖的信中还说：

现在，如以上的许多实际困难问题，有关单位都不去过问，完全置之不理，都要我这当家长的自行解决，这怎么行呀？有朝一日，当我见阎王去，孩子失去家庭支持后，那他将要如何活下去？

李庆霖的信反映了知识青年上山下乡运动中存在的普遍问题，因而引起了毛泽东的重视。毛泽东在1973年的4月25日亲自写了回信：

李庆霖同志：寄上300元，聊补无米之炊。全国此类事甚多，容当统筹解决。

毛泽东的复信，直接导致对于知识青年生活问题的关注，一些问题得以缓解。但是，知识青年的问题是体制上的和整体政策上的问题，需要的是根本的解决，这在"文化大革命"的特殊形势下是根本不可能的。

知识青年上山下乡运动中另一个引起人们关注的问题,是一系列女知青被迫害、被强奸的事件。在知识青年孤立无援和地方、基层干部权力失控的农村及农场,女知青被迫害、强奸的现象有蔓延的趋势,这引起了十分严重的社会后果。据公安部1972年11月16日编发的《公安工作简报》,辽宁省锦州地区在七八月间就捕判了奸污女知青的犯罪分子21名,其中大部分是基层干部。黑龙江省委发出紧急通知,将此问题列为"当前知青工作的三个突出问题"的第一项。

1973年1月,在全国计划工作会议期间,国务院领导人对知青工作所作的批示中专门提出:

> 如果让那些污辱知识青年的违法乱纪行为继续存在,而不加处理,或处理不适当,那是姑息养奸行为。①

从有关部门的重视,可以看到这种问题的严重性。

由于生活的困难和精神的苦闷,一些知识青年消极沉沦、一些人自暴自弃,甚至还有自杀者。不仅如此,知识青年还成为社会犯罪行为的对象。据1975年浙江省知青办《简报》反映,十年来,浙江省知识青年自杀死亡183人;从1969年到

---

① 顾洪章主编:《中国知识青年上山下乡大事记》,中国检察出版社1997年版,第109页。

1973年7月，发生针对知识青年的案件1941起。① 在一些地方，出现知识青年与当地农民群众关系的紧张状况，知识青年与农民群体互殴的事件也有发生。

因此，知识青年上山下乡运动，很快便成为日益严重的社会问题。在"文化大革命"期间，知识青年的问题几乎涉及每个城市家庭，对于社会的影响是非常之大的。

知识青年上山下乡的政策，使广大知识青年失去了学习的机会，原有的文化知识在新的环境中，也很难有机会得到实际应用。这场运动长达十年之久，影响了整整一代人，大大加深了文化教育被破坏的程度。据统计，"文化大革命"十年，国家少培养100多万大学生和200多万中专学生，造成了"人才深谷"的严重后果。

从社会政策来说，知识青年上山下乡也是失败的。知识青年上山下乡，给劳动力已经过剩但是仍然非常贫穷的农村造成了更大的人口和经济压力。在"文化大革命"期间，农村总人口由59493万人增至76390万人，以每年1600多万的速度增长，而农村耕地面积由155391万亩减至149562万亩，以每年582万亩的速度递减。人均耕地由2.61亩降至1.96亩。② 一些地方，如东南一带的农村，人口平均不足半亩地，劳动力过剩问题已很严重。李庆霖所在的福建莆田，也是这种情况，为此

---

① 顾洪章主编：《中国知识青年上山下乡大事记》，中国检察出版社1997年版，第134页。

② 顾洪章主编：《中国知识青年上山下乡大事记》，中国检察出版社1997年版，第145页。

还曾经组织过大规模的移民,将这个地区的农村人口迁移到闽北等地。在这样的地区,缺乏农业技能的知识青年的到来,很自然地被视为多余的人。

在劳动力已经大为过剩、经济条件困难的情况下,知识青年到农村,事实上既不能为农村增加新的生产力,又必须从农民的微薄的收入中分一杯羹,反增加了负担。在农村社会中形成知识青年与农民"抢饭吃"的印象,是极为普遍的和可以理解的,要求农民无条件地欢迎、照顾知青,也是不切实际的。

知识青年到农村去,离开了原来生活的环境,改变了生活的方式,在谋生上需要的是他们未曾掌握的技能,许多人难以适应,造成生活上的困难。据当时27个省、市、自治区的统计,按照年收入120～150元的自给标准计算,黑龙江、山东、上海农村的插队知青基本能达到自给的标准,而70%以上不能自给的有云南、贵州、四川、西藏、甘肃、福建;50%～70%不能自给的有陕西、新疆、湖北、江苏、浙江、安徽、北京、内蒙古;30%～50%不能自给的有辽宁、吉林、山西、天津、河北、青海、江西、湖南、河南。[①] 由此可见,知识青年的生活自给率是很低的。知识青年的绝大多数都是单身,如果连维持自己的基本生活都有严重的困难,要求广大的知识青年"扎根一辈子",显然是不可能的。

导致在农村的知识青年生活不能自给的原因是复杂的。确实存在着一部分人因不能长期参加劳动而得不到相应收入的问

---

① 顾洪章主编:《中国知识青年上山下乡始末》,中国检察出版社1997年版,第146页。

题；但同时也存在着即使经常参加劳动也不能保障基本收入的问题。在前者，除了对前途的失望等原因外，还有影响知识青年参加劳动的客观困难，这些困难包括做饭、休息条件、劳动能力和与社会交流等许多非常具体的方面，分散居住的插队知青尤甚。这些困难非常容易助长消极情绪。后者，一方面是因为农业的社会生产力水平和农产品价格低下，农业生产整体收入很低，知识青年和当地农民一样，终年劳作而不得温饱；另一方面则是在劳动报酬的工分评比上的问题，其中既有一些地方对知识青年的歧视态度，也有知识青年劳动技能不足的因素。

不管政治上如何宣传，知识青年愿意"扎根"的人数极少。随着时间的延续，知识青年年龄不断增大。因为不愿在农村长期生活而无法解决婚姻，这就造成了又一个新的社会问题。

作为一项社会政策的知识青年上山下乡，其初衷是减轻城市人口的就业压力。在"文化大革命"的极左的政策下，知识青年上山下乡运动已经丧失了它的积极意义，反而造成了影响整个社会的严重问题。70年代中期，党和政府不断提出解决知识青年问题的措施，事实上已经将知识青年上山下乡运动当作必须正视的和亟待解决的社会问题了。

为了改变知识青年无人管理的状况，1975年，在全国推广株洲经验，在农村兴办知青农场，安置知青，同时要求各地企事业单位抽调干部作为"带队干部"，带领知识青年下乡，参与管理。在这一年，全国城镇派出的"带队干部"达9万多人。在新的安置政策下，形成了农村与城镇企事业单位的"对口"关系，企事业单位有义务抽调资金、物质和技术力量帮助农村的"对口"对象，这就增加了城市的社会负担。

知识青年上山下乡给政府带来的经济负担也很大。1973年以后，国家财政平均每年拨款8.2亿元用于知识青年的安置，占国家同期财政收入的1％。据统计，从1962年开始有计划地组织知识青年上山下乡，到1978年基本结束上山下乡，国家财政累计拨款754297万元，结果是"不仅未能把下乡青年巩固在农村，而且招致各个方面的不满意"①。

知识青年上山下乡运动的更为严重的问题，是剥夺了整整一代人的自由选择和自由生活的权利。广大知识青年的命运完全被这个政策所支配，他们在希望和前途的破灭中痛苦煎熬。这种精神上的问题，在"知识青年上山下乡"的基本政策下，是任何其他修补性的政策都无法解决的。直到现在，知识青年问题的后遗症仍然非常严重。

总的说来，到1976年，知识青年问题已经成为社会的不满的焦点之一。但是，只要"文化大革命"的理论和实践不加以改变，知识青年问题也就无法得到最基本的解决。

"文化大革命"对文化本身带来的灾难也是触目惊心的，它的高度意识形态化的性质，注定了它的结果只能是扼杀文化、毁灭文化。在"创造革命文化"的红色幻影下，一切人类文化成果都被扫荡、被禁止。然而，人类从本质上来说，是一

---

① 顾洪章主编：《中国知识青年上山下乡始末》，中国检察出版社1997年版，第147页。

种文化动物，几十万年的进化，尤其是近几千年的文明史，使人类的文化追求成为一种本能，一种与生俱来的东西，这是无法消灭，也无法长期框入一个固定的模式的。因此，在"文化大革命"表层的"革命文化"下面，真实表现人们思想、感情和生活的文化的发生与发展，就是不可避免的了。

在"文化大革命"对文化进行彻底"革命"的洪流中，也有顽强守护思想信念的知识分子。他们中的一些人已经有较为成熟的世界观，有早已认同的思想和观念。在他们中间，有些坚持中国传统思想精神，以承续中国传统文化为己任，有些人坚持五四以来的民主和自由精神，以五四精神的继承者自命，也有许多人坚持马克思主义的基本信念，反对极左的极端意识形态。

这些人士中，梁漱溟是一个代表。梁漱溟是现代新儒家的代表人物，1953年因言论得罪毛泽东后受到严厉的批判，后来作为"反面教材"留在全国政协。"文化大革命"开始后，梁家被抄，梁漱溟仍不停止其思想活动和写作活动。

1973年，"批林批孔"运动在全国上下开展起来。在京全国政协委员和各民主党派、工商联成员在政协临时学习小组的领导和组织下参加"批林批孔"运动。梁漱溟先是在11月的会上表示"有不同意见，要保留"，保持沉默，不愿表态。在学习组织者的一再催促下，他于12月14日在学习会上表示："对于时下流行的批孔意见不能同意，但我不愿公升表示，妨碍当前运动。假如统战部领导方面想知道我的不同意见是什么，我可以写出评价孔子一文，送请阅看。"① 顶着强大的政治压力，梁漱溟开始写《今天我们应当如何评价孔子》一文，并在1974年2月22日和25日在政协直属组作了连续五小时的长篇发言。据当时小组记录者汪东林的记录，梁漱溟这样说：

> 我现在所认识到的孔子，有功和过的两个方面。在没有新的认识之前，我没有别的办法，只能表里如一。我的文章，我的观点，确实是对时下流行的批孔意见不同意的。那么孔子在中国传统文化史上占有着什么样的位置呢？我的看法是，中国有5000年的文化，孔子是接受了古代文化，又影响着他之后的中国文化的。中国历史上的任何一个古人都不能与孔子相比。他生活在前2500年和后2500年之间，他本人是承前启后的。中国社会之发展，民族之扩大，历史之悠久，与中国文化是分不开的。中国的民族是受着自己的文化陶冶、培养着的！中国文化有种种优长之处，这正是中华民族勤劳、善良、智慧、有强大凝聚力，以至发展到今天这么大的多民族国家，所不可短缺的。中国传统文化源远流长，世界独有，致使外来的文化思想，都要经过消化熔炼，变成中国自己的东西，才能得到发挥，这是世界上若干国家所不及的。
>
> 如今批判"克己复礼"一词最时行，殊不知许多解释

---

① 梁漱溟：《批林批孔运动以来我在学习会上的发言及其经过的事情述略》，1974年11月18日。《梁漱溟全集》第八卷，山东人民出版社1993年版，第317页。

是经不起推敲的。"克己"且不说了，单说这"复礼"之"礼"吧。既然中国并没有典型的奴隶社会，那么这'礼'又怎能是指奴隶主之'礼'呢？至于林彪写"克己复礼"这张条幅，据说还在卧室挂了起来，究竟他为什么这么做，他的"己"和"礼"又何所指？我看除了他自己，别人难以解释。①

《梁漱溟全集》所收之《今天我们应当如何评价孔子》一篇，文前梁漱溟自注："1974年6月25日改写稿"，文末署"1974年11月8日立冬撰写完成"，可见经过多次修改，在行文上与汪东林所记有较大差别。②

在孔子被斥为历代反动阶级复辟派祖师爷，儒家思想是封建统治阶级反动的意识形态的政治运动中，梁漱溟的观点立即遭到激烈的批判，在半年多的时间里，对梁漱溟的批判会多达几十次，但梁漱溟不改初衷。

梁漱溟用以与极左思潮相对抗的，是中国传统的儒家的思想和精神。1975年3月28日他在致周植曾的信中说：

> 我以拒不批孔，政治上受到孤立。但我的态度是独立思考和表里如一，无所畏惧，一切听其自然发展。③

---

① 汪东林：《梁漱溟与毛泽东》，吉林人民出版社1989年版，第67~69页。
② 《梁漱溟全集》第七卷，山东人民出版社1993年版，第270~315页。
③ 《梁漱溟全集》第八卷，山东人民出版社1993年版，第251页。

在"文化大革命"期间,敢于公开表达自己的独立思想并与极左意识形态公开抗争,在万众批判和声讨声中挺身而出卫护中国的文化传统,这需要勇气,也需要坚定的文化信念。梁漱溟在思想和人格上体现了中国学者的精神,也表现了中国文化传统的顽强的生命力。

另一位具有代表意义的是顾准。顾准早年投身革命,但是命运多蹇,先是1952年"三反"运动中受到撤职处分,1958年又被划为右派,1965年再次戴上右派的帽子。虽然如此,顾准仍然坚持读书和思考,在1956年最早提出社会主义经济中的价值规律问题,这是对传统马克思主义经济学理论的一个重要突破。在"文化大革命"的艰难的环境中,顾准坚持不断追求真理和独立思考,在一系列重大的问题上提出了自己的见解,完全超出主流意识形态的框架局限,成为极左意识形态的最深刻的批判者。这是"文化大革命"时期中国思想界最值得记载的事。

"文化大革命"中,顾准随科学院哲学社会科学部下放河南息县干校。针对"文化大革命"这样的劫难,顾准认为应当放到整个历史背景中考察,为此从希腊史开始对整个人类历史作一番整理和研究。①

顾准考察了希腊的城邦民主问题。他认为,希腊城邦制度在世界史上是一个例外。希腊城邦并不是从原始公社演变而来,在它们中间存在过神授王权。城邦民主制度起源于希腊人

---

① 邢小群:《我与顾准的交往——吴敬琏访谈录》,《顾准日记》,经济日报出版社1997年版。

的海外移民,在移民和生存发展的需要中,他们摆脱血族基础,以平等的身份和契约基础组成共同体,城邦就出现了。在城邦中的贵族与平民的斗争中,出现了僭主的专制,僭主的专制是走向"主权在民的一种过渡形态,经过僭主制,城邦民主制出现了,在城邦民主制的形成过程中,航海贸易和市场制度为民主制提供了经济基础"。① 在顾准未完成的《希腊城邦制度》中,已经表现出他对于苏联式的历史唯物主义发展模式的突破和否定,而他提出的公有制与民主制度之间并不存在必然联系的观点在政治思想史上具有特殊的意义。

吴敬琏回忆说:

> (顾准)写作《希腊城邦制度》,就完全不是"发思古之幽情"的结果,而是为了回答"娜拉出走以后怎样"的问题。早在干校的时候,为探索播下了革命的理想主义的种子却得到了林彪、"四人帮"法西斯专政结果问题,追溯文化史和法权史的根源,遇到了东西民族的历史殊途是怎样开端、怎样形成的问题。为了解答这些问题,顾准真是做到了衣带渐宽终不悔,为伊消得人憔悴。②

在写于1973年6月的《资本的原始积累和资本主义的发展》中,顾准讨论了马克思主义经典作家对于商品经济的排斥态度的根源,他认为马克思的异化劳动的哲学命题是他否定社

---

① 顾准:《希腊城邦制度》,《顾准文集》,贵州人民出版社1994年版。
② 吴敬琏:《中国需要这样的思想家》,《读书》,1995年第5期。

会主义社会存在商品关系和价值范畴的原因。他在考察近代资本主义在英国的发源时，提出了多种因素共同作用的结果的看法，特别是他提出了清教徒的忍欲、节约、冒险、创业和上帝选民的意识，是资本主义的精神动力。

《从理想主义到经验主义》是顾准在1973年到1974年应其弟陈敏之要求写下的思想笔记，这是一部颇具睿见的著作，他提出的许多思想都是很尖锐的。①

顾准比较中国思想同希腊思想的不同特征，认为中国"史官文化"的文化传统，以服从政治权威为基本倾向，"所谓史官文化者，以政治权威为无上权威，是文化从属于政治权威，绝对不能涉及超过政治权威的宇宙与其他问题的这种文化之谓也"。他提出：

> 史官文化中的历史主义还是中国文化的优点，要改掉的是，历史主义不能成为史官，即服从于政治权威的史官。人类，或人类中的一个民族，绝不是当代的政治权威有权僭妄地以为可以充任其全权代表的。

对于平等原则，顾准认为：

> 希腊政治史和希腊政治思想史一样有两大潮流汹涌其间：雅典的民主传统和斯巴达"民主集体主义，集体英雄

---

① 《顾准文集》，贵州人民出版社1994年版，第244、252页。

主义……"的传统，雅典民主是从原始王政经过寡头政体、僭主政体而发展起来的，斯巴达传统则始终停留在寡头政体的水平上。

顾准说：

> 我对斯巴达怀有复杂矛盾的感情。平等主义，斗争精神，民主集体主义，我亲身经历过这样的生活，我深深体会，这是艰难环境下打倒压迫者的革命运动所不可缺少的。但是，斯巴达本身的历史表明，藉寡头政体、严酷纪律来长期维持的这种平等主义、尚武精神和集体主义，其结果必然是形式主义和伪善，是堂皇的外观和腐败的内容，是金玉其外而败絮其中；相反，还因为它必定要"砍掉长得过高的谷穗"，必定要使一片田地的谷子长得一般齐。①

顾准是五四精神的忠实继承者。对于民主与科学的问题，他认为，只有建立在科学基础上的民主才是可靠的民主。科学是什么？对于顾准，科学基础是学术自由和思想自由，"学术自由和思想自由是民主的基础"；科学精神就是哲学上的多元主义，"哲学上的多元主义，就是否认绝对真理的存在，否认有什么事物的第一原因和宇宙。人类的什么终极目的"，"哲学上的

---

① 《顾准文集》，贵州人民出版社1994年版，第256～257页。

多元主义，贯彻到政治上也是多元主义。那就是，可以有各种政治主张的存在，有政治批评——来自各种立场的政治批评"。①

顾准认为，现代的民主只能是议会民主，直接民主的"人民当家做主"其实只是空话。直接民主只能行使于城邦，"广土众民的国家无法实行直接民主。在这样的大国里，直接民主，到头来只能成为实施'仪仗壮丽、深宫隐居和神秘莫测'的君主权术的伪善借口。"② 顾准尖锐地指出理性的意识形态的危险性：

> 马克思恩格斯的眼镜，从人类历史来说，不过是无数眼镜中的一种，是百花中的一种。唯理主义者总是以为他自己的一花是绝对真理；或者用另一种说法，理论（即唯理主义的理性）对于科学总具有指导意义。可是这种指导总不免是窒息和扼杀，如果这种理性成了钦定的绝对真理的话……③

关于革命，顾准认为：

> 自17世纪以来，有两股革命潮流。一是英、美革命，导向典型的资本主义，一是1789年和1870年的法国革命，同时展示出消灭资本主义、走向社会主义的趋向，按

---

① 《顾准文集》，贵州人民出版社1994年版，第343～347页。
② 《顾准文集》，贵州人民出版社1994年版，第258～259页。
③ 《顾准文集》，贵州人民出版社1994年版，第420页。

两次革命本身来说，是不可能成为现实的。①

> 法国革命设定了一个终极目的，而这终极目的正是"要在地上建立天国——建立一个没有异化的、没有矛盾的社会。我对这个问题琢磨了很久，我的结论是，地上不可能建立天国，天国是彻底的幻想；矛盾永远存在。所以，没有什么终极目的，有的，只是进步"。②

顾准认为，革命的良好初衷有走向它的反面的可能，"革命家本身最初都是民主主义者，可是，如果革命家树立了一个终极目的，而且内心里相信这个终极目的，那么，他就不惜为了这个终极目的而牺牲民主，实行专政……内心为善而实际上做了恶行，这是可悲的"。顾准指出：

> 如果不承认有什么终极目标，相信相互激荡的力量都在促进进步，这在哲学上就是多元主义；他就会相信，无论"民主政治"会伴随许多必不可少的祸害，因为它本身和许多相互激荡的力量的合法存在是相一致的，那末，它就显然也是允许这些力量合法存在的唯一可行的制度了。③

人们说，知识分子是社会的良知。然而在极端意识形态的

---

① 《顾准文集》，贵州人民出版社1994年版，第371页。
② 《顾准文集》，贵州人民出版社1994年版，第371页。
③ 《顾准文集》，贵州人民出版社1994年版，第375页。

强大压力下，能够承担社会良知责任的，并不是多数。值得庆幸的是，在一个万马齐喑的特殊的时代，有一位读书人，以他的追求和生命给历史、也给后人一个有重大意义的象征，"他给整个一代的知识分子挽回了荣誉"。①

在"文化大革命"的禁锢中，出现了地下文化的现象。②"文化大革命"中的地下文化，是与"文化大革命"意识形态相对立的，它不去迎合领导人提倡的思想、观念，不表现"革命文化"所要求的"英雄人物"，不去"抒发革命的豪情"，不去"讴歌"伟大领袖，而是想自己所想，表达个人的真切的感受，表现自己所向往、所憧憬的生活。它是严冬压在文化专制巨石之下的一株细草，是中国文化的一线生机。

要给地下文化作一个准确的、严格的界定是很困难的。地下文化没有一个有组织的群体，人们的文化活动大都是分散的、个别的、私人的，交流仅限于相互不沟通的很小的范围，传播则更多的是单向的，受到极大限制的，当然也就不会产生有较大影响力的文化领袖和文化精英。

"文化大革命"中的地下文化，从性质来说，是与"文化大革命"的极左文化观相背离、相反对的文化现象。从形态来说，地下文化是"文化大革命"的意识形态所不允许的和在中国社会不能公开存在的民间文化现象。不能公开存在有两种情况，一种是不具公开性，是秘密的和私下的表达和交流、传

---

① 《顾准文集》，贵州人民出版社1994年版，第10页。
② 《地下文化的文学群体及活动》，参见杨健：《"文化大革命"中的地下文学》，京华出版社1993年版。

播；另一种虽具有公开性，不惮在一定的场合公开表达，却不被政治环境所容许。"文革"中的手抄本属前一种情况，在"批林批孔"中梁漱溟的言论则属后一种情况，1976年的天安门事件，则是两种情况的组合，这是特殊的时间、特殊的场合、特殊的情境使然。

地下文化的主体，主要有两类。一类是旧的文化人和有浓厚文化色彩的各方面人士。他们在"文化大革命"中受尽冲击，或者入狱，或者流放，或者闲置，或者监督改造，被剥夺了从事文化工作的权利。他们在极恶劣的环境下，坚持自己的思想，在可能的条件下进行写作，这一类人以中年和老年为主。另一类是"文化大革命"中的青年。在"文化大革命"中，他们或者投身运动，是显赫一时的红卫兵；或者因为家庭、社会关系等原因而被排斥在运动之外，是所谓的"黑五类"；或者自觉不自觉地游离于运动之外而成为"逍遥派"。大规模群众运动过后，他们都被"革命"所抛弃，投入广大的农村、边疆和城市街道，从精神上同"文化大革命"及其政治领袖产生疏离，在苦闷、怀疑、不满和思考的过程中追求思想的独立和自由，进行表达自己的思想和心灵的写作。

青年们大都没有太深的文化积累，他们的思想还在形成之中，他们不以承接中国文化传统为使命，也不认同于"文化大革命"的"革命文化"，他们是思想文化的探索者与尝试者。与成熟的文化人相比较，他们更幼稚，也没有深厚的功力，并且带有许多时代的和文化的局限，他们的文化活动带有更多的探索性质。他们是在革命理想主义的年代成长起来的一代，是

"文化大革命"前期的主要社会力量。然而"文化大革命"的发展，越来越暴露出其理论与实践的不可克服的矛盾，革命的理想主义情绪也被恶劣的现实环境所猛烈冲击，于是政治的热情开始冷却，一些一直坚信不疑的政治信仰开始动摇，心目中的政治偶像正在破灭。于是乎，无聊、苦闷、消沉、彷徨、怀疑、否定、反抗，由无条件的忠诚和献身开始转向人生、社会与自我。

青年一代是在特殊的社会历史条件和浓厚的意识形态的氛围下成长的，社会化过程决定了其基本的文化性格，主流意识形态在他们的活动中是不可摆脱的背景。这一代人的思想成就，同样取决于对主流意识形态的批判和突破。这种突破是艰难的。

在一代青年的社会化过程中，由于长期政治理论的教育，使他们相信理论对于社会发展和人类进步具有不可替代的指导作用。他们把文化，尤其是理论形态的文化，当作社会合理性与进步的根本的东西。面对"文化大革命"带来的问题，他们希望从理论上来考察，得出自己的见解。在"文化大革命"后期，越来越多的人开始从理论上来思考中国的政治与社会问题。许多人是真诚的马克思主义信仰者，他们更多的是从马克思主义的基本著作中吸取思想养料，展开自己的理论思考的。

比理论活动更能表达一代青年的苦闷、怀疑、否定和追求的思想和情感的是文学活动。知识青年上山下乡运动和"文化大革命"其他政策的失败及其对于青年的打击，是这个活动的温床。1970年前后，一些下乡知青开始回到城市，他们已经有了为当权者所不容许的思想和感情,并且有所秘密表达和交流,在北京和其他一些地方,开始形成地下文艺沙龙,传阅被禁止的各类小说和其他文学作品,并产生了一些创作作品,以手抄本的方式流传。① 这些创作作品,有直接反映"文化大革命"的社会生活的,如毕汝协的《九级浪》,描写了一代青年在"文化大革命"中的幻灭、迷惘、蜕变和堕落。女主角司马丽出身于一个知识分子家庭,美丽而高贵。"文化大革命"使司马丽家庭和个人受到重大打击,司马丽先是与命运搏斗,最终不能抵抗而沉沦、堕落和毁灭。又如佚名的《逃亡》,描写了几个在东北插队的知识青年,扒火车进城被冻死,表现了知识青年的梦想与现实命运的尖锐冲突。

"文化大革命"的政治高压和文化专制给人们带来极大的压抑与痛苦,而苦难却是与诗共生的。这个时期的地下诗歌,特别真实地反映了一代青年的苦闷、痛苦、幻想和追求,这是"革命文艺"所不能望其项背的。在形式上,青年们开始进行自己的探索与尝试,使之具有现代的意味。如郭路生的《相信未来》,写下了现实的失败和理想信念的挣扎:

> 当蛛网无情地查封了我的炉台,
> 当灰烬的余烟叹息着贫困的悲哀,
> 我顽固地铺平失望的灰烬,
> 用美丽的雪花写下:相信未来!

---

① 《地下文化的文学群体及活动》,参见杨健:《"文化大革命"中的地下文学》,京华出版社1993年版。

> 当我的紫葡萄化为深秋的泪水，
> 当我的鲜花依偎在别人的情怀，
> 我仍然固执地望着凝露的枯藤，
> 在凄凉的大地写下：相信未来。

但"未来"是什么？只是一种信念。支持这个信念的，只是理想主义的余烬。到了1974年，郭路生的《疯狗》却这样写了：

> 受够了无情的戏弄之后，
> 我不再把自己当人看。
> 仿佛我就成了一条疯狗，
> 漫无目的地游荡在人间。
> 我还不如一条疯狗，
> 狗急它能跳出墙院。
> 而我只有默默地忍受，
> 我比疯狗有更多的辛酸。

郭路生的《疯狗》，写出了当时千万青年的心态与感受，他们没有幻想，不再有未来，在沉重的压力下偷生，这种精神上的痛苦是难以忍受的。

与郭路生沉溺于精神的痛苦之中不同，另一些诗干脆避开现实，构建自己的梦想和爱情的梦幻世界。如舒婷的《赠》：

> 我为你举手加额
>
> 为你窗扉上闪熠的午夜灯光
>
> 为你在书柜前弯身的形象
>
> 当你向我袒露你的觉醒
>
> 说春洪重又漫过了
>
> 你的河岸
>
> 你没有问问
>
> 走过你的窗下时
>
> 每夜我怎么想
>
> 如果你是树
>
> 我就是土壤
>
> 想这样提醒你
>
> 然而我不敢

在"文化大革命"中的地下文化中,诗歌也许是最有成就的了。青年诗人们的诗,继承了中国"五四"以后新诗的传统,并且有所创造,它所反映的一代青年的痛苦、苦闷、彷徨、幻想和追求,这就使它有了永久存在的价值。"文化大革命"中的这些诗作,在"文革"后有许多得到公开发表,开创了一个时期的诗风。这个时期开始文学活动的青年,后来有些成为很有影响力的诗人。

与诗相比,歌曲的数量要少得多,但其中有一些却流传极广,如《知青之歌》:

蓝蓝的天上，白云在飞翔，美丽的扬子江畔，是可爱的南京古城，我的家乡。啊，彩虹般的大桥，直上云霄，横断了长江，雄伟的钟山下是我可爱的家乡。

告别了妈妈，再见了故乡，金色的学习时代已载入了青春史册，一去不复返。啊，未来的道路是多么艰难，曲折又漫长，生活的脚印深印在偏僻的异乡。

跟着太阳出，伴着月亮归，沉重地修理地球是光荣神圣的天职，我的命运。啊，用我的双手绣红了地球，绣红了宇宙，幸福的明天，相信吧，一定会到来。

《知青之歌》写出了知识青年对家乡的眷恋和对命运的无奈。这支由插队在江苏省江浦县的南京知识青年任毅谱写的歌曲，迅速传遍全国，为各地知识青年所传唱，其流传之迅速，传播之广泛，可以说凡有知识青年处，就可以听到这支歌。正是因为这支歌，作者任毅被逮捕，并被判刑十年。

"文化大革命"不能解决一代青年的就业和就学的问题，把他们抛向广大的农村和街道。这一代被造就成为"政治人"和"文化人"性格的青年，在极度苦闷中渴求精神的寄托。专制使他们格外感到文化的饥渴。他们可以跑几十里山路，为的是去看一本巴金或者其他作家的小说；可以在昏暗的油灯下抄录普希金的诗或者《唐诗三百首》；也可以长途跋涉，去看一部已经能倒背如流的军事科教片《地道战》。这一代青年不仅是"文化大革命"中地下文化的创造者，而且是最广大的传播者和接受者。

除了诗歌之外,以手抄本形式流传的还有小说和其他读物。

小说《归来》(即《第二次握手》),是"文化大革命"后期流传最广的手抄本之一。《归来》是一个传统的才子佳人式的现代故事。故事以新中国第一颗原子弹的研制为政治背景,男主人公苏冠兰与女主人公丁洁琼在海湾的一次风暴救助中相识并且相爱,但由于家庭的反对和小人的挑拨而分手。后来,苏冠兰成为一名化学家,而丁洁琼旅美成为著名的核物理学家。新中国成立以后,丁洁琼思念故国和故人,冲破帝国主义分子的阻挠回到祖国,却发现苏冠兰已经结婚。丁洁琼备受打击,准备离开北京,在即将登机之时,周恩来总理赶到机场,说服丁洁琼留了下来。五年以后,中国第一颗原子弹爆炸成功,丁洁琼、苏冠兰和苏的夫人都有美好的新生活。

《归来》是一部带有较多传统色彩的言情小说。它的才子才女的人物配置,爱情故事的曲折与绵长,"英雄救美""小人捣乱"的情节展开和大团圆的结局,都表现出了传统的影响,而小说所表现的爱国主义的意识,又反映出了它的时代特征。对于处于严重的精神饥渴的一代青年来说,《归来》这部手抄小说的科学与文化氛围、缠绵与美丽的爱情故事和洋溢在其间的淡淡的忧伤,画出了一个与严酷和枯燥的现实全然不同的梦幻世界,因而很快流传全国。

值得注意的是小说中对周恩来的形象的塑造。"文化大革命"是偶像崇拜的年代。在"文化大革命"前期,毛泽东是万众欢呼顶礼膜拜的政治偶像。"文化大革命"后期,人们对于政治和政治权威开始失望,周恩来的声望日隆,开始越来越为人们所亲近和崇敬。周恩来声望的隆升，主要不是建立在政治权威之上，而在于他的品德和人格魅力。人们崇敬周恩来，主要不是政治性的，而是道德性的；对于周恩来，人们不是敬畏，而是一种亲近。从被崇敬的理想人物及其内涵的变化，可以看出"文化大革命"整个社会心理的改变。

《归来》的广泛流传，借助于爱情的主题。这在"革命文艺"将爱情视为禁区，将人的丰富感情净化为单一的政治热情、革命热情的时期，真可以说是荒漠甘泉。《归来》的广泛流传和屡禁不止，便是借助于这一点，"革命文艺"的重大失败，也在于这一点。人性本真，如果借助政治权力去压抑、去禁止，人们便要在一切可能的范围内去营造、去追寻。

爱情如此，性更是如此。"文化大革命"视性为龌龊、污秽，连"性"这个字眼都讳莫如深，即使在大批判的文字中，也只能以"腐朽糜烂的生活方式""搞腐化"之类字眼替代之。但在"文化大革命"后期，关于性的手抄本也流传极广。这些性的读物主要有《少女之心》《曼娜回忆录》等。这两个手抄本在艺术上并不高明，甚至可能称不上文学作品，但是它们大胆的性生理、性过程和性心理的描写，在"文化大革命"的时代是绝无仅有的，因此也就不难理解它在青少年中为什么会有广大的市场。

在"文化大革命"后期，各地还广泛流传如《梅花党》《绿色尸体》《无头尸》《绣花鞋》等故事，以其悬念、离奇、恐怖来吸引人们。它们的广泛流行，表现了社会民众对于世俗文化的趋向。

"文化大革命"的发生，有理想主义的重要背景，而作为"文革"期间地下文化重要主体的青年，也是在理想主义的氛围中成长起来的，地下文化因而也带有许多理想主义的成分。与"文化大革命"的意识形态所不同的是，它一方面在理论上从马克思、恩格斯等经典作家的论著中寻找新支点，作为政治反叛的依据；另一方面，理想主义的政治色彩渐渐淡化，文化的色彩渐渐加深。与这个过程同时发生的，是更大的否定和叛逆，这就是理想主义的本身也正在被抛弃。一些人由失望和迷惘而进入怀疑、独立的思考和创造；另一些人则由失望和迷惘而进入否定、消极和颓废；一些人否定政治权威给他们划定的理想社会，独立地去追寻自己的理想空间；一些人则从意识形态所凭空架设的理想中落入现实的尘世。后一种倾向，在表现形态上就是俗文化的产生。它没有了幻想，没有了说教，不去明示什么真理，只是直接地为世俗人所消遣、所满足。从这一点看，俗文化与"文化大革命"的"革命文化"的对立也许不是最尖锐的，但却是更为根本的，它是对几十年来理想主义教育的最大反动。

第六章
十月惊雷

激荡岁月——1976年的中国

一、"文化大革命"后期的政治格局

◎身份特殊的"旗手"江青

◎"理论家"包装的政客张春桥

◎"金棍子"姚文元

◎"造反司令"王洪文

◎"文化大革命"中崛起的帮派势力

◎"阴谋文艺"成为篡党夺权工具

◎老一代革命家和老干部

◎政治秩序的重建和老干部的重新掌握权力

◎时局的重心:叶剑英

◎军队控制权的争夺

◎"四人帮"难以控制军队

◎整顿进一步加强军队的团结统一

◎"放火烧荒"难以奏效

◎"四人帮"集团建立第二武装

"文化大革命"后期,中国的政治前途取决于党和人民的力量同"四人帮"集团的斗争。"四人帮"集团在中共中央内以江青、张春桥、姚文元和王洪文为核心,在各部门和各地方都有其追随者。这个政治集团是在"文化大革命"中形成的,并以"文化大革命"的理论和实践为核心形成了集团的共同政治利益。"四人帮"集团的主要人物是在"文化大革命"中发迹的,他们自命为"新生力量",与老干部对立。他们的权力基础，是各地活跃的造反派领袖。

"四人帮"又称"上海帮"，是因为其主要成员都与上海有密切的关系。"四人帮"的头面人物江青，20 世纪 30 年代进入上海的进步电影界，多少也算是个成名的演员。抗日战争开始后，江青从上海到了延安，后来成为毛泽东的夫人。江青是具有中国近代社会转型的某种特征的女性，性格鲜明，有极强的虚荣心，有极大的权力欲。新中国成立后，江青先是在中宣部任职，参与批判电影《武训传》。60 年代主持所谓"文艺革命"。她自称是毛泽东在文艺战线上的"哨兵"，组织批判吴晗的新编历史剧《海瑞罢官》，掀开"文化大革命"的序幕。在"文化大革命"中，江青以其特殊身份和毛泽东的支持，在政治上迅速崛起，成为炙手可热的政治明星，是"中央文化革命小组"（通常简称为"中央文革小组"或"中央文革"）的第一副组长，九大、十大均当选为中央政治局委员。

"四人帮"的另一位核心人物张春桥，是一个多少有点理论、又有很强政治手腕的政客。张春桥早年进入上海的左翼文化阵营，可以算是理论家和评论家。20 世纪 30 年代曾经化名狄克，著文对萧军的《八月的乡村》冷嘲热讽，受到鲁迅的痛斥。新中国成立后担任中共上海市委机关报《解放日报》社长兼总编，后来又担任上海市委书记柯庆施的政治秘书。1958 年，张春桥发表《破除资产阶级法权思想》一文，为毛泽东所注意。1965 年参与《评新编历史剧〈海瑞罢官〉》的写作，"文化大革命"爆发后成为中央文革小组成员。1966 年 11 月，以支持"自发"成立的造反派组织"上海工人革命造反总司令部"和对中共上海市委的造反，解决了轰动全国的上海"安亭事件"，受到毛泽东的欣赏。毛泽东称："可以先斩后奏，总是先有事实，后有概念。"张春桥也就以上海为基地，确立了自己的政治地位。1967年发动了上海夺权的所谓"一月革命"，成立"上海市人民公社"。在毛泽东提出"还是叫革命委员会好"后，"上海市人民公社"改称"上海市革命委员会"，张春桥任主任。九大时当选为政治局委员，十大时担任政治局常委。

姚文元原是上海的评论家，20世纪50年代发表过一些文艺评论和随笔、散文。他评论文章的特点不在于缜密严谨的理论分析，而在于其咄咄逼人的气势，这在意识形态极端化的年代是有利的本钱。这个"笔杆子"在五六十年代的政治运动和文化批判中就已经成名，并且以《评新编历史剧〈海瑞罢官〉》名噪一时。在"文化大革命"中成为极左思潮的重要理论家，经常扮演理论权威的角色。后来又成为中共中央政治局中分管理论宣传的委员。

"四人帮"中最年轻的王洪文，"文化大革命"前是上海国棉17厂的保卫干事，"文化大革命"中起来造反，成为上海最大的造反派组织"上海工人革命造反总司令部"的"司令"，后担任上海市革命委员会副主任。林彪事件后，毛泽东重新考虑接班人问题，王洪文被选中。1972年9月，王洪文调入北京，十大时突然跃升为中共中央副主席，并在一段时间内主持中央工作，俨然成为新的政治接班人，后来因为"长沙告状"，渐被毛泽东冷落。

人们可以注意到，后来被称为"四人帮"的江青集团，最初称为"上海帮"，这是因为它主要是一个在上海的"文化大革命"中崛起的政治集团，联系这个核心集团的纽带，是在上海的"文化大革命"中结成的政治关系。由于江青具有毛泽东夫人的特殊身份，自然也就成为这个政治集团的旗帜和领袖。然而，江青的理论水平和政治能力都非常低下，在集团中虽有领袖地位，却无多大的政治权威。职位最高的中共中央副主席王洪文能够在政治上崛起，就因为在局势不明朗的政治动乱时有一种非常的"胆量"，在政治上便捞到了一些本钱，一是毛泽东钦定的党内职位，二是王洪文作为"文化大革命"中脱颖而出的造反派领袖，既有自己在上海的帮派势力，也是各地造反派帮派分子的政治象征。江青集团中的"笔杆子""金棍子"姚文元，有点"文字功夫"，文章有蛊惑力，能造声势，但是理论水平毕竟有限，同时多少也有些"文人"的弱点：处理政治问题能力偏弱，经常患得患失。这样，"四人帮"中最具有集团的政治权威的，是兼有"理论"素养和政治经验的张春桥，从某种程度上说，他是实际的政治核心。

"四人帮"集团的社会基础，主要是一批在"文化大革命"中崛起的造反派分子。这些造反派分子，一部分对已经得到的政治地位和政治利益仍不满足，企图追随"四人帮"，以谋取更高的政治地位和更大的政治利益；另一部分则是在"文化大革命"后期因为搞帮派活动受到打击的造反派分子。

在"文化大革命"中后期，随着政治秩序的重建，在运动中崛起的一些地方造反派头目程度不同地受到冲击。

造反派势力受到的另一次重大的打击，是1975年邓小平主持的全面整顿时期。在全面整顿时期，"资产阶级派性"成为整顿的一个主要目标，邓小平3月5日讲话和中央《关于改进铁路工作的决定》开始在全国掀起对"资产阶级派性"的猛烈进攻。中央日益强硬的反派性立场使许多帮派分子感到危机甚至绝望，由此，他们就更加需要追随"四人帮"集团以改变自己的处境，满足其政治期待。这些人在中央和地方都有，他们人数虽然不多，但是分布甚广。同老干部中也有少数"四人帮"的追随者一样，"文化大革命"中起家并在一些权力机关中任职的造反派，也有少数人并没有积极参与"四人帮"一系列的活动，其原因当然是复杂的。

"四人帮"集团和它依赖的社会基础，是"无产阶级文化大革命"的理论和实践的伴生物。这是一个以"文化大革命"的理论和实践为依托，产生和发展起来的政治利益集团，他们有着特殊的政治权力、政治势力和政治利益。这些权力、势力和利益，都与"文化大革命"密切相关。因此，对于这个政治集团来说，维护"文化大革命"的理论和实践，便成为他们生死攸关的重大问题。

"四人帮"集团利用自己掌握的宣传机器进行篡党夺权的阴谋活动，除了在理论上不断进行各种批判运动、制造所谓"规律"公式外，还利用文艺进行政治阴谋活动。

在"文化大革命"中，极左的文艺的指导者和执掌人是江青。江青关于"文艺革命"的"塑造无产阶级英雄形象"的试验，其成果是被誉为"为工农兵服务，为无产阶级专政服务的样板作品。这是无产阶级文艺宝库里的明珠，是人类艺术史上的珍品"。这就是京剧《智取威虎山》《海港》《红灯记》《沙家浜》《奇袭白虎团》，芭蕾舞剧《红色娘子军》《白毛女》，交响音乐《沙家浜》。它们被称为"文化大革命"的"八个样板戏"。

江青等还制造了"无产阶级文艺创作的根本原则"——"三突出"原则："在所有人物中突出正面人物，在正面人物中突出英雄人物，在主要英雄人物中突出最主要的即中心人物。""三突出"的补充性说法是"三陪衬"，即反面人物和正面人物之间，要用反面人物陪衬正面人物；正面人物和英雄人物之间，要用正面人物陪衬英雄人物；英雄人物和主要英雄人物之间，要用英雄人物陪衬主要英雄人物。还有一种说法为"三铺垫"，所有人物都要为主要英雄人物作铺垫。

"文化大革命"的文艺观，是概念化、脸谱化、政治化的文艺观，它不是人文的，甚至也不是艺术的，与"文化大革命"在理想上所追求的平等、群众民主的观念亦不相同。可以说，它是比较浅俗的传统戏曲观念在新时期的翻版，它是传统社会中下层民众浅陋的美丑善恶观、斗争意识和派别意识、"革命"的理想主义与英雄崇拜意识的混合体。

这样，无条件服务于政治的"文化大革命"的文艺，不存在任何的独立性。随着政治斗争的需要，它可以充当直接为权力斗争服务的工具。由"样板戏"到"阴谋文艺"，是"文化大革命"的"革命文艺"的必然的发展。

所谓阴谋文艺，就是利用文艺的形式搞政治阴谋，主要手法除了"根本任务""创作原则"等表面文章外,最重要的是影射比附。通过影射,表现他们自称的"同走资派斗争的无产阶级革命派人物",表现他们所要打倒的"走资本主义道路的当权派",表现在现实社会中的政治权力斗争。阴谋文艺将文艺为政治服务的目标推向了极致,文化变成了拙劣的政治宣传品。

在1976年年初开展的"批邓、反击右倾翻案风"运动中,"四人帮"提出大写"走资本主义道路的当权派",为打倒老干部的目的服务。江青不满足于样板戏,认为"那些样板团演出的戏都老掉牙了,很少有社会主义时期的题材,一个也没有与走资派斗争的内容",因此应当赶紧编排与走资派作斗争的戏,"和当前的斗争紧密配合"[①]。

他们主张要"写大走资派,老走资派,不肯改悔的走资派",这样的走资派"出身好,有功劳,表面上不贪污腐化,但政治上反动"。要写出这样的走资派"怎样从资产阶级民主派到走资本主义道路的当权派,怎样从民主革命时期党的同路人到社会主义时期的反对派、复辟派,怎样从思想上停止在资产阶级民主革命阶段到搞修正主义","四人帮"认为,塑造出这样的走资本主义道路的当权派的典型,"就能使广大人民看到革命的主要对象"。

"阴谋文艺"一方面指明打击的对象,另一方面要指明领导打击这些走资派的英雄人物,即"同走资派斗争的无产阶级

---

① 江青1976年2月1日对于会泳、浩亮、刘庆棠的讲话。

革命派人物"，换句话说，就是极左集团的成员自己。"四人帮"组织的"阴谋文艺"中，主要的英雄人物经常是自己的化身。电影《反击》中，江青化身为主要英雄人物赵昕，这是一个长期跟随毛泽东的"老革命"。在《盛大的节日》中，张春桥化身为光彩照人的老一辈革命家井峰，王洪文则化身为洞察一切的工人领袖铁根。

1976年，"四人帮"制作了《春苗》《决裂》《反击》《盛大的节日》等电影，制作了一批小说和剧本，掀起了阴谋文艺的高潮。

"四人帮"集团的权力斗争对象，是老一代的革命家和支持他们的干部。在"文化大革命"中，代表党的正确路线和国家、人民利益的，是中国共产党内一大批老一辈革命家、老干部，他们在"文化大革命"的惊涛骇浪中，是真正的中流砥柱。

"四人帮"集团的政治策略是，在连绵不断的政治运动中，以主要的力量打击被视为"老干部"在中央的代表人物，如周恩来、邓小平，同时煽动各部门和各地方的造反派帮派势力攻击"老干部"，从整体上改变权力机构的成分，最终达到夺取党和国家最高权力的目的。江青集团提出"反经验主义"的口号，并且提出一套荒诞的"老干部等于民主派，民主派等于走资派"的理论，都是为这一目的服务的。

1970年以后，各级党的组织逐渐恢复，老干部陆续恢复工作，特别是林彪事件以后，在周恩来的主持下，老干部恢复工作的速度加快。与此同时，在"文化大革命"中被结合进领导班子的造反派分子却不断暴露出其政治上和工作上的弱点,一些人由于坚持派性立场而受到抑制。黑龙江的派系分子牛成山在1974年说:"老干部解放了百分之九十八,新干部刷下去也占百分之九十八。"① 所谓"新干部",指的就是"文化大革命"中跃升的造反派。从中央到地方,在70年代重建党的组织以后,老干部的逐渐重掌政治权力和造反派的逐渐失势的状况,越来越明显。

更重要的是,"四人帮"的倒行逆施,从根本上违背了党、国家和人民的原则和利益。1976年发生的四五运动就是人民群众同"四人帮"集团的一次较量,这次运动虽然被镇压下去了,但是斗争远没有结束。

在邓小平再一次被打倒后,除毛泽东外,中央高层中有显赫资历和有重大影响的人物,首先是叶剑英。

叶剑英是中共党内老资格的军事家。叶剑英早年追随孙中山,参加粤军。1927年,任国民革命军第二方面军第四军参谋长。同年7月,加入中国共产党。

国共关系破裂后,叶剑英在南昌起义的准备中起了特殊的作用。1927年12月11日,叶剑英参与领导广州起义,任工农红军副指挥。因此,叶剑英是中国人民解放军的创建人之一。

1931年年初,叶剑英进入中央苏区,历任中华苏维埃共和国中央革命军事委员会委员兼总参谋部部长、中国工农红军第一方面军参谋长、中国工农红军学校校长、瑞金卫戍司令

---

① 《牛成山、聂士荣阴谋颠覆政府案黑龙江省哈尔滨市人民检察院起诉书》,见《历史的审判》(续集),群众出版社1986年版,第591页。

员、闽赣军区及福建军区司令员,参与指挥中央苏区反"围剿"的作战。1934年,被选为中华苏维埃共和国中央执行委员。长征中,任第一纵队司令员。第一、四方面军会合后,任红军前敌总指挥部参谋长。到达陕北后,任西北革命军事委员会参谋长兼一方面军参谋长。1936年2月,协助毛泽东、彭德怀指挥东征战役。12月,任中央革命军事委员会副总参谋长。西安事变发生后,协助中共全权代表周恩来做了大量工作,推动了西安事变的和平解决。

抗日战争全面爆发后,叶剑英同周恩来、朱德一起,作为中国共产党和红军的代表,到南京参加了国防会议。1937年8月25日,中共中央军委发布红军改编为国民革命军第八路军的命令,任八路军参谋长。同年底到达武汉,任中共中央长江局委员,进行抗日民族统一战线工作。1939年1月,任中共中央南方局常务委员。2月,协助国民政府军事委员会创办南岳游击干部训练班,任副教育长。1941年2月,从重庆返回延安,任中共中央革命军事委员会参谋长,协助毛泽东、朱德等指挥作战。同年11月,兼任军事教育委员会委员和军事学院副院长。

抗日战争胜利后,叶剑英参加以周恩来为首的中共代表团,赴重庆出席政治协商会议,同国民党政府继续进行停战谈判。1946年1月,赴北平任军事调处执行部中共代表。与国民党代表、美国代表调处国共军事冲突和监督双方执行停战协议。蒋介石发动全面内战后,他于1947年2月返回延安,后任中国人民解放军参谋长,中共中央后方委员会书记,统筹后方工作。1948年，任华北军政大学校长兼政治委员。北平和平解放后，任北平市市长。

中华人民共和国成立后，叶剑英历任中央人民政府委员、中南军政委员会副主席、华南军区司令员、广东省人民政府主席兼广州市市长、广东军区司令员兼政治委员。参与组织指挥海南岛登陆战役。1954年后，任中国人民革命军事委员会副主席、国防委员会副主席、人民解放军武装力量监察部部长、训练总监部代部长等职。1955年，被授予中华人民共和国元帅军衔和一级八一勋章、一级独立自由勋章、一级解放勋章。自1958年起，任军事科学院院长兼政治委员，并一度兼任高等军事学院院长。他是领导人民解放军革命化、现代化、正规化建设的主要人物。1966年1月，任中共中央军委副主席兼秘书长。5月任中共中央书记处书记。1971年，林彪事件发生后，以中共中央军委副主席的身份主持军委日常工作。

叶剑英在中国现代史上的经历是丰富多彩的，他多次参与重大的军事和政治活动。特别是红军长征途中，在粉碎张国焘分裂党、妄图另立中央的阴谋中立下大功，被毛泽东多次称道。毛泽东称叶剑英是"诸葛一生唯谨慎，吕端大事不糊涂"，这确实反映出了他的性格特点。叶剑英在中国共产党的军事战争进程中，并不经常直接指挥兵团作战，而是将很大的精力投入军事战役战略的策划和研究、军事教育和训练、军事谈判等重要方面，在这些领域都有非常重要的贡献。叶剑英无论对于军事还是对于政治，都有浓厚的兴趣，是典型的军事家兼政治家。在长期的军事和政治活动中，叶剑英同党内重要的军事和政治领袖都建立了非常密切的关系。叶剑英是中国共产党的高层中在政治和军事方面都具有广泛影响力的政治人物。

叶剑英在"文化大革命"中，曾经是所谓的"二月逆流"的"黑干将"，并因此受到冲击和批判。林彪事件后，毛泽东重新起用叶剑英主持中央军委的日常工作，在党的十大上，叶剑英当选为中共中央副主席。在"文化大革命"中后期，叶剑英是周恩来和邓小平的有力支持者，在党内和军内的影响力进一步扩大。

为了削弱叶剑英在军队中的影响，1976年2月2日的中共中央1号文件决定："在叶剑英同志生病期间，由陈锡联同志负责主持中央军委的工作。"这实际上是剥夺叶剑英军权的开始。然而，叶剑英对军队的领导得到了许多军队将领的支持。在1号文件发布后，军队将领仍然与叶剑英保持密切的关系。陈锡联虽然得到了新的地位，但他的资历和威信还不够。叶剑英虽然被"挂职"，但并未被架空，事实上还保持着对军队的巨大影响。

为消除叶剑英在军队中的影响，"四人帮"集团在"批邓"中加强了对叶剑英的批判。2月6日，中央军委常委会提出，1975年7月叶剑英和邓小平在军委扩大会议上的讲话是错误的，建议停止学习和贯彻执行，并且要求全军积极参加"反击右倾翻案风"的斗争。2月16日，中共中央发出3号文件，批转了军委2月6日关于停止学习贯彻叶剑英、邓小平在1975年7月军委扩大会议上的讲话的报告。在"批邓、反击右倾翻案风"运动中，叶剑英虽未被公开点名，却是事实上的批判对象。为避开批判风头，1976年春天，叶剑英移住西山。

然而，叶剑英并没有退出政治舞台。为了党和国家的前途命运，为了人民的利益，他同其他革命家一样，日夜考虑政治上的解决措施。

军队在国家政治机器中占有特殊的地位。近代以来，军队在中国政治中经常起着决定性的作用。任何政治力量在政治上的角逐，都不能缺少军队的支持。

尽管在不同的时期，军队在政治上起的作用是不相同的，但是，中国共产党对军队一直保持绝对的领导，这是当代中国政治的一个重要特点。这个领导，从党的领导制度来说是党的最高领导集体对军队的领导。

党的最高领导集体对军队的领导，也存在着一些交叉的因素。毛泽东曾经多次谈到军队会不会跟别人走的问题，这可以看成是对军队领导的交叉关系的某种担忧。也正因为如此，军队是非常特殊的社会组织，它非常重视资历和历史渊源的关系。由于一批老帅和老将军的存在，不仅文职人员无法插手，即使是军队将领，如没有一定的资历和地位，也无法有效地实施影响和控制。因此，虽然"四人帮"集团在党内占据了重要的位置，张春桥还先后兼任了南京军区政委和总政治部主任，也拉拢了个别将领的支持，但由于军队的特殊性和中国的政治传统，"四人帮"对于军队的领导和控制力还是非常薄弱的。

1975年，邓小平、叶剑英分别被正式任命为总参谋长、国防部长，"四人帮"集团对此并不甘心。在"四人帮"集团中，张春桥利用其总政治部主任和南京军区政委的职务插手军队事务;"四人帮"集团的其他成员也千方百计利用党内的职务影响军队。于是,在1975年六七月的军委扩大会议上,展开了一场搏斗。

1975年的军委扩大会议的议题和文件是经过毛泽东批准的,邓小平、叶剑英根据毛泽东建军思想所作的重要讲话,是对林彪、"四人帮"破坏军队建设罪行的有力批判,对加强军队革命化、现代化建设和整军备战有着十分重大的意义。

对于军队的整顿,"四人帮"集团持否定态度。他们不同意军队整顿的基本思想,更不让军队建设在邓小平、叶剑英的主持下进行。军委扩大会议之前,他们准备了一个重要文件:《关于压缩军队定额、调整编制体制和安排超编干部的报告》。当军委于1975年1月18日召开座谈会,征求关于安排超编干部方案的意见时,张春桥在会上发言进行刁难。3月1日,在全军各大单位政治部主任座谈会上,张春桥指责说,关于干部的安置和处理,所拟定的办法是"资产阶级法权"。

由于邓小平、叶剑英等人对"四人帮"集团的坚决斗争和毛泽东对"四人帮"的批评,"四人帮"集团的气焰有所收敛。1975年7月11日,军委领导同志讨论会议总结讲话稿时,张春桥不得不表示,总结讲话说得好,讲得很全面。对邓小平的讲话,张春桥也说,讲得好,要放开讲。7月17日下午,军委领导同志讨论将会议讲话和文件呈送毛泽东和党中央审批时,王洪文、张春桥没有提出任何异议。7月18日晚,在中央政治局讨论以党中央名义转发军委扩大会议文件时,张春桥、江青、姚文元也都表示同意。

但是,"四人帮"集团对于军队整顿的方针是根本不赞成的,会议刚刚开过不久,王洪文、张春桥就恶毒攻击邓小平、叶剑英,大肆诬蔑军委扩大会议"问题多着呢","要批判的不只是这两个讲话"。王洪文私自上调有关会议的文件、记录和一些大单位贯彻军委扩大会议的有关材料,阴谋"秋后算账"。"四人帮"还秘密收集中央军委和总部领导人的指示、讲话,翻阅大批文件档案,准备攻击军委扩大会议的"炮弹"。①

"批邓、反击右倾翻案风"开始后,"四人帮"集团加紧了对军权的争夺。他们对军委扩大会议后调整的各大单位的领导班子特别不满,诬蔑它们是"复辟班子""翻案风的产物"。王洪文气势汹汹地提出要重新"解决"。

"四人帮"集团还直接在军队基层进行煽动。1975年冬,张春桥派其弟张秋桥到上海警备区某部八连,煽动批判1975年军委扩大会议精神,并令该连直接向他反映情况。张秋桥于11月15日至23日,打着"总结经验"的幌子,窜到该连。他一到连队就说:"我这次来,是张主任叫我来的。"接着他就别有用心地问连队干部:"你们学习军委扩大会议精神,有什么感受?"当干部汇报到"对照军委扩大会议精神,支部领导班子有些软"时,张秋桥说,要议一议军委扩大会议的讲话,并暗示干部要批判"整顿","领导班子软、散、懒","雷锋叔叔不在了"等。他还说:"清华大学有几个党委书记搞右倾翻案风,斗争很复杂,你们要有敏感性,我们很快就要离开上海

---

① 关于"四人帮"集团争夺军权的问题,见范硕:《叶剑英在1976》,中共中央党校出版社1990年版。

了，你们以后有什么事可以打电话告诉我。"在这同一时期，"四人帮"在上海的党羽马天水、徐景贤、王秀珍也煽动驻沪部队去复旦大学、上海师范大学等单位串联。

后来在军委常委召集的一次军队领导同志会议上，张春桥和南京军区司令员丁盛极力宣传张秋桥搞的这个连队批判军委扩大会议的所谓"经验"，并强令在全军推广。

"四人帮"集团还撰写大量批判邓小平、叶剑英在军委扩大会议的讲话的文章，干扰和破坏这次会议精神的传达贯彻，企图削弱邓、叶对于军队的巨大影响。

进入1976年，争夺军权的斗争达到了更紧张的白热化程度。周恩来逝世以后，"四人帮"集团的政治势力不断膨胀，并且企图进一步向军队扩张。他们制造"民主派等于走资派"的政治公式，提出揪"党内资产阶级"的主张，同时提出了"揪军内资产阶级"的口号，作为他们的反革命政治纲领的重要组成部分。

"四人帮"集团争夺军权的主要方法，是煽动军队内部的群众运动，打乱军队的严密的组织系统，以便于极左意识形态对军队的影响和控制。范硕列举了"四人帮"集团搞乱军队的一些事例：

> "四人帮"唯恐军队不乱，他们在思想上、理论上、组织上制造混乱，越乱越好。张春桥继续叫喊："乱要乱透，不光肉要煮烂，连骨头也要煮烂。"这句话最集中地刻画了他们一伙乱军乱党的狠毒心肠。他们拼命鼓吹"乱

军有理""乱军有功"的"乱了观",叫嚷"乱得你睡不着觉";他们篡改民主集中制,说部队"下级服从上级"就是"压制民主";他们破坏革命纪律,扬言对"错误领导要抵制",煽动无政府主义,制造官兵对立。他们阻挠经毛主席批准的《中国人民解放军内务条令》《中国人民解放军纪律条令》在全军颁发试行和进行宣传教育。为了搞乱军队,他们采取"上下夹攻""里应外合"的反革命策略:一是拿统帅机关开刀,鼓吹"上层下层,上层最危险",歇斯底里地叫嚣要"揭",要"砸",要"炸";二是点火于基层,煽动基层"给军区送大字报","造军委的反"。唆使一些人到处砸"土围子",拔"据点",扫除"顽固势力";三是炮制所谓"开门建军"的"新鲜经验",实行内外勾结,借助军外所谓"反潮流"的"英雄",传播"捣乱诀窍",大刮乱军歪风。在"四人帮"授意下,上海的党羽马天水等一伙同在南京部队的那个代理人,指使他们的亲信,在某连强行讨论"军内资产阶级"问题,炮制了一个上报下发的"理论讨论会的情况报告"。他们还搞什么"倒蹲点""上调查""下报告",调查所谓"军内资产阶级是如何吸战士血的?"还要连队干部、战士到领导机关"调查"上海警备区领导的"问题",拉拢下面的"积极分子"到连队"报告"军区领导的所谓"问题",煽动下面"造反"。王洪文还亲自出马,于1976年2月中央打招呼会议期间,在云南和昆明部队小组讲话,极力反对"反派性",说叶帅反派性是"赤裸裸的反攻倒算"。江青更是不甘寂寞，到处表演。8月30日下午窜到济南军区某连。在近一个小时的时间里，她施展种种卑鄙伎俩，丑态毕露，装出"关心"基层干部战士的样子，恶毒挑拨官兵关系，破坏我军团结。

"四人帮"在组织人马背后整军委三总部、各军兵种、各大军区一批领导人黑材料的同时，拉拢一些领导人，如总政的徐海涛、张秋桥、陈亚丁，南京的丁盛以及空军和民航的个别负责人，等等，站到他们的"无产阶级革命路线"上来，要他们俯首受命，为"四人帮"效劳。这些亲信和心腹有目的地窜到一些机关、部门和部队去煽风点火，大烧其"荒"，制造混乱，招兵买马，妄图把人民军队变成"四人帮"篡党夺权的"枪杆子"。有些人真是"死不改悔"，如丁盛，叶帅再三告诫他，"初犯从宽，再犯从严"，可是他硬是不听，一犯再犯。①

除了争夺军队的控制权，"四人帮"集团还插手民兵事务，企图将民兵武装控制在自己手中。为了加强政治实力，"四人帮"集团很早就开始在造反派的基础上建立由他们控制的武装。他们接过毛泽东"大办民兵师"的口号，提出改造和重建民兵的主张。江青在1968年8月就提出造反派要搞武装。张春桥则提出，要建立全国的统一民兵组织"中华人民共和国民兵指挥部"，"第一，先把造反派组织起来，按班、排、连、

---

① 范硕：《叶剑英在1976》，中共中央党校出版社1990年版，第153～154页。范硕还指出了"四人帮"集团在其他方面争夺军权的事例，详见该书。

营、团、师（或者小队、中队、大队）组织好，进行必要的训练，也可以先在此基础上实行武卫。第二，首先把要害机关、工厂的武卫组织整顿好。第三，进行发枪的试点。第四，武装5万、10万、15万人。"①张春桥还说："如果目前提出整顿民兵，条件不成熟，麻烦也不少，不如成立工人武装组织，从小到大，从徒手到发枪，逐步建立一支以造反派为主的人民武装。"

王洪文对自己在上海的党羽明确提出："军队不可靠，军队不能领导民兵"，"民兵的指挥权要掌握在市委手里"。根据张春桥和王洪文的意思，上海市的王秀珍直接委派人员充任民兵指挥部负责人，将上海的民兵武装控制在"四人帮"集团的手中。②1974年，"四人帮"集团在杭州等地成立了民兵指挥部，1975年秋，王洪文在上海进行人民武装部和民兵指挥部的合并试点，并且提出："先把30到40个厂装备起来。上海一百六七十万产业工人，搞40万民兵，就要有40万支枪，我们还要用炮武装民兵，还是想办法多搞一些。"③

到1976年，国内社会政治不断动荡，为准备应付变局，"四人帮"集团进一步加强了所控制的民兵武装的实力。1976年6月，上海市委书记、市革命委员会副主任马天水、徐景贤和王秀珍商议，认为"军队要出乱子，要打内战"，提出"手里要有点力量"，决定向上海市的民兵组织发枪。8月，南京

---

① 范硕：《叶剑英在1976》，中共中央党校出版社1990年版，第159页。
② 《王秀珍反革命案上海市人民法院起诉书》，见《历史的审判》（续集），群众出版社1986年版，第240页。
③ 范硕：《叶剑英在1976》，中共中央党校出版社1990年版，第160页。

军区司令员丁盛同上海市马天水、徐景贤和王秀珍密谈。丁盛说，驻在南京到苏州一线的6453部队"我指挥不动，对上海有威胁，你们要早有准备"。①当月，上海向民兵总指挥部发放5.27万条半自动步枪、2.5万支六二式自动步枪、500挺机枪、300门迫击炮、300挺高射机枪、100支四〇火箭筒和2000万发子弹。王洪文还提出，要给民兵装备坦克、装甲车。据后来的统计，"四人帮"集团擅自动用地方的财力物力，私造各种步枪5.6万余支；通过各种手段从上海的兵工厂获得的武器有：各种高炮282门，高射机枪230挺，步枪16万支，炮弹23万发，手榴弹60万枚，枪弹6000万发等。②尽管如此，国家的武装力量的控制权，主要的仍然掌握在党的正确力量手中，这是决定中国命运的关键。

二、最高权力的政治继承问题

◎毛泽东晚年的权威急剧膨胀

◎民主集中制原则遭破坏

◎毛泽东选择华国锋，张春桥怨恨至极

◎毛泽东的"三句话"

◎张铁生："这个老大是不是可靠？"

◎江青也要接班

---

① 《徐景贤反革命案上海市人民法院起诉书》，见《历史的审判》（续集），群众出版社1986年版，第223页，亦见前引《王秀珍反革命案上海市人民法院起诉书》。

② 范硕：《叶剑英在1976》，中共中央党校出版社1990年版，第160页。

毛泽东逝世后，在各种宣传媒介大规模地宣传报道毛泽东的伟大历史功绩和各种追悼活动的时候，中央上层的斗争也到了白热化的程度。在毛泽东逝世后，"四人帮"集团进一步加快了篡夺党和国家最高权力的活动。

毛泽东为了选定接班人，曾经耗费过很大精力。

自然规律无法抗拒。早在20世纪50年代末期，接班人的问题就被不断地提出来。毛泽东对此有所考虑。但由于党的一系列基本的原则遭到严重破坏，党的最高领导人的选择，变成了毛泽东对其接班人的选择，这就使党的最高领导人的选择带有浓厚的传统色彩。

到"文化大革命"后期，毛泽东对于自己的政治接班人的选择已经力不从心了。林彪事件给毛泽东以很大打击，此后毛泽东的身体每况愈下。为保证"文化大革命"理论和政策的延续，他选择了上海的造反派领袖王洪文，但是，王洪文的表现并不令他满意。在周恩来生病住院后，王洪文只是在很短的时间内主持工作，到1975年，党和国家日常工作由邓小平主持。由于邓小平在重新工作后坚持对"文化大革命"以来的各项政策实行"全面整顿"，毛泽东认为这危及他特别看重的"文化大革命"的基本理论和实践，因而发动"批邓、反击右倾翻案风"运动，重新将邓小平打了下去。这样，不仅接班人问题需要解决，中央日常工作的主持人也需要解决。

毛泽东已经对邓小平作了否定，但是对于"四人帮"集团也未必那么满意。对于张春桥、江青等人在政治上坚持"文化大革命"的理论与实践，毛泽东是信任的，但是对于他们在党内的地位和影响，毛泽东也有较为清楚的认识，由"四人帮"集团接班，必然带来新的不满，从而导致政治的动荡，这是毛泽东不愿见到的。

选择华国锋为接班人，的确出乎很多人的意料，而对于毛泽东，则不失为一个明智之举。华国锋既算得上较有资历的干部，又是在"文化大革命"中地位得到迅速提升的政治人物。毛泽东选择华国锋，除了相信华国锋能够坚持其晚年的政治主张外，大约还希望华国锋能够成为老干部与"文化大革命"中新崛起的政治势力调和的象征。

华国锋是山西交城人，抗日战争时期参加革命。解放战争后期已担任交城县委书记兼武装大队政委。全国解放前夕，中央命令山西抽调部分地方干部随军南下工作，华国锋先到湖南湘阴县担任县委书记，后任湘潭县委书记和湘潭地委书记。在农业合作化运动的1955年，华国锋写了《克服右倾思想，积极迎接农业合作化运动高潮的到来》《在合作化运动中必须坚决依靠贫农》等三篇文章，引起了毛泽东的注意。他路过湖南时，特意接见了华国锋。在中共七届六中全会扩大会议上，毛泽东特邀华国锋作为列席代表，在会上介绍湘潭地区合作化运动的经验。毛泽东称他为"父母官"，认为他是个"老实人"。1959年夏，华国锋还安排并陪同了毛泽东的回故乡韶山之行。1963年秋，华国锋和李瑞山到广东参观学习后，写了《关于参观广东农业生产情况的报告》，毛泽东读后很有感触，写了很长的一段批示，号召全党克服骄傲自满、故步自封、夜郎自大的错误思想。

"文化大革命"中，华国锋因为受到毛泽东的信任，未受大的冲击，被"三结合"进入湖南省革命委员会任副主任，后来担任中共湖南省委第一书记、广州部队政委、湖南军区第一政委等职。中共九大上当选为中央委员。林彪事件后，华国锋调中央工作，担任公安部长。党的十大上当选为中央政治局委员。

1976年1月，毛泽东提名，华国锋任国务院代总理，并主持中央政治局工作。

华国锋的任命，对觊觎最高权力的"四人帮"集团是重大的打击。张春桥怨恨至极，写下了《二月三日有感》：

> 又是一个一号文件。
>
> 去年发了一个一号文件。
>
> 真是得志更猖狂。
>
> 来得快、来得凶，垮得也快。
>
> 错误路线总是行不通的。可以得意于一时，似乎天下就是他的了，要开始一个什么新"时代"了。他们总是过高地估计自己的力量。
>
> 人民是决定性的因素。
>
> 代表人民的利益，为大多数人谋利益，在任何情况下，都站在人民群众一边，站在先进分子一边，就是胜利。反之必然失败。正是：
>
> 爆竹声中一岁除，春风送暖入屠苏。
>
> 千门万户曈曈日，总把新桃换旧符。

在天安门事件后，毛泽东又提名华国锋担任中共中央第一副主席和国务院总理。"第一副主席"的职务，在中国共产党的历史上是不曾有过的。

4月30日，毛泽东接见新西兰总理马尔登后，华国锋向毛泽东汇报工作。此时毛泽东说话已经不清楚了，于是在纸上写下三句话："慢慢来，不要着急。""照过去方针办！""你办事，我放心！"

华国锋对最高权力的接班，后来中央在粉碎"四人帮"后提出的证据，就是毛泽东为华国锋写的三句话。但事实上，的确也不能说这就是对指定华国锋接班的明确表示。毛泽东大约是出于不愿重蹈林彪事件覆辙的考虑，这就增加了对于确认他的选择的困难。当然，无论如何，按照中国共产党的组织原则，华国锋的最高地位也还需要得到党的组织程序的合法确认。

因此，在组织程序上确立最高领导之前，政治的变数是时刻存在的。华国锋需要谨慎小心，而野心勃勃的"四人帮"集团也会利用这个政治机会——他们是不能而且也不会放过这个最后的机会的。发起攻势的是"四人帮"集团，处于守势的是华国锋。

为篡夺党和国家的最高权力，江青反革命集团继续制造和宣传打击老干部的舆论。迟群在清华大学宣布毛泽东逝世消息时就说，要特别"警惕国内外阶级敌人的破坏活动，警惕还在走的走资派的破坏和捣乱"。

值得注意的是，张铁生9月9日晚在辽宁省团省委机关向辽宁省委"汇报"时，大讲对走资派的担心，并将华国锋作为

老干部的代表进行攻击。张铁生说:

> 伟大领袖毛主席逝世,全国人民都很悲痛。但是,光哭没有用,关键在于化悲痛为力量。从我个人思想来讲,听到这个消息以后,内心无比悲痛,但也确实担心。因为,我现在思想上想的是,目前无论是国际还是国内的政治局势是一个严重的时期。以前,毛主席健在,我们大树底下好乘凉,背靠大树,有靠头。以后靠谁呢?我不知道。我们这些人的脑袋都是长在毛主席革命路线上的,要靠,就得靠执行毛主席的革命路线。
>
> 去年七八月时,我就感到鼓吹奇谈怪论的不仅是邓小平,还有一些同志,有的还叫得挺凶。现在,我们国家好像一个大家庭一样,父亲去世了,家里还有老大、老二、老三,只能靠老大领着过日子。华国锋同志现在是第一号人物了,已经是当然的老大。但我不知道他到底要干什么?这个老大是不是可靠!我说的充满着担心就在这里。我认为他这个人思想是右的,执行路线是保守的,他对文化大革命没有真正的认识,没有真正理解,对儒法斗争也有过一些研究,但发表的意见、观点是反动的。最早在研究儒法斗争史时,他同江青同志就唱了反调。在去年养猪会上,他有个讲话,后来还发了个二十号文件。他的这个讲话,其中许多话充满着对文化大革命的敌对情绪。还有他在计委会上的讲话,与洪文同志的讲话就不一样,不能说绝然不同,但起码是有差距的。据我观察,他在讲话中

历来不讲党的基本路线,不讲深入批邓,不讲批判资产阶级法权,不讲文化大革命。我真担心,这样一个思想路线是右的,满脑子是旧的东西,大搞唯生产力论的人,是不是能当好一把手,是不是在政治局也有一些他这样的人在支持拥护他。他们会用毛主席提名来堵人们的嘴,何况毛主席是在生病期间呢。对去年7、8、9月的右倾言论不知他是否认了账?是否同邓小平划清了界限?我看是没划清,感情是对路的。

远新同志说,邓纳吉可能重新上台。我也有这个担心,现在政治局还有人支持邓纳吉,华就是一个。

为了篡夺党和国家的最高权力,"四人帮"的亲信也不断地写"效忠信""劝进书",为江青的夺权制造舆论。

三、"四人帮"反党集团的夺权活动

◎档案事件

◎毛泽东遗体保存事件

◎热线电话事件

◎"临终嘱咐"事件

◎梁效的文章:《永远按毛主席的既定方针办》

在毛泽东逝世后争夺政治继承权的斗争中,"四人帮"集团除了加强政治舆论的宣传外,还连续制造一系列重大事件,企图达到篡夺党的最高权力的目的。

其一是档案事件。

作为党的最高领袖,毛泽东亲自保存了一批党内的绝密档案。这批档案可以作为毛泽东之后政治斗争的重要武器。一方面,作为中国政治的长期的绝对权威,毛泽东的只言片语,都可以成为在毛泽东之后的有效政治法宝。掌握了毛泽东的文字档案,就如同得到了毛泽东的政治委托,可以随时用毛泽东的名义发布政治意见,或者以此打击政敌。这在权力继承和政治合法性上的意义是极其重大的。

另一方面,在中国现代的政治文化中,政治人物的政治生命同他的历史有密切的关系,一旦存在诸如叛变、自首乃至动摇一类的历史证据,其政治生命也就终结了。这个政治特点,一方面是中国的政治传统的发展和延续,另一方面来自苏联的政治斗争。在斯大林时期的肃反中,无数冤案都与所谓"叛变""内奸"的材料有关。在"文化大革命"中,刘少奇的被彻底打倒,政治上最致命的武器就是历史上曾经被捕,因此而制造出所谓"自首叛变"的"罪证"。这也是社会民众最容易接受的理由,具有强有力的说服力。邓小平的屡次被打倒而不"打死",部分的原因就是他的政治历史特别清楚,如毛泽东所说:"历史上没有叛变。"在"四人帮"集团中,江青、张春桥都有历史上的污点,这是他们担惊受怕的东西。为了消灭证据,"四人帮"集团也使尽了各种手段,但是知情人总是有的。1974年12月,与"四人帮"集团关系很深的康生,为迎合毛泽东对"四人帮"的批评,曾经向毛泽东报告江青、张春桥的历史问题。因此，历史问题始终是江青等人的一块心病。

于是，在毛泽东病危时，对他的文字和档案的争夺就开始了。1976年9月6日，江青就到毛泽东卧室，试图打开毛泽东的档案保险柜，但是中央办公厅主任汪东兴已先行将保险柜封存。9月9日晚，江青又闯进毛泽东卧室，以"借看"为名，拿走两份文件。为防止事态进一步发展，在华国锋的支持下，政治局会议决定，毛泽东的文件由中央办公厅负责，并由汪东兴封存，要求江青将文件退回，由此就将毛泽东的文字和档案控制起来。

"四人帮"集团并不甘心。9月19日，江青要求华国锋召开政治局紧急常委会。会上，江青提出由她整理毛泽东文件和手稿的问题。江青的无理要求被华国锋拒绝。华国锋坚持毛泽东的一切文件、材料和书籍由汪东兴负责，暂时封存。9月21日，中央办公厅清查文件时，发现江青"借走"的两份文件仍未退还，于是再向江青追讨，江青无法，只得退回。

其二是毛泽东遗体保存事件。

毛泽东逝世后，中央即决定永久保存毛泽东的遗体，以供世世代代瞻仰。9月11日，在中央政治局会议上，张春桥突然发难，提出毛泽东的遗体未及时作防腐处理，不能再作永久保存，意在追究主持中央工作的华国锋的责任。在个人崇拜盛极一时的"文化大革命"中，任何对毛泽东有所损害的过错或过失，都是弥天大罪。这个罪名一旦成立，华国锋等人就可能立即被打入十八层地狱。于是，华国锋亲自负责，组织中外专家全力攻关，采用最先进的防腐技术，成功地保护了毛泽东的遗体。"四人帮"集团的政治企图又一次失败。

其三是热线电话事件。

毛泽东的逝世,是中国社会和政治的重大事件,国家立即进入非常状态。为控制中央与地方的联系,王洪文指示秘书以中央办公厅的名义发出通知,要求各省、市、自治区直接与他联系。

王洪文的这个行动,是"四人帮"集团控制中央最高政治权力的重要步骤。华国锋及时得知此情况,命汪东兴通知各省、市、自治区,恢复与中央办公厅的直接联系。

其四是毛泽东"临终嘱咐"事件。

毛泽东逝世后,人们最为关心的问题是,这位始终掌握政治权力的最高领袖的身后安排。为了篡夺党和国家的最高权力,"四人帮"企图利用毛泽东的言论,作为他们篡权的合法依据。为此,他们伪造了一个"按既定方针办"的所谓"毛主席临终嘱咐",并且大肆宣扬,使之成为攻击诬陷华国锋等中央领导人和篡党夺权的宣传武器。

9月16日,"四人帮"集团控制的两报一刊发表的重要社论《毛主席永远活在我们心中》,首先提出"毛主席嘱咐我们:'按既定方针办'"的提法。这篇社论是经过姚文元审定的,而姚文元不仅听过华国锋在政治局传达的毛泽东的三句话,而且看过毛泽东的亲笔批示。"四人帮"集团制造一个子虚乌有的毛泽东的政治遗嘱,目的是以此作为政治斗争的工具。王洪文在1980年7月9日交代:"在我的印象中,'按既定方针办'这句话可能是张春桥加的。因为在这之前,他曾对我说过,他最后一次见到主席时，主席拉着他的手说：'按既定方针办。'到底有没有这回事，我也不清楚。"

9月17日以后，姚文元多次打电话给新华社，强调宣传所谓毛泽东的"临终嘱咐"。

在"四人帮"集团的控制下，宣传舆论机构不断宣传所谓"按既定方针办"的"临终嘱咐"。9月17日，新华社在《内部参考》中，将"按既定方针办"说成是毛泽东的"临终教导""生命的最后一刻"的嘱咐，"永别前发出的伟大号召"。

从9月17日到9月30日，新华社《内部参考》《人民日报》《红旗》杂志、《光明日报》《文汇报》《解放日报》《学习与批判》等影响全国舆论的报刊，以大量的篇幅突出宣传"按既定方针办"。

"四人帮"制造并且大肆宣传"按既定方针办"，目的在于借用毛泽东的旗帜，抓住对毛泽东的"政治遗嘱"的控制权，标榜自己是得了毛泽东真传的继承人，制造自己是毛泽东选定的接班人的假象，以此来打击党的其他领导人，并且作为继续坚持"文化大革命"的理论和实践的依据。

"四人帮"在"按既定方针办"六个字上大做文章，将它解释为"就是按毛主席的革命路线和各项政策办"，解释成"坚持以阶级斗争为纲"，"坚持斗争哲学"，"坚持同党内资产阶级斗争"，"坚持认真学习，深入批邓"，等等，以便为"四人帮"制造和发挥的极左理论制造新的合法依据，为他们上台制造舆论。

由于毛泽东的崇高威望和巨大的政治影响力，"四人帮"

集团制造并且"掌握"的所谓"临终嘱咐"确实可能造成混乱，华国锋不得不进行有力的反击。10月2日，外交部部长乔冠华将联合国大会发言稿送交华国锋审阅，华国锋删去了原稿中"按既定方针办"的字样，并且作了批注：

> 剑英、洪文、春桥同志，此件我已阅过，主要观点是准确的，只是文中引用毛主席的嘱咐，我查对了一下，与毛主席亲笔写的错了三个字。毛主席写的和我在政治局传达的都是"照过去方针办"，为了避免再错传下去，我把它删去了。建议此事在政治局作一说明。

三个字的差别，成为政治斗争的焦点，这是"文化大革命"最后时期很有意思的政治现象。华国锋也好，"四人帮"集团也好，对于这几个字的差别都极其重视，因为这是政治角逐中的重要砝码。相比之下，华国锋有毛泽东的亲笔批示，证据确凿，"四人帮"集团则根本拿不出有力的根据。

华国锋对"临终嘱咐"问题是非常重视的，据耿飚回忆：

> 国庆节过后，10月2日晚上，华国锋同志突然打电话要我去商量事情。我到他那里时，外交部的两位副部长韩念龙、刘振华已经先到。华国锋让我们坐下来，开门见山地说："你们都来了，好！想和你们商量解决一个问题。乔冠华（外长）在联合国大会的发言稿上，提到了'毛主席的临终嘱咐'——'按既定方针办'。我昨天见到这个

送审稿时,在稿子上批了几句话。我说发言稿中引用毛主席的话,经我查对,与毛主席亲笔写的错了三个字。毛主席写的和我在政治局传达的都是'照过去方针办',为了避免再错传下去,我把它删去了。但是,乔冠华9月30日已去联合国,10月4日要发言,他带去的稿子上并未删去那句话;你们看用什么办法把他的发言稿上'按既定方针办'那句话去掉,时间还来不来得及?"研究结果,由韩念龙、刘振华回外交部去打电话,通知乔冠华在发言稿中删去这句话。韩、刘两位走后,我就问华国锋,从字面上看,"照过去方针办"和"按既定方针办"差别并不大,为什么要去掉这句话。

华国锋说:"毛主席没有什么'临终嘱咐',不应该这么说。4月30日晚上,毛主席会见外宾,等外宾走后,我向他汇报了各省的情况。当时毛主席讲话发音已不太清楚,他怕我听不清,就用铅笔写了几张字条给我看,其中有一张写的是'照过去方针办'。这根本不是什么临终时的嘱咐,而是针对我汇报的具体问题,对我个人的指示。现在他们把六个字改了三个,把对我讲的变成了'毛主席的临终嘱咐'。他们这样做,就可以把他们干的许多毛主席不同意的事情,都说成是'按毛主席的既定方针办'了。他们就有了大政治资本了嘛!"

临走时,华国锋同志对我说:"近日有事要找你,你在家里等着。"①

在华国锋严肃地指出这个问题后,姚文元在10月3日找《人民日报》总编鲁瑛商议,一方面布置在报上逐步减少对"按既定方针办"的宣传,另一方面寻找机会反扑。

10月4日,《光明日报》在头版以通栏标题发表"四人帮"集团的写作班子梁效的重要文章《永远按毛主席的既定方针办》,继续论述"按既定方针办"的"临终嘱咐",并且提出有人篡改毛泽东政治遗嘱的严重问题。文章说:

"按既定方针办",就是按毛主席的无产阶级革命路线和各项方针政策办,坚持以阶级斗争为纲,坚持党的基本路线,坚持无产阶级专政下的继续革命,坚持无产阶级国际主义,永远沿着毛主席指引的道路走下去,走到底。这是保证我们党永不变修,我们的国家永不变色的战略措施。篡改毛主席的既定方针,就是背叛马克思主义、背叛社会主义、背叛无产阶级专政下继续革命的伟大学说。……"走资派还在走"。这个"走"的基本内容,就是反对党在整个社会主义历史时期的基本路线,颠覆无产阶级专政,复辟资本主义,也就是篡改毛主席的既定方针……任何修正主义头子胆敢篡改毛主席的既定方针,是绝然没

---

① 耿飚:《耿飚回忆录(1949~1992)》,江苏人民出版社1998年版,第287~288页。

有好下场的。①

梁效的文章可以被看成是"四人帮"集团利用自己制造的毛泽东"临终嘱咐"发出的夺取党和国家最高政治权力的危险信号。

四、十月惊雷

◎政治斗争只有特殊方式一条路

◎叶剑英的胆识谋略

◎华国锋：只要老同志撑腰，有军队撑腰，就好办

◎汪东兴：我听华总理和叶副主席的

◎陈云：只好如此，下不为例。快下决心，以稳妥为上策

◎李先念转达华国锋的决心

◎叶剑英、华国锋决定"以快打慢"

◎张春桥对上海的"三点指示"

◎张春桥传话上海：准备紧急应变

◎政治局会议，华国锋与江青直接冲突

◎叶剑英：上兵伐谋

◎惊心动魄的时刻

◎玉泉山政治局紧急会议彻夜进行

◎叶剑英提议：华国锋任中央主席、中央军委主席

◎调虎离山，制止上海的武装叛乱

---

① 梁效：《永远按毛主席的既定方针办》，见《光明日报》1976年10月4日。

"四人帮"集团的步步进逼，将华国锋逼入死角。华国锋只有两条路，或者俯首称臣、拱手让出权力，或者反抗。华国锋是不愿臣服的，这就只能反抗。

华国锋最直接的支持者，是中央办公厅主任、中央警卫局局长汪东兴。但是，只有这些力量是远远不足的，他所要依靠的，是党内的正确力量，是人民的力量。代表这个伟大力量的一个重要人物，就是叶剑英。此时，叶剑英考虑的彻底解决政治局势问题的时机已经到来。

"文化大革命"强化了高度集权的政治体制。政治权力集中于政治领袖个人手中，制约机制被完全破坏，任何决策和改变都决定于最高政治领袖。到70年代中期，"文化大革命"的理论和长时间的实践带来了中国社会矛盾的严重激化，围绕"文化大革命"的矛盾冲突也空前激化，这就使毛泽东身后的政治斗争难以避免。而由于党的民主集中制原则被破坏，公开的议事决策程序无法进行，政治斗争的形式也就不能不具有特殊的权力斗争的特性，在这种特殊的环境下，叶剑英成为关系党和国家命运的关键人物。

"批邓、反击右倾翻案风"运动后，叶剑英移住西山。叶剑英虽然远避政治中心，但仍是把握中国政治的重要力量。这种力量来自党和人民对他的信任和期望。由于叶剑英身上集中了挽救党和国家的希望，王震、陈云、聂荣臻、邓颖超等都到叶剑英处，提出对于中国政治的见解和建议。当王震提出干脆将"四人帮"几个人"弄起来"时，叶剑英还是不动声色。停了一会儿，只见他作了一个打哑谜式的手势：先伸出右手，握紧拳头，竖起大拇指，向上晃两晃，然后把大拇指倒过来，往下按了按。

王震愣住了。这是什么意思？叶剑英又向他点了点头。

王震想了想，终于明白了：大拇指是指的毛主席。他老人家还在世，不宜轻举妄动，等去世以后再说，要等待时机。①

在9月8日毛泽东弥留之际，叶剑英同毛泽东最后诀别，叶剑英离开病房后，毛泽东还示意招呼叶剑英回去。虽然毛泽东已极度衰竭，未能说什么，但是可以认为，毛泽东对于叶剑英，可能是有政治"托孤"的意思的。叶剑英也认为毛泽东对他有意政治"托孤"。叶剑英认为，毛泽东生前谈汉朝周勃的故事，引用汉高祖刘邦的话说"周勃重厚少文"，"安刘氏者，必勃也"。后来又说华国锋"重厚少文"，"办事不蠢"，这些都表达了毛泽东对他的重托和对华国锋的信任。

在党内的政治关系中，叶剑英认为华国锋与"四人帮"集团是有区别的。1976年7月初，中共中央在关于毛泽东病情的通报上发生分歧。一份经"四人帮"集团之手的党内通报说，毛泽东健康好转，不久可以恢复工作。叶剑英表示坚决反对，认为这不是事实，在主席健康问题上应持郑重的态度。政治局中汪东兴等支持叶剑英，而江青、张春桥坚持通报按原样发出。在争论中，华国锋虽然未表示态度，但在会后按叶剑英的意见删去了"健康好转，可以恢复工作"的字样，实际上站在叶剑英等的一边。

---

① 范硕：《叶剑英在1976》，中共中央党校出版社1990年版，第129页。

出于对毛泽东选择的尊重，同时对华国锋存在这样的判断和期待，叶剑英对华国锋是宽容和支持的。叶剑英愿意扮演"周公辅成王"的角色。叶剑英曾说，华国锋是第一副主席，这是第一；第二，华国锋同志年轻，人还老实，有工作经验，还讲民主；第三，还有许多老同志在，可以帮助他。当然，要像"周公辅成王"，可不能像"诸葛亮扶阿斗"那样。我们党里有许多周公嘛！①

无论如何，华国锋是毛泽东亲自选定的接班人，在政治继承上具有特殊的身份。面对着与"四人帮"集团的斗争，叶剑英需要华国锋的支持及合作。毛泽东逝世后，叶剑英在同华国锋的接触中，感觉华国锋对"四人帮"集团的做法也很反感，在同"四人帮"的斗争中，可以得到华国锋的支持。从力量对比来说，战胜"四人帮"集团并没有多大的问题，从政治上和组织上的合法性来说，华国锋的支持和参加则具有关键性的意义。

但是，叶剑英与华国锋没有历史的渊源，也没有过组织上的密切联系，在政治上还需要建立彼此之间的信任。为此，叶剑英一方面在"四人帮"对中央工作和华国锋进行有意刁难时，给华国锋以有效的支持；另一方面，主动关心和接近华国锋。范硕的《叶剑英在1976》一书中写道：

---

① 范硕：《叶剑英在1976》，中共中央党校出版社1990年版，第201页。

叶剑英又一次见到华国锋,从交谈中发现他也在为"四人帮"的困扰苦恼着。

"国锋同志,现在有几个人尽出难题,干扰太大,政治局的会议有时开不下去,这样下去不行啊,得想个办法。"叶帅点出了题目。

"是啊!可是主席刚刚去世,善后工作还没有做完。"

"但是,等不得了,他们活动得越来越厉害了!"叶剑英单刀直入,进一步揭露江青一伙近期的阴谋活动,并联系党内历次斗争和苏共斯大林去世后的经验教训说,"现在,他们不服气,迫不及待地要抢班夺权。主席不在了,你就要站出来,和他们斗!"

华国锋没有马上表态,继续在思考。

"最近,我闭上眼睛老是想到主席临终的情景……"叶剑英以沉痛的心情同华国锋一起回忆毛泽东生前对"上海帮"的多次批评和要解决他们问题的指示,殷切希望华国锋不辜负毛主席的期望,团结大家同他们斗争,担负起领导这场斗争的责任。华国锋听叶帅一番话深受感动,坦诚地说:"你是知道我的底子的,在老同志面前,我是个晚辈。我倒不是不敢和那几个人斗,就是担心老同志不支持。"

叶剑英恳切地说:"请你放心,我支持你,老同志支持你,只要你站出来,大家都会支持你的!"并且劝他多到老同志那里走走,还告诉他,想找谁先打个招呼。

听了这些话,华国锋情绪高涨起来,表示只要有老同志撑腰，有军队撑腰，就好办。最后说："不过，事情很复杂，究竟怎么办，让我再考虑考虑。"①

这段记载十分生动。叶剑英的试探、点题、单刀直入，华国锋的困扰、防备、犹疑和兴奋的心理变化，如在目前。

另一位地位虽然不太高，但是位置却非常重要的人物，是汪东兴。

汪东兴是赣东北弋阳人，早年参加方志敏领导的赣东北的革命斗争。在第四次反"围剿"的斗争中，中央苏区与闽浙赣苏区胜利打通，赣东北的红十军调往中央苏区，汪东兴也就随军参加中央苏区的斗争，第五次反"围剿"失败后，汪东兴参加了长征。

汪东兴长期负责毛泽东的保卫工作。在政治上汪东兴表现出的最大特点是忠实，因此而深得毛泽东的信任。当时汪东兴担任中央办公厅主任、中央政治局委员和中央警卫局局长的职务。这些职务在政治斗争中，是可以发挥无法取代的特殊作用的。

叶剑英先是通过王震了解汪东兴的基本情况，认为汪东兴在毛泽东逝世后同"四人帮"是有抵制和斗争的。为进一步确定汪东兴的态度，叶剑英到中南海与汪东兴直接接触。在此之前，汪东兴对此问题已有所考虑。胡乔木曾向汪东兴提出应当解决张春桥，汪东兴则认为只解决张春桥一人不够。在毛泽东

---

① 范硕：《叶剑英在1976》，中共中央党校出版社1990年版，第226～227页。

逝世后，还有人向汪东兴提出类似建议。因而，当叶剑英同汪东兴谈话时，他就直率地表示：我听华总理和叶副主席的。①叶剑英考虑过三个方案：一是按照正常的组织程序，立即召开政治局会议或扩大会议，作出决定，正式罢免"四人帮"；二是"先斩后奏"，先由少数中央领导人商量决定，对"四人帮"进行果断处置，再召开政治局会议正式通过；三是采取突然手段，执行军委领导职权，下令逮捕，再依法处理。这些方案经过了反复的考虑，并且秘密征求过王震等人的意见。②叶剑英还对处理的范围进行了反复考虑。"根据几个人不同的情况，设想了各种不同的方法，既想过'一起解决'，也想过'个别处置'；既想过采取紧急措施，从'隔离审查'到公然逮捕；也想过采取过渡办法，把他们分别调离中央，到外省，再视情况，慢慢处理。最后倾向于还是'一网打尽'。"③

在叶剑英同其他老革命家之间，王震起了联络的作用。王震按叶剑英的意思，就叶剑英的考虑向陈云请教。陈云认为，只好如此，下不为例，并请叶剑英快下决心，以稳妥为上策。④据范硕说，叶剑英非常尊重陈云的意见，他对于政治行动的赞成和行动的合法性的要求，对于粉碎"四人帮"的决策是有影响的，可以认为陈云是间接参与决策的重要人物。

就在此时，对叶剑英不放心的王洪文也住到西山，与叶剑

---

① 范硕：《叶剑英在1976》，中共中央党校出版社1990年版，第227页。
② 范硕：《叶剑英在1976》，中共中央党校出版社1990年版，第240页。
③ 范硕：《叶剑英在1976》，中共中央党校出版社1990年版，第254页。
④ 范硕：《叶剑英在1976》，中共中央党校出版社1990年版，第254页。

英为邻。叶剑英感觉到了"四人帮"集团的严重威胁,常咏苏东坡的《放鹤亭记》:"归来归来兮,西山不可久留。"

在"四人帮"的步步进逼之下,华国锋经过长时间的思考,最终下定决心。9月21日,华国锋到李先念住处,同李先念商讨解决"四人帮"的问题,认为同"四人帮"的斗争不可避免。华国锋请李先念代表他去找叶剑英,请叶剑英考虑以什么方式、在什么时候解决为好。①

9月24日,李先念以游香山为名,前往西山同叶剑英会面。李先念转达了华国锋的意见,并且说,现在的形势是你死我活。

由于王洪文住在西山,叶剑英住处在王洪文的监视之下,叶剑英决定搬到玉泉山,以便于指挥行动。

9月25日,叶剑英同华国锋会见,就处理"四人帮"问题作了直接的讨论。据耿飚回忆:

> 关于华国锋与叶帅联系之事,现在流行着种种说法,有些说法与事实有出入。据后来华国锋同志告诉我,他请李先念同志去拜访叶帅,商谈如何解决"四人帮"问题,但是叶帅当时并未深谈。隔天,叶帅亲自来拜访华国锋,首先解释了未与李先念深谈的原因,然后两人进行长谈,详细讨论了对"四人帮"及其主要爪牙实行隔离审查的时间和措施,还研究了向政治局其他成员通报的步骤以及接管重要新闻机构的人选。②

---

① 《李先念文选》,人民出版社1989年版,第518页。
② 耿飚:《耿飚回忆录(1949~1992)》,江苏人民出版社1998年版,第287页。

鉴于"四人帮"集团加紧了夺权的政治活动，叶剑英、华国锋决定尽快采取果断措施，"以快打慢"，迅速和彻底地解决问题。

决策制定后，进入紧张的准备和实施阶段。就在此时，"四人帮"集团的行动也在加速进行。

9月21日，张春桥接见上海市委书记徐景贤。徐景贤向张春桥汇报了丁盛同上海市委的谈话和上海向民兵发枪的问题。张春桥表示支持，并对上海方面作了布置。

毛泽东逝世后，叶剑英在政治上的活动增加了。9月27日，叶剑英以军委副主席和国防部长的身份会见美国前国防部长施莱辛格，参加会见的还有代总参谋长杨成武。这是1976年中央1号文件后叶剑英的引人注目的公开活动，它表明叶剑英对于军事事务的不可动摇的领导权，这是一个重要的政治象征。

也就在9月27日这一天，张春桥给上海作了三点指示：

（一）要警惕中央出修正主义；

（二）今后中央搞集体领导；

（三）"毛选"五卷不出了，可出单行本，先出接班人五项条件。从张春桥的三点来看，政治针对性是很强的。当晚，张春桥与王洪文的秘书肖木在钓鱼台9号楼的住处进行了长时间的谈话。次日肖木回到上海，向上海市委常委传话，中心的意思是要求上海准备紧急应变，要打仗。

9月29日，中央召开政治局会议。会上，华国锋同"四人帮"集团的斗争表面化和白热化了。范硕记述道：

……会议一开始,气氛就很紧张。主持人华国锋想通过会议解决"四人帮"连日来吵吵闹闹提出的问题,要压一压他们的嚣张气焰。"四人帮"经过充分准备,决心大闹一场,企图把党的最高领导权夺到手。江青对此很有信心,她气哼哼地首先发难,劈头提出:"毛主席逝世了,党中央的领导怎么办?"放肆地攻击华国锋处理所谓"保定问题"优柔寡断,没有能力。王洪文、张春桥一唱一和,要求加强集体领导,安排江青的工作。他们所谓"安排工作",就是让江青当党中央主席。这是毛主席逝世后,他们酝酿已久,迫不及待要解决的第一个大问题。"四人帮"心里明白,只有打出江青这面旗帜,才能压倒华国锋。

……华国锋坐在那里,对江青问题不好表态,但他心里很明白,江青早已有工作,何须再安排?她的意思就是要夺权。"四人帮"打出江青旗号,无理取闹,理所当然地遭到叶剑英、李先念等多数委员的反对和否决。①

会上还讨论了毛远新的工作问题,华国锋同意毛远新回辽宁,江青、张春桥等坚持毛远新留下不动。陷入僵局的会议已进行到深夜,与会人员疲惫不堪。叶剑英等起身退席后,江青又提出要留毛远新下来讨论起草三中全会报告,这实际上就是直接向华国锋的地位挑战。

---

① 范硕:《叶剑英在1976》,中共中央党校出版社1990年版,第259页。

华国锋无路可退,于是以会议主持人的身份表示:"会议开到这里,不要再争吵了。我认为毛远新应该回辽宁去,这是政治局多数同志的决定。"他还强调,由于叶剑英副主席和其他一些委员不在场,关于三中全会的问题不能讨论,"即使三中全会要作政治报告,也应该由我来作,也应该由我来准备,至于党中央的人事安排,应该由政治局讨论决定。"说完就宣布散会。① 这次会议是党内高层的又一次激烈的冲突,双方的阵营清楚,底牌尽出。

　　这次会议能够作出的决定是国庆节活动的安排。在此期间,"四人帮"曾提议在毛泽东逝世后的第一个国庆节,中央领导分头到工厂与工人共同学习和座谈。叶剑英被安排到长辛店二七机车车辆厂。叶剑英对此非常警惕,认为这是个阴谋,于是马上给汪东兴打电话,要求更改计划。后来北京市又要求叶剑英到工厂同工人见面,并说是张春桥的意见,叶剑英同样拒绝了。

　　政治局会议关于国庆活动的决定是,9月30日晚在天安门城楼举行国庆座谈会。按照这个决定,9月30日晚19时,活动开始。党和国家领导人华国锋、王洪文、叶剑英、张春桥等出席了座谈会。华国锋在会上的讲话极为简短:

　　　　同志们,今天,在伟大的领袖和导师毛主席创建的中华人民共和国成立27周年的前夕,我们参加首都工农兵

---

① 范硕,《叶剑英在1976》,中共中央党校出版社1990年版。

学商代表举行的座谈会。我们向同志们学习，向同志们致敬。在庆祝中华人民共和国成立27周年的时候，我们更加怀念伟大的领袖和导师毛泽东主席。我们要化悲痛为力量，继承毛主席的遗志，把毛主席开创的无产阶级革命事业进行到底。毛主席永远活在我们心中！马克思主义、列宁主义、毛泽东思想万岁！中国共产党万岁！中华人民共和国万岁！①

人们注意到，华国锋的讲话不仅简短，而且比较低调，当时流行的"以阶级斗争为纲""无产阶级专政下继续革命"和"批邓、反击右倾翻案风"等极左的政治口号都没有出现。这也是一个重要的政治迹象。

重要的政治迹象还有次日的报道。在"四人帮"的指使下，《人民日报》对座谈会的报道中，华国锋和他代表党中央的讲话被放到非常次要的位置，华国锋讲话没有照片，报纸刊登的是政治局全体与会成员的照片，其中江青位置被摆在中央。报道中还引人注目地再次提出毛泽东的所谓"临终嘱咐"："按既定方针办"。

许多迹象表明，"四人帮"集团篡党夺权的阴谋活动在加紧进行：

10月1日，江青到清华大学讲话，说要开除邓小平党籍，表示"一定要锻炼好身体，和他们斗"。

---

① 见《人民日报》1976年10月1日。

10月2日，王洪文要新华社记者给他照标准像。

10月3日，王洪文跑到平谷县，大讲修正主义的危险，"不只是邓小平搞修正主义，出（修正主义）是可能的，不出是奇怪的"，"中央出了修正主义，你们怎么办？打倒！"

迟群催促"梁效"写作班子加紧整理一批党政军领导人的黑材料。

10月4日，迟群在清华大学布置给江青写效忠信；《光明日报》发表《永远按毛主席的既定方针办》的文章。

张春桥写了如下政治提纲：

历史与现实。如今。时代。

革命与专政。怎么革。怎样巩固政权。

杀人。

在此紧要关头，彻底解决"四人帮"的斗争准备也到了最后阶段。叶剑英与华国锋进入问题讨论的核心，这就是最后解决"四人帮"的方式。

华国锋曾经考虑过以政治局会议的形式解决。但9月29日的会议表明，召开政治局会议来解决的方式不可能成功。而中央全会的方式也被否定。

叶剑英认为，"四人帮"集团是长期在中央政治局公开结合的反革命阴谋集团，他们在中央人数虽然不多，但是能量很大。我们同"四人帮"的斗争是你死我活的斗争，已经超出党内斗争的范围，已经不宜采取党内斗争的形式来解决。一方面不能采取正常的党内斗争的方法，另一方面也不能采取公开动武的方法。江青、张春桥、王洪文和姚文元有合法的政治地位，而江青还有特殊的政治身份，公开动武既不合法，又可能引发政治动乱。叶剑英认为："兵法讲究，'上兵伐谋'，只能智取。我们要给后人留下一个好的榜样，注意斗争的合法性。无论如何，要避免动乱，一定要稳定首都和全国的局势。"叶剑英参考林彪事件后处置黄永胜等人的办法，主张以召开会议的形式，请他们到会，宣布对他们实行隔离审查，然后立即召开政治局会议讨论决定。

华国锋与叶剑英商定，以讨论"毛选"五卷的名义，在怀仁堂召开政治局常委会，吸收姚文元参加，华国锋主持会议，叶剑英坐镇指挥，对张春桥、王洪文和姚文元进行处置，江青等则另行处置。他们还决定，具体事宜由汪东兴负责。[①] 叶剑英还就行动计划同汪东兴进行了商谈。汪东兴表示，坚决拥护华、叶两位副主席，叶剑英和汪东兴研究了具体的行动部署。

在组织上处理"四人帮"的同时，还需要立即掌握国家的宣传机构，这是稳定局势的又一个关键。叶剑英选择中共中央联络部部长耿飚担负占领中央人民广播电台的重任。10月5日，华国锋打电话召见耿飚。耿飚回忆说：

> （华国锋）郑重地说："中央决定，有一项任务要交给你去完成，是叶帅提名的。"我听他这么说，一方面已意

---

① 范硕：《叶剑英在1976》，中共中央党校出版社1990年版，第267页。

识到这个任务十分重大,另一方面出于一个革命军人的习惯,所以不由自主地站了起来,回答说:"坚决完成任务!"①

华国锋要求耿飚在家等电话命令,并且叮嘱,一定要确认华国锋本人的声音,其他任何方式都不能相信。

被选择负责接管人民日报社的是北京军区副政委迟浩田。

10月5日,叶剑英再次请华国锋、汪东兴到玉泉山,三人对行动方案作了进一步的仔细考虑。叶剑英说:"这是一步险棋,是关系党和国家命运的决战。行动要果断,更要周密,必须万无一失。"汪东兴提出要绝对保密,行动越快越好,时间拖得越久,越危险。经过紧张商议,决定次日行动。

1976年10月6日。中国的历史将永远记住这个日子。

具体负责行动的汪东兴确认了"四人帮"集团主要成员的位置和活动,并对亲自挑选的行动小组成员进行了动员。

可以说,中国共产党的组织原则保证了这次行动的成功实施。

下午1点,按照计划,中共中央办公厅发出召开政治局常委会的通知。

晚上8点是通知会议开始的时间。华国锋和叶剑英提前到了怀仁堂。汪东兴指挥的行动小组也作好了准备。张春桥、王洪文和姚文元来到后,华国锋即向他们宣布中央对他们隔离审

---

① 耿飚:《耿飚回忆录(1949~1992)》,江苏人民出版社1998年版,第291页。

查的决定。与此同时，对江青及毛远新、迟群、谢静宜等也采取了隔离审查的措施。由于准备充分，行动十分顺利，未发一枪一弹，解决了罪恶昭彰的"四人帮"反党集团。

各行动小组完成隔离"四人帮"集团主要成员任务后，华国锋即令耿飚等赶到怀仁堂，亲自向他们下达接管中央人民广播电台、人民日报社等宣传机构的命令。耿飚回忆说：

> 6日晚上8点来钟，我家中的红机子电话铃响了，我拿起话筒，听得很真切，是华国锋本人的声音。他要我坐自己的汽车，迅速赶到中南海怀仁堂。
>
> 一进中南海西门，我见到岗哨比平时增多了，有一种紧张的气氛。走进怀仁堂，看见华国锋、叶剑英同志正与北京卫戍区司令员吴忠等在交谈。这时我才知道，华国锋和叶剑英在征得中央政治局多数同志同意后，已在今晚对江青、张春桥、王洪文、姚文元及其在北京的帮派骨干实行隔离审查，一举粉碎了祸国殃民的"四人帮"。
>
> 华国锋同志立即向我交代任务："你和邱巍高（北京卫戍区副司令员）到中央广播事业局去，要迅速控制住电台和电视台，不能出任何差错，否则后果不堪设想。"
>
> 叶帅郑重嘱咐我："要防止发生混乱，防止泄密，注意安全。"
>
> 华国锋同志问我："你要不要带支手枪？"
>
> "手枪不必带了。"我说，"但是需要有你的手令。"
>
> 他说："好！"当即提笔在一张白纸上给当时的广播事

业局局长邓岗写了一道手令:

邓岗同志:为了加强对广播、电视的领导,中央决定,派耿飚、邱巍高同志去,请你们接受他俩的领导,有事直接向他们请示。

华国锋 10 月 6 日

我接过手令之后问邱巍高:"广播事业局是哪个警备师守卫的?"

他答道:"是警备一师。"

"光我们两个去还不行。"我说,"请你把守卫广播事业局的警备一师的副师长找来,和我们一起去。"

出发前,华国锋同志对我说:"究竟怎样搞法,如何控制住电台、电视台,来不及细想,一切交给你去办了。总的原则是可以采取处理林彪事件的办法(指林彪叛逃摔死后,中央当时暂未对外公布——作者),内部已发生了变化,但外面不要让人看出异常来。"

……

我们到达广播大楼时已将近晚上 10 点钟了。我们在警备部队中挑选了 20 名战士。我带着 10 名战士直奔局长邓岗的办公室。他还没有下班,但像是准备睡一会儿的样子,因为他来开门时衣服还没有扣好。他大概是因为这么晚了,忽然来了这些不速之客,显得有些紧张。为了说明来意,我把华国锋的手令拿给他看。他看完手令,好久不说话。我见他在思索犹豫,就对他说:"你如果想给姚文元打电话请示,也可以。"他似乎明白了我话中的含义,连忙说:"没必要了。"我接着说:"那好,请你把领导班子的人统统找到你办公室来,就说有事要商量。"

在邓岗打电话召集人的同时,我请邱巍高和王甫带着另外10名战士去掌握电台的播音室。他们立即在直播室和机房门前加强了岗哨。

邓岗召集来的广播局核心小组成员有11位,在这个会议上,我把华国锋手令念了一遍,要求大家遵照党中央的指示,把工作做好。23点40分,邓岗又召集各部门领导的紧急会议,传达了中央的指示。

接着,我给华国锋同志打电话报告:"已经控制住了,领导人都在我这里,你放心。"

……

据邱巍高同志后来告诉我,他当时作了四项布置:第一是控制电台的要害部位,如直播室、机房、制高点等,加强了岗哨和验证;第二是保持电台秩序的稳定,内紧外松,不要让别人看出异常来;第三是保证所有进驻人员的安全;第四是对警备部队进行教育。

10月6日晚上的事,第二天在广播事业局内部一传十、十传百,很快就全知道了。广大干部和群众对粉碎"四人帮"的行动是衷心拥护和非常高兴的。个别人思想上比较紧张,但表面上也很正常。① 在耿飚等接管中央人民广播电台的同时,迟

---

① 耿飚:《耿飚回忆录(1949~1992)》,江苏人民出版社1998年版,第291~295页。

浩田也顺利接管了人民日报社。这样，党和国家的宣传机构的核心已被党的正确力量重新掌握。

在大局基本底定后，汪东兴通知在京的政治局委员赴玉泉山参加政治局紧急会议。出席当晚政治局紧急会议的有华国锋、叶剑英、李先念、汪东兴、陈锡联、苏振华、纪登奎、吴德、倪志福、陈永贵和吴桂贤。

晚上10时，叶剑英与华国锋进入会议室。华国锋宣布政治局会议开始。华国锋就党同"四人帮"的斗争历程作了长篇讲话。叶剑英向会议报告粉碎"四人帮"的政治行动。华国锋和叶剑英的讲话都强调，对"四人帮"集团的处置是党同"四人帮"长期斗争的结果，也是毛泽东的生前遗愿。

汪东兴向会议提供了"四人帮"集团准备政变、篡党夺权的罪证材料。

政治局会议完全赞同对"四人帮"集团主要成员的处置。会议一致通过叶剑英的提议，华国锋任中共中央主席、中央军委主席，并在将来提请中央全会追认。会议进行了一整夜，一直延续到次日清晨5时。

不在京的政治局委员韦国清、许世友、李德生和赛福鼎等，由汪东兴一一打电话通报，征求意见，取得了他们的完全同意。

从10月7日到14日，中央政治局在北京连续分批召开中央党、政、军机关，各省、市、自治区，各大军区负责人参加的打招呼会议，通报了王、张、江、姚反党集团的事件，提出了既要解决问题，又要稳定局势的方针，并且采取了一系列必要的行动。

上海是"四人帮"集团多年经营的地盘,上海市委班子主要是"四人帮"集团的帮派成员,不仅如此,上海还有由"四人帮"集团所控制的相当规模的民兵武装。上海局势的发展,对全国局面的稳定有重要的意义。为此,叶剑英和华国锋进行了周密的部署。

10月7日,按华国锋与叶剑英的决策,中央办公厅通知上海市委书记马天水和上海警备区政委周纯麟到中央开会,实施调虎离山之计。同时,命令驻守无锡、苏州一线的第六十军和东海舰队从水陆两面扼制上海,严防暴乱。

马天水得到通知后,打电话与张春桥联系,又与王洪文和姚文元联系,均找不到。他觉得情况有异,即向徐景贤、王秀珍通报。多方联系,才打通了人民日报社鲁瑛的电话。鲁瑛言语支吾,更使马天水感到反常。他决定到北京搞清情况后立即电话通知上海。

10月8日,徐景贤等探知"四人帮"被抓的情况。当晚,徐景贤、王秀珍和市委常委冯国柱、王少庸、张敬标,市委写作组负责人朱永嘉和张春桥、王洪文的秘书何秀文、廖祖康、肖木等在市委办公室召开紧急会议。朱永嘉提议孤注一掷,发动武装叛乱,他说:"我们要干,要拉出民兵来,打一个礼拜不行,打三天、五天也好,让全世界都知道,像巴黎公社那样。我们要发《告全市人民书》《告世界人民书》。"

徐景贤写下命令:"请民兵指挥部加强战备,2500人集中,2.1万民兵待命(即晚上集中值班)。请民兵指挥部立即派人加强对电台、报社的保卫。"

他们决定设立两个秘密指挥点：丁香花园为一号指挥点，有徐景贤、王少庸、朱永嘉等，负责抓总的武装叛乱的舆论准备；东湖路招待所为二号指挥点，有王秀珍、冯国柱、李彬山、廖祖康等，直接指挥武装叛乱。

当日深夜，王秀珍又带着徐景贤的手令，与冯国柱、廖祖康、李彬山、陈阿大等在市民兵指挥部召开紧急会议。王秀珍宣布了两套指挥班子名单，批准了李彬山等策划的武装叛乱方案。市民兵指挥部还召集了作战组、特种兵组、后勤组负责人会议，决定架设电台，拟订了通讯呼频和联络暗语，确定江南造船厂为基本指挥所，中国纺织机械厂为预备指挥所。

10月9日，市民兵指挥部召开10个区和5个直属民兵师负责人会议，以"战备"为名，紧急部署武装叛乱。当天下午，市民兵指挥部宣布，调集民兵进入"紧急战备"状态。

上海的反革命叛乱一触即发。

在北京，马天水与周纯麟参加了中央的打招呼会议。9日晚上，经周纯麟做工作，马天水配合了中央，打电话给上海市委，说"九位首长"身体很好，工作很忙，中央正在筹备一个重要会议，将徐景贤等稳住。马天水还转达了中央的通知，要徐景贤、王秀珍到北京开会。这个釜底抽薪的举措，使上海的帮派分子处于群龙无首的境地，这对于牵制上海的局势起了重要的作用。中央军委同时通知上海警备区，一切行动听从中央军委的指挥。

10月10日，徐景贤和王秀珍到达北京，马天水、周纯麟遵照中央指示传达了中央隔离审查"四人帮"的决定。10月

11日,政治局成员接见了上海市马天水、周纯麟、徐景贤和王秀珍。在强大的政治攻势和组织力量面前,上海市的"四人帮"帮派成员不得不表示服从,并表示回去做工作。

10月12日晚上,已经获知"四人帮"被粉碎消息的上海"四人帮"帮派分子冯国柱、王少庸、张敬标、黄涛、陈阿大、朱永嘉、廖祖康、肖木、何秀文等,在康平路市委办公室开会,他们疯狂地叫嚷要大干、坚决干。陈阿大提出,要用一条旧万吨轮在吴淞口沉船封航,拉钢锭堵塞机场跑道,要停水、停电、停产,把上海搅得天翻地覆。朱永嘉写下"民气可用,决一死战"八个字。他们指定叶昌明拟定反革命标语口号,准备发表"告全市、全国人民书"。最后决定积极作好干的准备,等马天水、徐景贤和王秀珍回来统一行动。

在江南造船厂指挥点,市民兵指挥部钟定栋等制定了反革命武装叛乱的"捍一""方二"方案。

"捍一"方案的主要内容是:控制首脑机关、报社、广播电台、桥梁、车站、码头、机场和交通要道;确定指挥核心人员名单;开设指挥所;兵力部署;重点支援地域和反空降;口令、暗令、标记;弹药补给和武器修理;加强社会面的控制等。

"方二"方案的主要内容是:从上海外围到市中心区设立三道控制圈;在上海和江苏、浙江交界处设六个控制点,为第一控制圈;市区设两道控制圈;规定各区、县的任务和预备队的组成。① 然而,"青山遮不住,毕竟东流去",上海"四人帮"帮派分子的疯狂反扑,只不过是螳臂当车。10月13日,马天水等回到上海,召开市委扩大会议,传达了中央打招呼会议的精神。会上,有人哭叫,有人谩骂,有人乱闹,但是,"四人帮"的大势已去,余党们纷纷作鸟兽散。上海的武装叛乱阴谋被迅速瓦解。

为进一步稳定上海局势,中央派苏振华、倪志福和彭冲到上海主持工作。10月27日,中共上海市委召开党员大会,苏振华宣读了中共中央的决定:撤销张春桥、姚文元和王洪文在上海的一切职务;任命苏振华兼任中共上海市委第一书记、市革委会主任,倪志福兼任中共上海市委第二书记、市革委会第一副主任,彭冲任中共上海市委第三书记,革委会第二副主任。决定迅速传达到上海的广大干部群众。

粉碎"四人帮"的伟大胜利,阻止了"四人帮"篡党夺权的企图,挽救了党、挽救了社会主义国家。更重要的是,粉碎"四人帮"的政治行动,扫除了坚持和利用"文化大革命"错误的政治力量,为党在指导思想上结束"左"的错误的长期统治,奠定了重要的组织上的基础。它的历史意义是非常重大的。

粉碎"四人帮",标志着"文化大革命"的基本结束。从1966年5月到1976年10月的"文化大革命",是一场由领导者错误发动,被反革命集团利用,给党、国家和人民带来严重

---

① 曹章、徐绍昌、邵观光、张维新:《民心不可欺——"四人帮"策动上海武装叛乱始末》,见《工人日报》1980年12月13日。

灾难的内乱。从"文化大革命"中总结和汲取的历史教训主要有以下几点。

其一是社会主义社会的主要矛盾问题。无产阶级在夺取政权、消灭剥削阶级以后，国内的主要矛盾，已经不是无产阶级同资产阶级的矛盾了。正如《关于建国以来党的若干历史问题的决议》所指出的，"在社会主义改造基本完成以后，我国所要解决的主要矛盾，是人民日益增长的物质文化需要同落后的社会生产之间的矛盾"，党和国家的工作重点，必须转移到以经济建设为中心的社会主义现代化建设上来，极大地提高社会生产力，不断地提高人民的生活水平，为巩固和完善社会主义制度奠定深厚的物质基础，充分发挥社会主义制度的优越性，使社会主义得以最后战胜资本主义。认清这个主要矛盾，坚定不移地实现工作重点的转移，是巩固和发展社会主义的根本。

其二是关于社会主义社会的阶级和阶级斗争问题。"文化大革命"是党内在社会主义社会阶级和阶级斗争问题上的严重失误恶性发展的结果，这个失误就是"以阶级斗争为纲"的错误理论和错误实践。1957年以后，毛泽东轻率而错误地改变了党的八大作出的关于国内主要矛盾的论断，重新将阶级斗争作为国内的主要矛盾，并使之不断升级，最后发展成为"无产阶级专政下继续革命"的一整套系统的错误，造成了严重的危害，这个教训是深刻的。党的十一届三中全会后，党总结了国际共产主义运动和"文化大革命"的经验教训，对社会主义社会的阶级和阶级斗争问题作了新的认识，这就是："在剥削阶级作为阶级消灭以后，阶级斗争已经不是主要矛盾。由于国内的因素和国际的影响,阶级斗争还将在一定范围内长期存在,在某种条件下还有可能激化。既要反对把阶级斗争扩大化的观点,又要反对认为阶级斗争已经熄灭的观点。对敌视社会主义的分子在政治上、经济上、思想文化上、社会生活上进行的各种破坏活动,必须保持高度的警惕和进行有效的斗争。必须正确认识我国社会内部大量存在的不属于阶级斗争范围的各种社会矛盾,采取不同于阶级斗争的方法来正确地加以解决,否则也会危害社会的安定团结。"①

其三是党必须坚持集体领导的原则,禁止任何形式的个人崇拜。集体领导的原则是历史唯物主义关于人民群众和个人在历史上的作用的基本原理在党的组织建设方面的具体化,是共产党的领导的最高原则之一,必须把党建设成具有健全的民主集中制的党,一定要树立党必须由在群众斗争中产生的德才兼备的领袖们实行集体领导的马克思主义观点,禁止任何形式的个人崇拜。一定要在维护党的领袖人物的威信的同时,保证他们的活动处于党和人民的监督之下。在理论上必须明确划清革命权威和个人崇拜的界限,必须反对为某种个人需要而利用个人崇拜的行为。

其四,建设高度民主的社会主义政治制度,是社会主义革命的一项根本任务。新中国成立以来没有重视这一任务,成了"文化大革命"得以发生的一个重要因素,这个教训是沉痛的。1980年8月,邓小平同志说:

---

① 《〈关于建国以来党的若干历史问题的决议〉注释本》,人民出版社1983年版,第65页。

我们过去发生的各种错误，固然与某些领导人的思想、作风有关，但是组织制度、工作制度方面的问题更重要。这些方面的制度好可以使坏人无法任意横行，制度不好可以使好人无法充分做好事，甚至会走向反面。即使像毛泽东同志这样伟大的人物，也受到一些不好的制度的严重影响，以至对党对国家对他个人都造成了很大的不幸……斯大林严重破坏社会主义法制，毛泽东同志就说过，这样的事件在英、法、美这样的西方国家不可能发生。他虽然认识到这一点，但是由于没有在实际上解决领导制度问题以及其他一些原因，仍然导致了"文化大革命"的十年浩劫。这个教训是极其深刻的。不是说个人没有责任，而是说领导制度、组织制度问题更带有根本性、全局性、稳定性和长期性。这种制度问题，关系到党和国家是否改变颜色，必须引起全党的高度重视。①

他在谈到如何避免类似"文化大革命"那样的错误时还说：

这要从制度方面解决问题。我们过去的一些制度，实际上受了封建主义的影响，包括个人迷信、家长制或家长作风，甚至包括干部职务终身制。我们现在正在研究避免重复这种现象，准备从改革制度着手。我们这个国家有几

---

① 《邓小平文选》第二卷，人民出版社1994年版，第333页。

千年封建社会的历史,缺乏社会主义的民主和社会主义的法制。现在我们要认真建立社会主义的民主制度和社会主义法制。只有这样,才能解决问题。①

要切实保障公民的基本权利,使社会主义民主制度化、法律化。必须根据民主集中制的原则加强各级国家机关的建设,使各级人民代表大会及其常设机构成为真正具有权威的人民权力机关。必须保证宪法和法律的严肃性和权威性,真正做到有法必依,执法必严,违法必究,使社会主义民主走上制度化的轨道。

其五是必须提高全党的马克思主义理论水平。中国共产党过去长期处于战争和激烈的阶级斗争的环境中,对于迅速到来的社会主义社会和社会主义建设事业缺乏充分的思想准备和科学研究,存在着理论准备不足的弱点,经验主义和教条主义以及二者的互构,反映了这种理论上的贫乏。由此产生的对马克思主义过渡时期理论的误解、对资产阶级权利的误解、对主观能动性的夸大和对于民主问题、群众运动问题、斗争哲学问题、平等问题、阶级斗争问题等方面的混乱,被林彪、江青反革命集团所利用,导致发生"文化大革命"这样全局性的错误,党在思想理论战线上的教训也是极为深刻的。

1978年12月18日~22日,党的十一届三中全会在北京举行。全会对中央工作会议提出研究的一系列重大问题作了进

---

① 《邓小平文选》第二卷,人民出版社1994年版,第348页。

一步深入研究，并作出了决议。

关于党的思想路线。全会严肃地批评了"两个凡是"的错误方针，高度评价了关于实践是检验真理的唯一标准的讨论，认为这个讨论对于促进全党和全国人民解放思想，端正思想路线，具有深远的意义。全会明确指出，必须进一步继承和发扬毛泽东同志所倡导的马克思主义学风，坚持唯物主义的思想路线。全会认为，只有全党同志和全国人民在马列主义、毛泽东思想的指导下，解放思想，努力研究新情况、新事物、新问题，坚持实事求是、一切从实际出发、理论联系实际的原则，我们党才能顺利地实现工作重心的转变，才能正确解决实现四个现代化的具体道路、方针、方法和措施，正确改革同生产力迅速发展不相适应的生产关系和上层建筑。全会还提出，必须完整、准确地掌握毛泽东思想的科学体系，并且提出对"文化大革命"的缺点错误要在适当的时候作为经验教训加以总结。全会确立了解放思想，开动脑筋，实事求是，团结一致向前看的指导方针。

关于党的政治路线。全会确定了把党的工作重点转移到社会主义现代化建设上来的战略性转变的决策，提出了党在新时期以经济建设为中心的总路线，并且果断地停止使用"以阶级斗争为纲""无产阶级专政下继续革命"的口号，提出轻易不使用"路线斗争"的口号。这些具有重大理论意义的政治路线上的拨乱反正，表明同多年来占据统治地位的"左"的错误，尤其是"文化大革命"的错误，实行了根本的决裂。

关于党的组织路线。全会鉴于多年来党内生活不正常，决定健全党的民主集中制,健全党规党纪,严肃党纪,确定少宣传个人,这就结束了党的个人崇拜和个人专断的历史。全会还正式平反了一批重大的冤假错案,对"文化大革命"及其以前的"左"的错误进行切实的纠正。

党的十一届三中全会是新中国成立以来党的历史上具有深远意义的伟大转折,它从根本上冲破了"左"倾错误的桎梏,开始全面地、认真地纠正"文化大革命"及其以前的"左"倾错误,标志着党在思想上、政治上和组织上全面地重新确立了马克思主义的路线。

从此,改革开放的新的伟大历史时期开始了。

后　记

　　1976年无疑是中国历史上非常不平凡的一年，这一年可以列出一系列重大的事件：周恩来、朱德和毛泽东的相继辞世，"批邓、反击右倾翻案风"，四五运动，唐山地震，粉碎"四人帮"，等等。

　　描述事件和人物，是传统历史编纂的一般方法，但它容易将描述的重点只是放在重大事件和重要人物上，忽略更为广阔的社会层面，这就难以避免片面性、表层化和精英化的批评。一些历史学家因而强调社会层面，关注社会的结构和长期运动，以探索更有说服力的结论。另一些历史学家则注重考察社会和历史的断层，他们认为，危机和断裂更容易将历史的结构和动态性呈现出来。

　　选择1976年来进行考察，就是因为这个特殊的年份充满动荡和危机，并且出现了政治上的剧烈变动。重要的政治人物的思想、活动和广阔的社会层面的意识、生活，社会的结构与长期运动和危机、断裂，都可以在这里不断发现。对于一个关心历史的人，这里是具有很大诱惑力的。当然，历史的考察不是单纯的事实复述。作为社会科学的历史学，同样要寻求通则，具有强大解释力的理论和解释模式常常是人们追求的目标。但是，历史现象同人类社会的其他方面一样，都是有它的独特性的，这样，抽象的一般性的理论在纷繁多变的社会现象面前有时总是显得有些苍白。

因此，本书虽然描述了一些重大事件和重要人物，同时也在1976年这个充满危机的历史横剖面中对一些问题有所讨论，以探索历史和社会运动的连续性轨迹。"文化大革命"是晚年毛泽东的理想社会建造工程的尝试，而这个人为设计的理想社会工程不仅无法解决中国社会的发展问题，而且制造了更加广泛的社会矛盾。这个社会工程的僵硬体制和意识形态，不能提供社会问题不断调适和解决的开放条件，不断制造的社会的矛盾逐渐淤积并且日益激化，导致社会的动荡并且酝酿剧烈的变动。1976年的四五运动和粉碎"四人帮"，就是社会运动力量的重要表象。

新中国已经走过50年的光辉历程，我们纪念这段伟大的历史，同时也需要更多地了解中国改革的社会历史的背景和它的伟大意义。这本书如果能引起读者诸君的兴趣和批评，那就是作者莫大的荣幸了。

刘　晓
1999年1月18日于北京西郊万泉河畔

补　记

　　本来可以不写什么了，但是不写总觉得缺点东西，既是对逝去的人的告慰，也是对读这本书的人的说明。

　　刘晓在2004年夏季不幸遭遇车祸，属英年早逝，不期然已经过去十多年。刘晓是严谨的，书写完之后要写后记。幸亏有这个后记，让我们知道他留下的这部书稿还是他去世前五年的作品，完成于1999年1月18日。时间定格在这个日子，再也不会变了。

　　如果他仍健在的话，我们相信会有补充修改。

　　那么，没有这个环节，怎么评价这部书呢？

　　刘晓是严谨的，至今看起来书稿仍成熟和丰满，书中的叙述都是言之有据的，这得益于他的学风和态度。"文化大革命"史研究比较困难，难就难在资料的收集。好在20世纪八九十年代学术界遇到一个宽松环境，出版成果颇丰。而且那时的回忆录可信度较高，溢美之词虽不能免，但在关键事情和历史节点上还是严肃的、认真的。然而，很多论述都不是集中的、直接的，而是分散的、间接的。这就需要研究者在大量的史料中去爬梳。这里用"爬梳"两个字去形容，比喻翻找、查对的那样一种状态。有时一本书中会有若干段，一篇文章中会有几句话。然后再将它们反复比较印证，最后得出可靠的结论。通读刘晓的书稿，一个鲜明的印象是他做足了这方面的功课，穷尽了所能找的线索，因此，他的叙述颇能够吸引人。

十几年过去了，关于1976年有没有新挖掘的史料？当然有。但是关于历史框架和脉络不会有变，增加的是一些细节。比如，书中引用较多范硕著叶剑英传记的材料，放在今天，大都会引用新出版的《叶剑英年谱》。但是范硕的著作仍然可信，因为他也是查阅了大量的档案，根据档案撰写的。"文革"中的事件，没有档案谁敢写？谁又能写？同样的还有新出的《李先念年谱》和《李先念传》。武建华关于拘捕"四人帮"的回忆，在凤凰台播出后，很是叫座了一阵子，他的优势在于对细节的描述，但也只是就他所处的场景而言，其他方面所涉无多。

笔者主编《当代中国史研究》时，在1994年、1996年、1999年相继发表的汪东兴、吴德等人的回忆录，已将庐山会议、天安门事件和粉碎"四人帮"等重大事件的基本情节勾描清楚了。我说这些，无非是证明刘晓这部书的价值并不因有了新的出版物而损其光泽。其实，太多的细节未必都能收进一本书中，一则受篇幅所限；二则我们写的是正史，与说书和讲故事还是有所区别的。

话说到此，可以打住了，但仍有些意犹未尽。"文革"史研究，属"第三世界"，"欠发达地区"，有所谓"文革在中国，文革学在海外"之说。"文革"史研究如此现状，的确令人担忧，尤其是有的人以一种机会主义的或曰投机主义的态度对待"文革"史。同样一个人，可以在一个场合斥责"文革"，而在另一场合又为肯定"文革"寻找证据。两种态度截然相反，什么场合说什么话，完全看在场的是哪些人，左右逢源，上下迎合，少了点起码的科学态度和文人操守。"文革"是一个十分独特的历史阶段，其复杂性和曲折性超过其他任何阶段，找到不同乃至对立的社会现象并不是一件困难的事。正因为如此，才需要研究者站稳客观立场，潜心研究，不受干扰，秉笔直书。还有一种情况是把"文革"中的秘闻轶事拿来炒作，当作炫耀的资本。把严肃的历史作贱为市井谈资。这种人笔者也是不齿的。投机的和庸俗的学风，都不利于"文革"史研究，都会使本来孱弱的研究非科学化和伪科学化。学界当警觉之。

最后，让我们再回到本文开头，大家看看刘晓的著作，严谨而不拘泥，不能不佩服他的坦荡和正直，这才是学者，这才是书生。

刘国新

2013 年 12 月于北京安贞桥胜古家园